财税法治整体化的理论与制度研究

李大庆 著

中国检察出版社

图书在版编目（CIP）数据

财税法治整体化的理论与制度研究 / 李大庆著. —北京：中国检察出版社，2017. 11

ISBN 978 - 7 - 5102 - 2008 - 1

Ⅰ. ①财… Ⅱ. ①李… Ⅲ. ①财政法 - 研究 - 中国 ②税法 - 研究 - 中国 Ⅳ. ①D922. 204

中国版本图书馆 CIP 数据核字(2017)第 265374 号

财税法治整体化的理论与制度研究

李大庆 著

出版发行：中国检察出版社

社　　址：北京市石景山区香山南路 109 号（100144）

网　　址：中国检察出版社（www. zgjccbs. com）

编辑电话：(010)86423703

发行电话：(010)86423726　86423727　86423728

(010)86423730　68650016

经　　销：新华书店

印　　刷：河北省三河市燕山印刷有限公司

开　　本：A5

印　　张：9. 875

字　　数：262 千字

版　　次：2017 年 11 月第一版　　2017 年 11 月第一次印刷

书　　号：ISBN 978 - 7 - 5102 - 2008 - 1

定　　价：40. 00 元

总　序

燕赵大地，人杰地灵。河北经贸大学就坐落在太行山脚下风景秀丽的滹沱河畔。它以经济、管理和法学学科为支柱，是省属综合性重点大学之一。生生不息的滹沱河水，孕育着一代代经贸学人，也孕育着法学院的法律学人和学子们。

正是这种无息的孕育，使法学院的学子们在这块田园里春夏秋冬不辞辛劳、辛勤耕作和无私奉献，也正是这种耕作与奉献，使得法学学科这棵幼苗得以快速成长，从1993年其前身经济法系成立到今天初具规模的法学院，经过12年的努力，已拥有民商法、经济法、国际法、刑法和法理学五个硕士点和法律硕士一个在职硕士点。年轻的法学院充满朝气与活力，集聚和培养了一群风华正茂、立志为学的年轻学者，他们分别毕业于不同的学校，汇集了全国各大重点院校的不同学术风格，吮吸着京畿大地丰厚的历史文化滋养。他们以无私无畏的精神白手起家，充分发挥着自身的后发优势，他们还利用环绕北京、贴近祖国心脏的地缘优势，关注和感受着法学前沿问题和法治社会的重大事件。他们与这个伟大的时代同呼吸、共命运。尽管他们所在的还算不上名门名校，但他们正在凭借自身的力量与智慧，努力争得一席之地。

法学院的发展关键在于学科建设，学科建设的基础关键在于学术成果的支撑，而学术成果的取得在于法律学人不断地发现问题、思考问题和解决问题，在于对学术价值的正确判断和刻苦追求。正是在这种理念下，法学院的学人们刻苦追求，努力奋斗，不断进取，在教学和科研上取得了可喜的成绩。为了展示和反映河北经贸大学法学院的科研实力和最新研究成果，发现和支持新人新作，鼓励和培养科研精神，加强学科建设，就要开拓一个固定的园地或搭建一个平台，给法学院学子们提供一个展示和创新的机会，这就是出版本论丛的目的所在。

河北经贸大学法学院与中国检察出版社共同组织出版这套《经贸法学论丛》。之所以命名为《经贸法学论丛》主要从两个方面考虑：其一，“经贸”是河北经贸大学之意，因为河北经贸大学是这套丛书的发起者；其二，“经贸”是经济贸易的简称，从选题范围来说，这套丛书主要包括民商法、经济法和国际经济法，同时也兼顾其他法律部门，不受部门法划分的局限。今后，我们计划每年陆续安排若干种课题的读物出版，使这套论丛更加完善和丰满。

在这套《经贸法学论丛》出版之际，我们衷心感谢中国检察出版社领导与编辑朋友们的信任与支持，是他们给我们创造了这个平台，提供了机会。我们也殷切期望这套丛书能得到社会各界的支持与关注，同时，真诚欢迎来自各方面的批评与指教，所有这些都将成为激励和鞭策我们继续前行的力量。

柴振国

2009 年 8 月

目　录

导 论

财税与国家相伴相生，是国家共同体存在所依赖的物质基础。在国家治理体系现代化的进程中，财税问题涉及政治、经济与社会的方方面面。从实践的角度来看，财税现象与其他社会现象之间具有千丝万缕的联系，财税体制改革更是牵一发而动全身的基础性改革领域。从理论的角度来看，对财税现象和问题的观察可以从经济学、政治学、社会学、管理学、法学等多个学科视角展开，不同学科的研究思路和关注重点有所不同。经济学对财税问题的研究主要强调财税如何促进经济发展；政治学对财税问题的研究主要侧重财税对权力配置的影响；社会学对财税问题的研究主要关注财税所引发的社会变迁；管理学对财税问题的研究主要关注财税政策的实施过程和绩效。与前述学科不同，法学则主要从规范性的视角出发，关注财税领域的主体、行为、程序以及权利（力）义务关系和法律责任等一系列问题，其最终的理想是实现财税领域的法治化。具体而言，财税法治要求通过规范财税行为来调整财税关系，进而形成和谐稳定的财税法律秩序。财税法治问题具有复杂性，涉及不同层次和类型的法律关系。财税法治理论具有综合性，涵盖了公法与私法、实体法与程序法以及各部门法的理论知识。法治视野下的财税可能包含三个不同的维度：一是财税行为，即财税法是规范财税行为之法；二是财税关系，即财税法是调整财税关系之法；三是财税制度，即财税法是财税制度的法律化。财税法的上述三个维度所指向的是形式和实质意义上的财税法治，不仅要具有静态的财税法文本，同时更需要动态的财税法治实践。在中国的法治进程中，仅仅具备外在形式的法治并非终极目标，只有实质的法治才是“落地的法治”，也是法治建设的追求所在。因此，财税法治的实质化是财税法学研究的最终目标，而要实现财税法治的实质化必须以整体化的视野来观察全部财税行为、关系和制度，构建财税一体化的法治结构。

在我国的财税法学研究中，一直以来，财政与税收是作为彼此独立的制度分别进行研究的。尽管在总论部分我们勾勒出了财政收入法、财政支出法和财政管理法的制度体系，[①] 但实际上学者们在分论中讨论具体问题时一般不会进行知识的交互性研究。例如，在研究某个具体税种法的过程中，我们很少考虑征收该种税的正当性之一可能来自对此类收入所形成税款的正当使用。换言之，如果对税款的使用缺乏必要的监督和约束，那么即使该税种本身具有了“法律”的形式，也不一定具有实质上的正当性。再如，一些征税客体较为接近的税种是否存在重复征税，这也是对税法实质正当性进行检验的一个重要问题。[②] 因此，我们有必要在法律上把收入与支出之间的逻辑关系建立起来，作为考察税法（包括其他财政收入法）正当性的一个标准。

之所以存在上述问题，原因首先在于我们的财税法学研究在一定程度上是沿袭了经济学中财政学和税收学彼此分离的传统。特别是税收无偿性理论导致我们当然地认为税收与财政支出之间不具有对应关系，其实这是一种误解。从公共财政的角度来看，所有的财政收入都具有公共性，财政资金的使用必须满足社会公共需求。可以说，“取之于民，用之于民”包含着财税领域中朴素的自然法思想，是财税法的基本理念。其次，由于税收的独特地位，税法逐渐发展为自成体系的法律制度，这使得税法与其他

---

① 参见刘剑文、熊伟：《财政税收法》（第六版），法律出版社 2014 年版，第 11 页。

② 我国的不动产税包括土地增值税、土地使用税、契税、房产税等多个税种，它们之间是何关系？是否存在重复征税？类似问题我们都缺乏深入细致的分析。

财政法相对疏离，进而造成整个财税法体系呈现出“税法独大”的特征，并且掩盖了税收与财政支出的关系。其实，从税收形成公共财产的过程来看，财政与税收之间其实是一个可以统一和融贯的整体。税收影响纳税人的财产权，财政同样也会影响一般公众的福利。税收所形成的公共财产需要有助于全体社会成员的权益保障，财税法因而具有公共财产法的属性。[①] 在制度建设方面，应该从财税一体化的思路来理解和建构具有整体性价值的财税法律制度。财税制度，取其广义而言，包含了税收制度与财政制度，而财政制度则既可以从广义上包含税收制度，也可以取狭义即仅指税收制度之外的内容。无论单纯的财政制度还是完整意义上的财税制度，更主要的内容还是指向一种经济意义上的社会系统。“制度”一词在英文中对应的词语是 system，其含义十分广泛，既可以是经济制度、政治制度，也可以是法律制度。换言之，法律制度只是制度的一种形态，表现为国家制定或认可并以强制力保证实施一种社会系统。在所有社会领域的各个方面，称其为“制度”的，未必形成“法律制度”；而称其为“法律制度”的，未必有实践上的法治效果。因此，对财税制度的认识，需要拓展视角。在我国当下所急需的，是从法律或法治的视角来认识财税制度。这在某种程度上说需要具备超越经济意义的远见和智慧。

首先，财税制度在形式上应当符合法律所要求的制度理性。法律作为一种制度形式，其首要的价值在于实现公平正义。在现代国家，尽管经济发展所带来的人民生活水平提升也可以作为具有正义的内涵。但是法治所要求的制度理性则是正义实现的根本所在。美国法学家富勒归纳出法律所应当具备的八个方面的要

① 参见刘剑文：《论财税体制改革的正当性——公共财产法预警下的治理逻辑》，载《清华法学》2014 年第 5 期。

素，实质上就是一种制度理性的体现。[①] 财税制度应当以法律的形式体现，就是要求其必须具有这些基本的要素。财税法被认为是一种具有财富分配效果的法律制度，因而其正义性也就主要体现为分配正义。作为价值范畴的概念，无论分配正义的内涵多么丰富和复杂，从实践的需要来说，分配正义必须是可以具体化的规则与制度体系。也就是说，在一定社会历史条件下，分配正义必须具有客观和确定的标准，这种标准表现为适合一定经济与社会客观条件的价值构成。我国当前的收入分配改革要追求的是强调公平分配的分配正义，也就是“更加注重公平”的分配正义观。只有在这一理念指引之下的收入分配改革，才能够获得更多的正当性依据。同样，作为现代法律体系重要组成部分的财税法也在寻找这样的一种正当性。

其次，财税制度在伦理上应当与法律的道德性相融合。即便是作为一种经济制度而言，财税在现代社会不能脱离伦理的约束。也许是由于对经济效果的过度关注，财税制度中的伦理因素时常被忽略。在我国台湾地区的税法理论中就有反对所谓“窒息性征收”的观点。[②] 在个人所得税的制度设计中，对于纳税人为满足基本生存所需的收入也存在“课税禁区”。国家在做出各种财税决策的时候，不能仅仅考虑其取得的经济和社会效果，还需要考虑法治效果。这就是财税制度作为立法形式的必然要求。日本学者北野弘久认为“租税是法律的创造物”，租税不可以先于租税法律产生。这既是基本的税法原理，也是租税法律主义的要求。在法律领域，有些对象是可以先于法律存在的。如合同之于合同法、垄断之于反垄断法以及犯罪之于刑法。合同、垄断和犯罪原本都是一种客观的经济和社会现象，它不依赖于立法者的主观意志存在。这些立法的目的在于将上述现象纳入法律控制的

① 包括法律公开、普遍适用、不溯及既往、明确性、不矛盾等。参见［美］富勒：《法律的道德性》，郑戈译，商务印书馆2005年版，第55～60页。

② 参见葛克昌：《所得税与宪法》，北京大学出版社2004年版，第16页。

轨道。然而，不以法律为基础，租税不会出现，这说明租税首先应该是一个法律现象，具有法律属性，其次才具有经济和社会的属性。由此可见，租税法律主义并非是一个凭空产生的概念，而是租税自身原理的反映，是“税理”使然。[①]

最后，财税制度作为国家治理的基础，应当经受宪法标准的严格考验。宪法是国家治理中具有的根本性效力的约束标准。这里所指的宪法并非形式意义上的宪法典，而是具有实质意义的宪法标准。很多国家（如英国）虽然没有成文宪法，却成为宪法文明的发源地。实质意义上的宪法标准是国家与人民之间关于一些最基本事项的权利义务关系。人作为一种社会存在，第一要务便是能够保证自我生存，而这完全依赖于其个人的劳动和取得的财产。在国家产生之前，私人劳动取得的财富用于满足自我生存需要是一种自然正义法则。因此财产也就成为一种自然权利。洛克用劳动来论证财产权是一种自然权利，使洛克的财产权理论在两个方面取得了突破性的发展，一是证明了财产权产生于政治社会建立以前的自然状态；二是劳动创造财产权，不需要经过其他人的同意。[②] 根据洛克的上述理论，在政治社会建立以前，人当然地拥有对自己劳动成果完整的权利，即完整的财产权。在国家出现之后，（奴隶制和封建制下的）财产权受到了来自统治者的暴力剥夺和限制。直到资产阶级国家建立之后，国家和其人民才通过宪法在财产权问题上达成了一致。回溯到自然法理论来看，这意味着人民的财产权作为一种先于国家的自然权利获得了国家的承认并同时受到了限制。可以说，围绕财产权的协议是国家和人民之间订立的契约。

可见，财税法所关注的首要问题是国家与纳税人财产界限问

---

① 参见［日］北野弘久：《日本税法学原论（第五版）》，郭美松、陈刚译，郭美松校，中国检察出版社2008年版，第170页。

② 参见蒋永甫：《西方宪政视野中的财产权研究》，中国社会科学出版社2008年版，第77～78页。

题，或者说是私人财产与公共财产的法律界限。公共财产权来自私人财产权的让渡，其并不具有天然的正当性。[①] 公共财产取得的过程即是将财产权的属性从私权向公权转化的过程，其中的正当性问题值得深入研究。尤其需要强调的是，公共财产取得的正当性本身不能自我证成，还需要与对此类财产的管理和使用的正当性相结合。这样，公共财政收入、管理和支出才能形成整体化的逻辑，这是财税法治整体化的理论基础。那么，财政收入的正当性必然受到财政管理和财政支出正当性的制约。公共财政是满足公共需要，强调政府为社会提供公共服务的财政体制。因此，公共财政的法治化实践就表现为基本公共服务的法治化。

财税法治的整体化理论绝不仅仅是从宏观上将税法、预算法、财政支出法、政府间财政关系法、财政监督法等财税法制度"看作"一个整体，而是要发现在财税领域中上述各制度之间的逻辑关联和相互制约的关系，其中的一条主线是公共财政收入、支出与管理关系。目前学界将这种研究思路称为"财税一体化"。[②] 该表述的优点是弥补了传统财政法与税法彼此割裂的缺陷，使研究者们意识到各制度之间具有紧密的联系，有利于建立整体性的研究思路和框架，进而打通财税法内各制度之间的藩篱，提炼出统摄整个财税法的基础性理论体系；其不足则在于没有清晰地揭示出财税法治整体化的本质属性。因为财税法作为财政税收法的简称，仍然将税法作为相对独立的部分，而没有融入整个法律体系。当然，这有待于研究的进一步深入。从"领域法学"[③] 的角度来看，财税领域作为一个整体，其法治化也必然

---

① 公共财产既可能来自对私人财产的征收，也可能来自对私人财产权的限制。参见张翔：《财产权的社会义务》，载《中国社会科学》2012 年第 9 期；《个人所得税作为财产权的限制——基于基本权利教义学的初步考察》，载《浙江社会科学》2013 年第 9 期。

② 参见丁一：《税收法定主义发展之三阶段》，载《国际税收》2014 年第 5 期。

③ 参见刘剑文：《论领域法学：一种立足新兴交叉领域的法学研究范式》，载《政法论丛》2016 年第 5 期。

是一个整体。财税法是公共财产法的判断是一种静态观察，如果从动态上看，财税法也是“公共收支法”。这意味着财税领域的“整体化法治”的本质在于公共财政收入与支出之间的逻辑关联。具体而言，收入的正当性并不能仅仅来自收入本身，而是需要与支出的正当性关联。“依法征税”并不是税收法治的全部，我们所追求的是依法征税和依法用税相结合的整体正当性，这种整体正当性的基础是财政法治整体化理论的价值所在。

财税法治整体化理论，要求我们以法治的视角观察财政支出，特别是与公民基本权利相关的基本公共服务。基本公共服务是由政府主导、保障全体公民生存和发展基本需要、与经济社会发展水平相适应的公共服务。公共财政理论认为，税收作为公共收入应当满足公共需求。基本公共服务是保障公共需求的基本底线。从法学角度来看，基本公共服务法治化要求切实保障公民生存权、发展权等基本权利，它是法治政府建设的一个重要方面。作为基本公共服务的主要提供者，政府通过征税聚集公共财政资金，并经由预算程序进行分配，最终以财政支出的形式来完成提供公共服务的宪法义务。在这一连串的行为中，税收法定、预算法定和支出法定构成了一个整体化的财税法秩序。从“财税一体”的视角来审视基本公共服务法治化问题，其理论价值在于建立公共财政收支的逻辑关联，进而揭示税法等财政收入法与预算法、财政支出法等法律制度之间的关系，推进财税法学理论的体系化；实践价值在于完整把握财税立法、执法和司法之间的关系，强调财税法治的实质化，避免财税法定原则落入形式化的危险。这有助于将抽象的税收正义原则具体化为明确的操作标准，也有利于进一步规范政府的财政支出行为。

从“财税一体化”的研究思路出发，将财税法视为一个有机整体，以财政收支间的逻辑关系、宪法基本权利等作为理论基础研究，研究税法正当性及其与公共服务法治化之间的关系。具体包括：第一，“财税一体化”的基本原理。传统的财税法学研究中，税法是一个相对独立的体系，整个财税法其实是由税法和财政法（包含了其他财政收入法、财政支出法和预算法等）两个部分组成，并且二者之间很难发生逻辑上的联系，也缺乏统一性的理论基础。“财税一体化”的思路发轫于对法律上“税”概念的拓展性认识，即“税”包含了征收与使用两个方面，税收法治需要兼顾征税和用税。借助纳税人权利保护理论，提出纳税人用税监督权的概念，进一步深化有关“财税一体化”理论的研究，从税法的立法目的切入，结合税种名义、属性以及功能来分析税款使用与基本公共服务的关系，建立税收收入与支出相互制约的法治框架。第二，基本公共服务法治化的宪法依据。基本公共服务的法治化要求主要包括两个方面：一是政府承担基本公共服务供给的财政支出责任；二是全体公民都能公平可及地获得大致均等的基本公共服务。基本公共服务是全体社会成员生存和发展的基本需要，其根源与宪法上的基本权利。保护公民基本权利是国家的宪法义务，为此而履行财政支出责任也具有宪法意义。在“事权与支出责任相适应”的原则下，如何在政府间合理划分税种及其收益以满足基本公共服务所需要的物质基础是一个宪法性课题。基本公共服务均等化是宪法平等原则的一个具体体现，不能仅仅满足于机会公平，而是要同时兼顾权利公平和规则公平，以法治化的方式保障公民基本权利得到落实。防止社会疏离的加剧和社会断裂的发生，避免堵塞“上升通道”和“阶层固化”，坚守基本的公平正义底线。第三，我国基本公共服务均等化、法治化进程中存在诸多障碍。与征税行为所造成的侵害性不同，从表面上看，财政支出是给付行为，使得相对人受益。尽管如此，在现代市场中财政资源稀缺的约束下，不同主体实际上对于财政支出具有竞争关系，对某处之给付即是对他处之侵益。因此，在提供基本公共服务的过程中，财政法定原则强调对财政权力约束的同时，也格外注重支出的均等化。我国经济发展极不均衡，形成了“城—乡”“东—西”“南—北”等多个二元结构，财政状况也随之发生严重偏差，最为典型的是不合理中央与地方财政关系造成事权与支出责任不相适应以及转移支付的不规范，造成基本公共服务的较大差异，严重影响社会公平。第四，推进基本公共服务的法治化需要加强财税法治整体协同。基本公共服务法治化的目标是在与经济社会发展水平相适应的条件下，政府切实履行提供基本公共服务的财政支出责任，保障基本民生需求的教育、就业、社会保障、医疗卫生等领域的公共服务。仅从财政支出的角度规范政府行为难以解决问题，必须结合预算权、征税权、政府间收支划分等多个层次的制度予以综合规制，这就需要以财政法治整体化的理论与制度来审视和解决基本公共服务法治化的问题，提出完善财税法律制度体系的相关政策建议。

上述问题所关注的重点是：第一，“财税一体”的理论证成。对税收概念的法律属性研究在当前的税法学中仍然较为薄弱，原因在于这一概念从税收学领域尚未完全转型为税法学范畴。如何理解税收的无偿性概念的局限及其法学突破？在公共财政的框架下如何解释税收的非受益原则？“财税一体”如何与税法、预算法以及财政支出法等相关理论协调一致？第二，基本公共服务的权利类型化及其范围界定。基本公共服务与宪法上的基本权利体系是何种关系？基本公共服务在不同层级政府之间如何分配？基本公共服务均等化在差异化的限度如何把握？第三，以税种法所体现的征税权与基本公共服务之间理论关联。具体税种的立法目的与相应的公共服务之间究竟有无关联？比如征收环境保护税与保护环境的公共服务之间如何形成逻辑联系？税收的普遍性与税款使用的限制如何协调是需要重点突破。第四，体系化的财税法是一种理想化的理论创新和制度设计，如何能将之与我国当前具有过渡性、阶段性的税制改革和税收立法相契合，还需要在实践中进行检验和做出修正。

从财税法治整体化和基本公共服务法治化的角度来研究财税法问题可能具有的创新性主要表现在两个方面：一是研究角度和思路的创新。虽然学界当前关于基本公共服务的研究较为多见，但是通过分析财税法制度之间的关联来研究基本公共服务法治化则不多见。尤其是从“财税一体”的角度提出财税法治整体化的理论，进而落实到基本公共服务法治化的研究思路具有一定的创新性。二是研究内容的创新。财税法理论的深化和精细化一个重要趋势就是体系化。公共财政收支的逻辑关联是财税法理论体系化的基本框架，也是财税法定原则中所包含的最为朴素的常识，然而目前学界的相关研究极为欠缺。应当将这一常识进行理论化，提出具有学术创新价值的观点。

基于此，有必要采用整体性和类型化的研究思路，将“财税一体”理论与基本公共服务法治化的实践紧密结合，以基本公共服务法治化来解释财政收入法（主要是税法）的正当性，形成内在逻辑自洽的理论，并运用这一理论评估我国现行税种法、预算法以及与财政支出有关的法律与政策的合理性，提出符合财税法定原则的理论和实践标准，为建立和谐的财税法治秩序提出政策和法律建议。首先，在既有理论的基础上提炼“财税一体化”的理论体系，重点研究税法、预算法、财政支出法之间的内在关联。以公共财政收支的逻辑关系建立整体化的财税法理论体系。其次，通过阐释基本公共服务的法治内涵以及权利类型，初步划定基本公共服务的范围，探索如何完善我国的基本公共服务，落实政府的事权和支出责任，保障国民基本权利。再次，对我国现行税制中的主要税种及其可能涉及的基本公共服务问题（如环境保护税之与环境保护、房产税之于义务教育等）进行具体化实证分析。最后，提出运用财税法治整体化思路完善我国基本公共服务，实现基本公共服务法治化目标的具体政策与法律建议。

第一章　财税一体化的法律逻辑

一、税收之债理论的宪法基础

税收之债理论源自对税收法律关系性质的判断，意图在于构建纳税人与国家之间的平等关系，从而使税法摆脱行政法附庸的地位。税收之债理论只是提出而并没有论证政府和纳税人在财产权利上的关系。在税收法律关系中，行政权力并非主导性的因素，其发挥作用的空间应当受到限制。限制行政权力的前提是能够合理地解释这种行政权力与财产权之间的关系。税收之债理论不应该仅仅止步于财税行政法的范畴，更应当上升到宪法的层面上，通过将债的关系明确为国家与纳税人之间权利义务的契约关系来进一步发展财税法的理论，同时围绕这一理论来构建财税法的制度体系。

（一）背景、知识与争议

理论是实践的产物，与特定的现实背景相关联。税收之债理论发轫于20世纪初的德国，是德国税法制度与实践经验的总结，后经由日本学者的介绍被引入中国。作为现代财税法学基础理论中知识元素，税收之债理论将公法问题和私法形式进行了巧妙结合，并以此为基础提出了纳税人权利保护的重要课题。然而，至少在中国，近若干年的财税法治实践似乎并没有沿着税收之债理论所指引的方向前进，财税领域仍然长期处于被行政权力支配的状态。这使得原本就存在的争议变得更加突出。

1919年的德国租税基本法确立了以“税收债务”为中心的

理念来构建税收法律关系。该法第 81 条明确规定“税收债务在法律规定的税收要件充分时成立。为确保税收债务而须确定税额的情形不得阻碍该税收债务的成立”。[①] 在其后的 1926 年 3 月于德国明斯特召开的德国法学家大会上，学者围绕税收法律关系的性质进行了激烈的争论，这场争论使得税收债务关系的理论深入人心。深受德国税法影响的日本税法学者北野弘久和金子宏也围绕税收法律关系的性质展开了“一元论”和“二元论”的争议。

德国租税基本法是从法律关系成立的角度提出税收债务的概念的。从理论提出的过程来看，税收之债理论是作为“税收权力理论”的对立面存在的，其包含着如下基本逻辑：一个完整的税收法律关系包含实体性和程序性两种法律关系，且后者以前者为基础。在实体性的税收法律关系中，国家恒定为一方主体，只要行为人实施了具有税法意义的行为，符合税法所规定的各项课税要素，法律关系即告成立，纳税义务同时发生。行政行为的作用是在纳税义务发生之后、履行之时才介入到税收法律关系中去的。也就是说，所谓程序性的税收法律关系其实是纳税人履行纳税义务的程序，只不过在这一程序中，税务机关作为税收法律关系一方的代表参与了纳税义务的履行，其行为也不必然具有权力或者强制的因素。所以，税收法律关系的本质是债务关系。

尽管税收之债理论在我国有很大的影响，但还并非是一种处于绝对地位的理论，尤其是在税收实践中，围绕其展开的争议仍然存在。时至今日，税收之债理论与“税收权力”理论的对立并没有完全消失。[②] 由于税收之债理论是建立在实体与程序法律关系划分基础上的，其论证的基础在于前者而非后者。而整体性的税收法律关系究竟以何者为中心似乎并没有绝对的判断，围绕

---

① 参见［日］北野弘久：《日本税法学原论》（第五版），郭美松、陈刚译，郭美松校，中国检察出版社 2008 年版，第 171 页。

② 在我国的税收实践中，税务机关的行政权力普遍渗透于征税程序，因此“税收权力”说一直有着坚实的实践基础。这种理论之间的对立直接来源于实践，也可以理解为是理想与现实之间的差距。

税收法律关系性质的“一元论”与“二元论”的争议仍然存在。此外，即使倡导以实体法律关系为中心的学者也在某种程度上承认“税收权力说”的价值和地位。[①] 在实务领域，税收法律关系更是被当然地认为是一种权力性的关系，税法是行政法，在税法实务人士来看是毫无疑义的。由此看来，要想依靠税收之债理论的奠基来达到传统税法学与行政法学的诀别，还需要更加深入和细致的论证。

(二) 税收之债理论的层次展开

税收之债理论的题源来自税收法律关系，其本质是对税收法律关系的认知。法律关系是法学上的核心范畴，其描述的是主体之间形成的以权利（力)、义务和责任为内容的社会关系。法律关系的性质主要取决于其内容的性质，也就是权利（力)、义务和责任的性质。由于财税法学是以问题为中心而形成的综合性学科，因此税收法律关系相对于传统法律关系的性质而言是一种“横断面”式的图景，也可以说是一种具有综合性的法律关系。税收法律关系不仅仅是为了解决国家征税以满足其存在需要的合法性的问题，其中更包含着对人权、民主的价值追求。

1. “税”之概念：内涵拓展与立场转化

对税收之债理论的研究离不开对“税”概念的解析。经济学上将“税”定义为国家凭借政治权力强制、无偿地取得的固定性收入。传统税法学一直是沿用这种定义的，而现代财税法学已经逐渐摈弃这种对“税”概念的定义方法，更加注重其中所包含的法治化元素。从“税”作为一种客观现象或者事物来看，其应当产生于法律的规定。这是自1215年英国《大宪章》确立“无代表，不纳税”原则以来人们对“税”概念的普遍认识。日本学者北野弘久指出：“租税是租税法律的创造物。在不存在租

① 这主要是从法认识论和法实践论的角度来分析税收法律关系性质得出的结论。参见［日］北野弘久：《日本税法学原论》（第五版），郭美松、陈刚译，郭美松校，中国检察出版社2008年版，第175页。

税法律的地方，实际上也就不产生租税关系，这就是由租税法律主义原则所下的定论。”① 这说明税收不可以先于税收法律而产生。这既是基本的税法原理，更体现税收法律主义的要求。在法律领域，有些对象是可以先于法律存在的。如合同之于合同法、垄断之于反垄断法以及有些犯罪之于刑法。合同、垄断和有些犯罪原本都是一种客观的经济与社会现象，它不依赖于立法者的主观意志存在。这些立法的目的在于将上述现象纳入法律控制的轨道。与此不同的是，“税”作为一种客观现象，其出现必须以法律为基础，没有法律的规定，税收不会出现。这说明税收首先应该是一个法律现象，具有法律属性，其次才具有经济和社会的属性。

在“税”概念的界定上，一直以来有“国家立场”和“纳税人立场”的区分。在国家立场下，税法是“征税之法”，其首要目的在于满足国库充实需要，也称为“国库主义”，它强调税收的强制性、“税收充当财政经费”等理念；纳税人立场下的税法则以纳税人权利特别是纳税人基本权利保障为根基来构筑“税”概念，它强调税收及其用途的“合宪性”。两种不同立场下的概念显然存在着冲突。

诚然，征税与纳税原本就是围绕财产权利展开的博弈，纳税人权利与征税权力存在事实上的冲突。尽管在形式上存在着“你进我退”的零和关系，但是国家征税权与纳税人权利均为现代社会中合乎理性的利益工具。权利之间的冲突并非罕见之事，法学研究的一个重要任务即是对权利冲突进行协调与缓和。由于税的概念先天地包含了国家与纳税人的二元主体在财产关系上的矛盾，税法则需要面对和解决这一矛盾。对抗性是矛盾的一个方

---

① 租税法律主义不可能凭空产生，一定是立足于租税基于自身性质的某些原理，是“税理”使然，而非纯粹地认为创造。这一点也可以从自然法的角度来理解。参见［日］北野弘久：《日本税法学原论》（第五版），郭美松、陈刚译，郭美松校，中国检察出版社 2008 年版，第 170 页。

面，表现在税的问题上就是国家和个人都需要维护自己的利益；统一性则是矛盾的另一个方面，表现为不同主体的利益归结为同一个主体的利益。一般而言，这种归结有两种方式：一是归结为第三主体，二是归结为其中的一个主体，另一个主体的利益被吸收。应当看到，在国家与纳税人之间，前者的存在只是手段，后者是前者存在之目的。国家只是通过征税的方式来取得为纳税人服务的物质基础，征税的目的也在于维护纳税人的权利。税法在协调国家与纳税人关系的过程中，必须始终以纳税人权利为根本。因此，所谓的“对抗”，其实是目的对手段的限制，防止手段被“目的化”而导致国家税收的异化。税收原本属于现代国家中的一种客观现象，站在不同的立场上给出不同的定义也属正常。国家与纳税人是博弈的双方，出于任何一方立场的定义都有一定的合理性，关键在于哪种立场更符合税的本质，更有利于财税的法治化。显然，以纳税人为中心的税收概念应当是更加理性的选择。

2. 纳税：换取权利保护的必要性财产让渡

在市场经济条件下，纳税人也是受理性支配经济人。追求自身利益最大化的过程也意味着自身权利获得最大化的保护。从这个角度解释，公民纳税是以财产让渡财产权利的方式来换取自身权利的安全，其所纳的税款形成了权利保护的必要物质条件。[①]这种权利交换关系应当是税法之债理论的本质所在。

在“税”与“（人民）权利”的关系上，存在一个“何者为本”的问题。税收尽管构成了国家的物质基础，但相对于国民权利而言却只是一种手段，是保护权利的必要性存在。离开了

---

① “税”也可以被理解为一种为保护权利而产生的成本分摊方式。因此，从这个意义上说，无论是“积极权利”还是“消极权利”，其保护都需要付出成本，也可以说“所有的权利都是积极权利”。参见［美］史蒂芬·霍尔姆斯、凯斯·R. 桑斯坦：《权利的成本——为什么自由依赖于税》，毕竟悦译，北京大学出版社 2004 年版，第 39 页。

权利的概念，税本身是没有意义的。纳税人是在用自己的一部分财产向政府“购买”一种保护权利的服务，政府的“出售”行为与纳税人的“购买”行为之间具有不可割裂的逻辑联系。从契约的角度来看，就是政府与纳税人履行各自义务，同时也要求实现自身的权利。然而，税只是保护权利的“必要条件”而非充分条件，这意味着纳税并不必然带来权利获得保护，它不是纳税所形成的当然的事实效果而只是纳税人的内心意思，尽管这种意思被赋予了法律效力。税收带来的一个必然结果是政府通过税收获得了其存在和活动的物质基础。在税收契约中，政府比纳税人处于更加有利的优势地位。不仅如此，由于税收在造就国家的同时，也造就了权力，权力可能用来保护权利，也可能对权利造成侵害。因此，纳税人在以纳税来换取权利保护的过程中，也附带产生了权利受侵害的可能性。可以说，纳税人在政府面前面临着两种危险：一是政府不履行对等义务，权利不能获得保护，二是权利受到来自政府的侵害。这两种危险的共同根源是国家权力在精神上脱离了税的法律本质（也就脱离了纳税人）而独立存在。现实的情况就是，税款一经入库，就变得与纳税人无关而成为任由政府支配的财产，权力的运用也因此而可能变得更加随意。

上述困境的解决之道在于从税收之债理论上廓清权利、税和权力三者之间的关系。首先，在现代社会，权利和自由处于核心地位，具有终极的价值。财税法的一个重要目标就在于增进全民的福利。其次，税是权利的让渡，它来自权利，通过财政运行转化为造就权力的物质基础，但不能改变自身的基本属性。最后，权力是作为保护权利的工具存在的，而不是独立于税和权利之外的自在之物。对权力的监督和约束不能仅仅是来自外在的力量，而是权力自身内在的要求。唯有如此，才能保证权利、税和权力三者在逻辑上的统一性，共同构筑起现代税收国家的法治结构。

3. 征税与用税：国家权力的物质基础

国家的起源可以从历史、政治等不同的角度予以解释，但是无论哪种解释都不能回避国家产生的物质基础。权力是国家存在的一种观念化形态，“任何有关国家权力来源的论证，都不是实证的现象描述，而是一个纯粹的理论诉求……它并不是描述一个事实，而是在塑造一种信仰。正是这种信仰，使人民得以从旧国家时代的暴力阴影中走出，使权力得以和文明、进步、人权等先进理念向连接”。[①] 不可否认的是，权力的运行作为国家职能实现的基本途径，同样也要依赖物质资源作为基础。从抽象的角度看，税收国家的所有活动都是围绕着如何征税、如何用税而进行的。[②] 在传统的税法学研究中，征税与用税的概念是被割裂开的。纳税人的主体性地位仅仅体现在征税的过程中，税款一旦进入国库，就不再以“税”来对待，而是称为“财政性资金”，这种从“税”到“财”的性质转换尽管符合概念的周延性要求，却将纳税人的权利限制在财政活动的门槛之外（因为这其中还包含着税以外的其他财政收入）。税法规则的效力在纳税人履行完毕缴款义务后即告终止，纳税人从此失去了与税款之间在法律上的联系。显然，这种意义上的税法仍然是“征税之法”，同时，财政法仍然是政府主导的“财政行政法”，整个财税法并不具有独立性，并没有实现从“行政法”向“财产法”的转型。

由于财政是一个动态的过程，包括“收入”、“管理”和“支出”，税法解决的仅仅是收入的问题，管理和支出等则分别是通过预算法、国库管理法和财政支出法等制度来解决的。税法与这些制度之间缺乏实质性的联系，从而造成了税款征收与使用

① 参见刘剑文：《财税法专题研究》（第二版），北京大学出版社 2007 年版，第 148 页。

② 任何政府行为的背后都是税的收入与支出，正因如此，马克思指出：“强有力的政府和繁重的赋税是同一个概念。”参见《马克思恩格斯全集》第 8 卷，人民出版社 1961 年版，第 221 页。

在制度上的割裂。这给公众造成一种误解：伴随着纳税义务的完成，纳税人的身份也随之结束，“管税”与“用税”完全成为政府自身的内部事务（尽管形式上也要通过人大审议）。分散的纳税人只在征纳环节上关注自身应纳税款的多少，而对集中入库后的税款管理与使用则缺乏参与和监督的激励。将税收的使用和征收统一起来进行研究的目的即在于改变上述不合理的状态，将税的性质在“征税”、“管税”和“用税”等财政运行的各个环节都凸显出来，始终保持税款是纳税人缴纳而形成的公共财产的基本属性。之所以倡导将征税与用税过程中的权利义务关系统一于税收之债理论，原因在于，因税收而形成的特定关系，不仅仅是纳税人对国家的义务，也是国家对纳税人的义务。这种统一性的税收之债理论已经超出税法学作为行政法和经济法的属性而迈向了宪法学的领域。

（三）税收之债理论在宪法上的学理阐释与制度生成

在现有的财税法学理论中，税收之债仅仅表现为一种纳税人对国家负有财产义务的单向度关系。尽管与税收权力说相比，税收之债理论的提出确实算得上一个了不起的制度创新。但是这种创新似乎还不够彻底，还有进一步拓展和突破的空间。

1. 财税问题的宪法学意义

宪法乃一国之根本法，具有最高的效力和最强的稳定性。尽管如此，宪法也要面临来自时代发展与社会变革的挑战。以财税问题为研究对象的宪法学具有超越政治宪法、军事宪法等传统宪法研究的重大意义。在英美法系和大陆法系国家里，财政宪法的研究都受到重视，它关注的重点是政府公共收支和财政监督方面的宪法规范与制度。由于东西方国家的历史、文化以及政治上的差异，研究路径各有不同。在东方国家里，占主导地位的国家起源学说是“阶级斗争论”，因此在制宪的过程中，国民与国家之间的关系特别是财产关系没得到清晰的阐述。国家对人权的认可更多地被理解为一种“斗争胜利的果实”。因此，在税法研究中，就不得不重新解决国家与国民的财产权问题。所以，这些国家的税法研究必须将税法和财政法作为一个整体，注重税的征收与使用之间的关联关系。与此不同，西方国家的税法学主要研究税的征收，税的使用问题转化为对政府权力限制的课题在由宪法学和行政法学来承担。在这些国家，“社会契约论”被普遍接受，国家与国民的财产关系问题已经在宪法层面得到解决。所以，在西方国家税的征收和使用问题是一般是分开的，而东方国家则应当注重二者之间的关系，其财税法学的研究必然呈现出一种“向宪法运动”的趋势。

国家权力是宪法学研究中的基本范畴之一[①]，而税收是国家权力物质基础。在国家权力这一范畴内的交叉，使得财税法学与宪法学发生了制度和理论的交叉。在国家权力这一概念的所有划分类型中，财税权力是最为基本的。因为它决定着权力的物质基础。正如学者的研究指出，“对于任何国家的执政者而言，其权力活动的实施都必然消耗一定的财政资源，财政资源的紧缺性永远是制约其权力活动的一个现实因素。制宪者们……不得不将财政的因素考虑在内”。[②] 可见，财税问题构成了对宪法的约束，是立宪无可回避的问题。财政问题上缺乏作为的宪法都不是理性的产物。宪法应当将财政问题（主要是税的征收和使用问题）的基本原则进行明确规定，同时建立可实施的追责机制（违宪审查制度）。

---

① 宪法学基本范畴是贯穿整个宪法学最基本的概念，也是整个宪法学理论体系的支柱。无论是完善现有宪法学理论体系，还是重构新的理论框架，都离不开确立和界定宪法学基本范畴这一重要的基础研究。一般认为，宪法学包括主权与人权、国体与政体、基本权利与基本义务、国家权力与国家机构等基本范畴。参见李龙、周叶中：《宪法学基本范畴简论》，载《中国法学》1996 年第 6 期。财税问题尽管不属于宪法学的基本范畴，但却是宪法学研究中不可忽视的重要问题之一，从国家权力的角度来研究财税问题是一条可行的进路。

② 参见周刚志：《论公共财政与宪政国家——作为财政宪法学的一种理论前言》，北京大学出版社 2005 年版，第 33 页。

2. 税收之债理论与宪法性税收法律关系

由于财税法学科具有综合性的特点，税收法律关系也是综合性的，其中包含宪法性的权利义务关系，称为宪法性税收法律关系，其核心内容是规定公民的基本权利以及国家为保障公民权利的实现所应当负担的义务。税收之债理论与宪法性的税收法律关系的契合性，为税收之债理论提供了根本法上的阐释空间。虽然公民与纳税人的概念并不完全重合，但是从负担税款的广义视角来看，二者的差异不足以影响问题的实质。从契约的角度来看，公民的基本权利与其所承担的义务构成对应关系，因此公民基本权利即为与纳税义务相对应的权利。纳税义务不是一个独立的概念，也非绝对性义务。从概念上说，纳税义务作为一种意志包含着纳税人对基本权利的诉求，基本权利获得确认是纳税义务存在的对价。这既是契约理论的基本逻辑，也是权利与义务相一致的基本法理。从性质上说，纳税义务可能被免除或者原本就不应存在，原因包括国家基于政策性的考虑或者“课税禁区”的存在。例如，在个人所得税上，属于生存费用的部分即不得纳入课税范围，这是基于纳税人基本权利的要求。纳税义务与纳税人权利其实是一枚硬币的两面。这也与将税的征收与使用相统一的一元性现代税收概念向一致。因为税的使用即是围绕纳税人基本权利展开的，是纳税人基本权利实现的方式。

纳税人权利在中国容易被解读为纳税人在税务机关征税时享有的程序性权利，如知情权、保密权、税收监督权、陈述与申辩权等。上述权利其实是纳税人作为税务行政程序相对人所享有的权利，并非是与其所承担的纳税义务相对等的实体性权利，是对纳税人权利的一种误解。即使使用纳税人“基本权利”这样的称谓以示区别也不够科学。原因在于，与纳税人“基本权利”相比，纳税人权利是一个上位概念，并且该权利一定是与纳税义务相对应的概念。在宪法上，唯有基本人权与纳税义务具有对应关系。纳税人权利的核心内容是获得国家对其基本人权和自由的保障，即享受公共物品和服务的权利。至于在税务行政程序中的权利则具有附带性，是基于行政程序中相对人在面对强大的行政机关时，为避免其受到不公平待遇而赋予其的必要性权利。此类权利不仅仅存在于税务行政程序，也存在与其他行政程序之中。所以，纳税人权利不能是一个仅仅存在于税收程序上的形式化的权利，应当赋予其更加实质性的内涵，使其具有实体意义，从而能够进入宪法权利的领域。因为只有宪法权利才是纳税人面对国家而不仅仅是征税机关时享有的权利，它解决的是纳税人与国家之间的关系问题。①

3. 税收之债理论在宪法上的制度生成

从事物发展的逻辑过程来看，由于财税是国家及其权力存在与运行的物质基础，作为一种具有制度性内涵的财税法律关系应当先于其他类型的公法上的法律关系产生的。也就是说，财税关系具有宪法上的优先性。作为一国根本大法，在国家与国民之间，宪法应当首先理顺的是财产关系，而非其他意识形态领域的关系。因此，在综合性的税收法律关系中，对不同种类的法律关系不能等量齐观，而应当根据客观上的国民财产关系以及恰当的逻辑来给予合理的定位。税收债务关系也被称为是“公法上的债权债务关系”，需要注意的是，在财税法上，“公法之债”除了税收之债以外，还包括公债。尽管二者性质有所差异，但在“债”的理念上则是具有很强相似性的。民众对税和公债的态度或许不尽相同。但无非是两个最基本的方面：一是对自己财产可支配的程度（即税额的高低或债务的安全性）；二是资金的用途和效果。如果政府能够在这两个问题上让纳税人放心，财税法治的目标就可以说是达到了。

① 宪法具有根本法的地位，其性质决定了它所要解决的主要是“个人的权利如何不被国家侵犯”的宏观性和抽象性的问题，而法律（包括民法与民事诉讼法、行政法与行政诉讼法等）解决的则是“个人的权利如何不被其他主体（包括国家机关）侵犯”的微观性和具体性的问题。参加马岭：《宪法权利解读》，中国人民公安大学出版社 2010 年版，第 6 页。

第一，税法的至高原则是“税收法定主义”，它绝不仅仅要求税收由“法律”规定，在更高的层面上，其实质性的要求是“财税立宪”，即税收立法不仅要具有“法律”的形式，而且要符合宪法的精神。由于宪法本身具有的抽象性，其涵摄也相当广泛。任何违背正当性的税收立法，尽管符合了“法律”的形式，却可能因为违宪而导致不具有正当性。当然，要做到如此严格的“税收法定”，其前提在于宪法对财税问题要有足够的规范，同时应当有程序性的机制（如违宪审查机制）保证落实。

第二，税收之债理论反映在宪法制度上应当是确认纳税人基本权利与纳税义务的对应关系。这种对应关系主要的表现是纳税人基本权利及其所指向的国家（通过政府）所应负担的义务，这种权利是“一项关于纳税人各种自由权、社会权等的综合性权利”①，国家对于此种权利所负担的首先是一种隐忍消极和不作为的义务。与此相配套的是，该种义务必须透过违宪审查制度（而不仅仅是行政诉讼制度）予以保障。

在我国当前的财税法律体制中，关键性的制度缺失还很严重。首先即表现为宪法对财税问题的回避，即宪法没有从正面直接地回答“国家与国民之间的财产关系是什么”的问题。我国现行《宪法》第56条规定“中华人民共和国公民有依照法律纳税的义务”。学者对于这一条款有诸多解释，有的认为其包含了“税收法定”宪法原则，也有的认为该规定是从维护国家权利、保障人民履行义务的角度出发的，很难据此说我国已经进行了税

① 日本税法学者北野弘久将其称为“纳税者基本权”，是指“纳税者”在租税的征收和使用方面享有的固有的基本权。它是各种权利的集合概念，包括有关纳税者的自由权和社会权等内容。这种建立在一元论租税概念上的纳税者基本权包括了纳税人在租税征收和使用过程中的权利。因此这里的权利是从宪法意义上而言的，之所以被称为“基本权”是为了与法律层面上的权利相区别。纳税人在宪法上的权利具有特定的含义，它所指向的义务主体是国家。也就是说，这些权利只可能遭到来自国家的侵犯，而非来自其他主体。参见［日］北野弘久：《日本税法学原论（第五版）》，郭美松、陈刚译，郭美松校，中国检察出版社2008年版，第59页、第82页。

收立宪。[1] 其实，税收立宪的关键并不在于宪法条款中是否包含了税收法定原则，而是宪法是否确认并阐明了国家与纳税人在权利义务上的对应关系。我们应当以更广阔的视野来看待宪法中的涉税条款，即不仅包含“税收”概念的条款才是宪法涉税条款，还应该结合《宪法》第2条关于“人民主权”、《宪法》第13条关于“公民私有财产权不受侵犯”以及宪法中关于“公民基本权利”、“国家机构职责”等规定来考察“财税立宪”的程度。在此基础上，需要通过一条专门的规定来说明税收与上述内容之间的关系。只有在宪法的层面上对财税问题进行了明确的规定，才会在下位法的层面上产生对财税法律的制度需求和制度供给，我国的财税法律体系才会逐渐完善。

（四）从税收之债理论走向财税法契约理论

税收之债理论是关于税收法律关系性质的理论，通过借用民法上“债”的概念将税法从行政法的附属地位中解放出来，意图体现税法学的独立性。作为财税法学最重要的基础性理论之一，它对税收法律关系性质进行了科学的判断，淡化了征税过程中的权力性因素，强调了纳税人与征税机关的平等性法律关系，使得对税法的认识从传统行政法学的思维桎梏中解放出来。然而，税收之债理论只是提出而并没有论证纳税人和政府在财产上的平等关系。其实，在税收法律关系中，应该强调的不是淡化或者去除行政权力，而是限制和改造行政权力，其前提是正视其存在并且解释这种行政权力与财产权之间的关系。因此，税收之债理论还需要进一步的发展，在对“税”概念进行了“征收与使用”相统一的一元性改造的基础上，其深度和广度都得到了进一步的挖掘和拓展，它需要转向更为明确的财税法契约理论来论证现代社会中政府与纳税人之间的基本关系。在我国当前的财税法学研究和实践中，税务管理、税款征收、预算审批以及财政支

---

① 刘剑文：《财税法专题研究》（第二版），北京大学出版社2007年版，第208页。

出等更多地被认为是由政府主导的权力性程序。尽管民主的诉求蕴含其中，但囿于中国目前政治体制所限而不能很好地发挥作用。对财税程序的民主化和法律化改造必须寻找更为切实可行的路径。契约精神孕育了对等、有偿和责任等诸多价值理念。通过契约化的思维首先在宪法层面上重新阐释和确认国家与公民之间的财产关系，这有助于财税法律体系的不断完善，也有利于财税民主与财税法治目标的实现。

二、财税法视角下的政府及其权力

政府及其权力起源是法学研究中的重要课题。洛克的政府理论的独特之处在于其将政府起源与财产权紧密结合在一起。政府权力来源于人民的授予，那么人民原本享有权力的基础为何？人类社会从不存在国家的自然状态走向“税收国家”发展的过程揭示了“税收即国家”的基本判断。在此背景下，透过个人与国家之间在财产上的关系，可以发现政府及其权力是一种物质力量，它依赖个人劳动创造财富并通过纳税转移财富而形成。政府权力起源于个人财产权，其目的也在于保护这种财产权。公共财政的建立是政府权力存在的物质依据，也是政府权力运行的法律界限。现代财税法以财政法定主义为核心原则，立足公共财政的基本立场，为政府建设提供服务型和法治化的发展路径。

在现代议会制的起源国家英国，洛克的思想也许在亚里士多德、霍布斯等宏大理论的照耀下显得不那么令人瞩目，但是当我们走进其中的时候，发现这里也许埋藏着值得我们挖掘的“富矿”。在《政府论（下篇）》中，洛克以人类的自然状态和战争状态为立论起点，以社会契约论为理论基础，以保护个人财产权为核心，追溯了政治社会的起源，论述了国家权力结构和运行的模式。洛克的政府理论在西方政治史上产生了深远的影响，为资产阶级君主立宪制度的登台扫除了异说。尽管存在反历史和唯心主义的成分，洛克提出的政府理论和财产权理论却具有现实意义。循着这种政治哲学的理论进路，我们可以试图挖掘其中蕴含的思想精华，以公民财产权和国家财政权的法治化博弈框架来思考当今中国的政府体制改革。

（一）古典政治学：政府及其权力从何而来

在我们熟悉的政府理论里，马克思主义经典学说认为，人民主权是一切政治权利中最早的也是最基本的权利，这是同国家政权联系在一起的。如果人民没有对国家的主权，也就不可能有公民的一般民主权利；反之，如果人民连最一般的民主权利都没有，也就意味着根本不存在人民对国家的主权。列宁从国家与社会区分的视角来观察，指出政府是“从社会中分化出来的公共政治机构”。[①] 恩格斯在《家庭、私有制和国家的起源》中谈道：“国家是社会在一定发展阶段上的产物；国家是承认这个社会陷入了不可解决的自我矛盾，分裂为不可调和的对立面而又无力摆脱这些对立面。而为了使这些对立面，这些经济利益互相冲突的阶级，不致在无谓的斗争中把自己和社会消灭，就需要有一种表面上凌驾于社会之上的力量，这种力量应当缓和冲突，把冲突保持在‘秩序’的范围内。”[②] 这些理论在实践中的表现就是社会主义国家的宪法条文，如我国宪法规定，国家的一切权力属于人民，人民行使国家权力的机关是全国人民代表大会和地方各级人民代表大会。在此基础上，如果我们追问下去：国家的权力来自人民，那么人民的这种权力的基础是什么？它来自哪里？如果说“天赋人权”的口号经过资产阶级革命的实践成为一种理论的话，那么这种理论一定有其更早的渊源存在。

其实，在西方资产阶级革命之前，很多思想家在其著作中都对政府及其权力的起源有过论述。如亚里士多德、霍布斯等。在英国，洛克的一生恰好经过英国资产阶级革命的整个时期，其思想因而更加贴近以议会制为代表的英国政治实践。洛克在其《政府论（下篇）》第一章中即明确指出，“政治权力就是为了规

① 参见《列宁选集》（第四卷），人民出版社 1995 年版，第 45 页。
② 参见《马克思恩格斯选集》（第四卷），人民出版社 1995 年版，第 170 页。

定和保护财产而制定法律的权利，判处死刑和一切较轻处分的权利，以及使用共同体的力量来执行这些法律和保卫国家不受外来侵略的权利；而这一切都只是为了公众福利”。[①] 洛克这本书的副标题是“论政府的真正起源、范围和目的”，可见洛克认为他在这本书里揭示的是他所发现的政府起源，并对政府权力范围以及所要达到的目的进行理论性的阐释。在该书的第二章和第三章，洛克论述的是政府产生之前的人类社会的状态，即自然状态与战争状态。从这部分内容中我们可以看出，洛克的思想典型地承袭了霍布斯在《利维坦》中描述的关于人类原初状态的思想，认为“那是一种完备无缺的自然状态，他们在自然法的范围内，按照他们认为合适的办法，决定他们的行动和处理他们的财产和人身，而无须得到任何人的许可或听命于任何人的意志”。[②] 而战争状态是作为自然状态的缺陷存在的。在战争状态下，人与人之间相互敌对和毁灭。但是从自然状态到战争状态并非没有条件，洛克认为“谁企图将另一个人置于自己的绝对权力之下，谁就同那人处于战争状态”，[③] 在自然状态和战争状态下，不存在解决人们之间纠纷的权威裁判，洛克认为为只能“诉诸上天”。为了避免这种战争状态，找到可以诉请救济的权力，于是人类脱离自然状态组成社会。在古典政治学理论中，政府的产生似乎已经水到渠成。但是洛克在论述政府产生之前，专章讨论了财产问题，即第五章《论财产》。应该说这一部分构成洛克财产权思想的主要来源，也是洛克不同于其他古典政治学家的独特之处。洛克认为，财产权通过劳动确立起来并受到消费能力的限制。在这里，洛克还隐含地表达了一种关于国家、法律与财产

---

① 参见洛克：《政府论（下篇）》，叶启芳、瞿菊农译，商务印书馆 1999 年版，第 2 页。

② 参见洛克：《政府论（下篇）》，叶启芳、瞿菊农译，商务印书馆 1999 年版，第 3 页。

③ 参见洛克：《政府论（下篇）》，叶启芳、瞿菊农译，商务印书馆 1999 年版，第 11 页。

的关系，即“一个君主如能贤明如神，用既定的自由的法律来保护和鼓励人类正当的勤劳，反对权力的压制和党派的偏私，那很快就会使他的邻国感到压力”。我们应该能够从中体会出作者想表达的一种通过法律来限制国家权力并保护公民财产权的朴素思想，而这都包含在我们今天普遍都接受和承认的法律理念之中。

社会并没有永远停留在洛克的时代而是迅速向前发展，当现代国家的物质基础主要依赖公民纳税的时候，“税收国家”作为一个与个人财产权具有对应关系的概念进入政治、经济、法律等科学研究的视野，对政府进行研究和考察的时候，学者们又多了一种观察的维度即税收的维度。

（二）税收国家：财产权与财政权如何互动

古典政治学关于国家起源的理论主要是自然权利理论和社会契约论。在唯物主义者看来，这些所谓的“自然状态”、“自然权利”、“社会契约”等都是唯心主义和反历史的臆造。他们认为“历史科学否认了：曾经在人类历史上有过资产阶级所描绘的那种‘自然状态’存在”。尽管洛克试图以“政府到处都是先于记载而存在的”来回应这种质疑，但是也不能摆脱这种指责。唯物主义哲学和历史学的研究具有其独特的学术与社会价值，但除此之外，我们是否可以结合现实来对古典政治学理论进行另一番解读呢？

税收是国家对个人财产的合法剥夺。现代“税收国家”理论对政府存在及其发展赋予了与古典政治学不同的新内涵。一个国家的财产事务经历了从帝王的家计财政到政府的国家财政再到社会的公共财政的发展历程。这表明（以政府为代表的）国家作为一种“物质力量”，具有明显的公共性特征，是私人财富公共化的结果。权力作为一种支配性的能力完全依赖这些财富的支持。因此，从物质基础的角度来看，政府及其权力的产生无不来自公民财产权的让渡。洛克以财产权作为个人权利的象征，把一切权利化约为财产权。这种“简单化约”不仅具有学术上的意义，更为关键的是，它直接揭示了现代社会中人民与国家在物质关系的本质，即财产权与财政权的关系。尽管如“自然状态”、“自然权利”之类的概念显得虚无缥缈，但是结合洛克的财产权思想以及税收国家的现实状况，我们可以重新思考“自然状态”和“自然权利”内涵，进而得出关于政府及其权力来源的更具有现实意义的结论。

在《论政治的或公民的社会》一章中，洛克明确指出：“政治社会的首要目的是保护财产……政治社会本身如果不具有保护所有物的权力，从而可以处罚这个社会中一切人的犯罪行为，就不成其为政治社会，也不能继续存在；真正的和唯一的政治社会是，在这个社会中，每一个成员都放弃了这一自然权利，把所有不排斥他可以向社会所建立的法律请求保护的事项都交由社会处理……由此可见，国家具有权力对社会成员之间所犯的不同罪行规定其应得的惩罚（这就是制定法律的权力）……凡此都是为了尽可能地保护这个社会的所有成员的财产……这就是公民社会的立法权和执行权的起源……”① 如果以洛克的财产权理论去推理，所谓“自然权利”其实是一种“财产性权利”，即个人对基于自己劳动所创造的全部财富拥有完整的权利，任何其他个人或组织不得要求占有。在自然状态下，人的各种需求是靠着“自给自足”的自然机制来实现的。由于不存在国家而没有国防、外交等事务，个人安全也完全依赖自己的力量获得保障。所有需要开支的项目都完全来源于自己劳动创造的收入。这样，由于没有可供依赖的物质基础，自然也就没有国家或政府的存在了。在“税收国家”这样的概念里，原本包含了“税收即国家”的判断。当国家不存在的时候，税收自然也不存在。因此，所谓的“自然状态”就是一种“无税”的状态，即个人对其劳动所创造的财富不负担向国家纳税的义务。

---

① 参见洛克：《政府论（下篇）》，叶启芳、瞿菊农译，商务印书馆1999年版，第51~53页。

但是这样的自然状态，并非人类生存的理想状态。它存在恩格斯所说的“经济利益互相冲突”、“自我矛盾不可解决”乃至“把自己和社会消灭”的后果。为了避免这种同归于尽的下场，人们不得不寻求一种途径来解决问题。从经验来看，如果没有一个相对独立的第三方主体存在，纠纷永远不可能获得理性的解决。基于这种“平等的困境”，造就一个超越于个人的主体来解决个人之间的纷争成为相对理性的选择。于是，个人将自己的财产部分地让渡出去，以满足组成政府的所需要的物质基础，并通过政府来调和冲突。这种财产让渡所形成的关系正是纳税人与国家之间的关系。国家和纳税人之间通过纳税这种财产权利的转移而形成了一种“社会契约”，即个人将自己劳动所得的财产权利部分地向国家等社会公共组织进行转移，作为对价，国家给予纳税的人以财产的保护。这样的一种个人与国家之间的财产性社会契约是真实地存在于我们所生活的人类社会的。可见，在政府及其权力起源的问题上，财产权理论的引入正好契合了税收国家的历史与现实，这种对古典政治学理论的现实化解读在一定程度上有利于我们为解释政府及其权力起源的问题找到一条合理的路径。

政府起源问题的解决直接联系到政府存在的目的。在这个问题上，洛克的阐述可谓经典：“虽然人们在参加社会时放弃他们在自然状态中所享有的平等、自由和执行权，而是把它们交给社会，由立法机关按社会的利益所要求的程度加以处理，但是这只是出于各人为了更好地保护自己、他的自由和财产的动机，社会或由他们组成的立法机关的权力绝不容许扩张到超出公共福利的需要之外，而必须是保障每一个人的财产……而这一切都没有别的目的，只是为了人民的和平、安全和公众福利。”① 这里值得我们思考与借鉴的是洛克所采用的方法，把国家与公民之间关系

① 参见洛克：《政府论（下篇）》，叶启芳、瞿菊农译，商务印书馆 1999 年版，第 79～80 页。

简单化约为财产权上的关系。在理论日益丰富的今天，我们发现国家与公民之间的关系似乎异常复杂，从政治权利到经济权利，从文化权利到社会权利，从财产权利到人身权利等不一而足。其实，这些权利都可以归结为财产权利。人民的权利需不需要国家保护、能不能够得到国家保护，财产关系是一个决定性因素。因为“私人领域是由公共行为维持的，事实上是由公共行为创造的，左右的权利都需要公库的支持”。[①]

洛克的思想并没有在政府的起源及其目的上做更多的停留，他紧接着对国家权力进行了论述。在第十一章《论立法权的范围》中，洛克强调了作为最高权力的立法权也应该受到一定的限制。包括“对于人民的生命和财产不是、并且也不可能是绝对地专断的……不能揽有权力，以临时的专断命令来进行统治，而是必须以颁布过的经常有效的法律并由有资格的著名法官来执行司法和判断臣民的权利……最高权力，未经本人同意，不能去取任何人的财产的任何部分……不能把制定法律的权力转让给任何他人”。[②] 可以看出，洛克的财产权理论与政治思想在今天看来仍然有着理论价值和现实意义。如果从国家和纳税人之间的财产关系来看，洛克的思想则具有了更为坚实的现实基础。国家和人民围绕财产的分配展开了博弈，在税收国家的背景下，这种博弈依赖法治化的框架支撑。这样的理论在今天已经促成一个新兴的法律分支学科——财税法学。财税法学是财政税收学与政治学、法学等学科交叉所产生的新的学科增长点，其基本立场和观点可以概括为公共财政、民主政治、法治社会等。作为财税法目标之一的公共财政对我国政府建设具有的导向性作用。公共财政既是财税法理论的基本假设也是现代国家财政运行的实践性

① 参见史蒂芬·霍尔姆斯、凯斯·R. 桑斯坦：《权利的成本——为什么自由依赖于税》，毕竟悦译，北京大学出版社 2004 年版，第 3 页。

② 参见洛克：《政府论（下篇）》，叶启芳、瞿菊农译，商务印书馆 1999 年版，第 84 ~ 89 页。

目标。

（三）公共财政：政府应该如何建设

为了防止国家权力对个人权利特别是财产权的侵犯，洛克主张限制国家权力，建立有限政府。他甚至直接指出，“未经人们或其代表同意，决不应该对人民的财产课税”。这是标准的税收法定主义的表述。以税收法定主义为核心的一系列原则和制度构成了现代财税法学的基本结构，其学术立场和观点可以概括为公共财政、民主政治、法治社会等。其中公共财政的基本含义即是限制政府的财政权力，保护公民财产权。这也可以解释为与洛克政府理论相似的“政府的目的是保护公民财产”。在传统的法律制度中，对公民财产的保护更多地强调的是物权法、合同法、侵权责任法等私法的保护，而在以财税法、经济法等为代表的现代法律制度中，公民财产的公法保护理论日益受到关注。这既是现实社会对理论发展的要求，也是理论研究对现实问题的回应。

财税法学的研究倡导，从财政收入法（税法、国债法等）、财政支出法（政府采购法、财政拨款法等）、财政管理法（预算法等）的角度来解决在公共财政的框架下按照“服务行政”与“依法行政”的路径进行政府建设的理论与实践问题，同时提出公共财政为导向、“服务行政”与“依法行政”为路径、“以人为本”和“问责政府”为理念的现代化政府建设命题。这些理论上的愿景要转化为中国社会的现实，从根本上说要依赖财税法治的推进。原因在于，财政不仅是政府活动的物质基础，更是制约政府权力的重要力量。尽管从形式上来看，法治是政府权力运行的边界，但是单纯的法治形式并不能解决法律实效的问题。真正能够有效限制政府权力的法治则必须具有更加实质的意义。这种实质意义即表现为对政府财政权力的限制。在现代财税法学的研究中，财政法定主义是至为重要的原则，它包含了财政权力（利）法定、财政义务法定、财政程序法定和财政责任法定的内容。这些内容与公共财政的框架具有紧密的联系。第一，政府权力（包括但不限于财政权力）具有公共性，这要求政府活动必须出于公共利益而不能是某个部门或个人的私益；第二，作为义务或职责的承担者，政府活动的目的是为社会提供适当的公共物品；第三，从程序正义的角度来看，政府的财政活动应当公开透明，接受公共监督；第四，当政府行为违背法律要求时，应当向公众承担法律责任。因此，财政法定原则与公共财政其实是形式与内容的关系，在实践中二者是以一个整体面貌出现的。正是从这个意义上说，财税法本身也具有公共属性，在法域划分中属于公法的范畴。

在现代国家生活中，公共财政不仅是国家权力活动的物质前提，也是保护与限制公民财产权利、积极促进社会福利的物质手段。[①] 对公民财产权利的保护实际上也构成了对政府财政权力的限制。但是，仅仅通过限制政府权力并不能完全达到保护公民权利的目的。权利保护维度不仅包括纵向的，还包括横向的。限制政府权力以防止其侵害私权仅仅是权利保护的纵向维度。私权之间的冲突同样会引发权利保护的问题，并且这种横向维度上的权利保护同样需要支付巨大的成本。例如，法院审理民事纠纷所需要的司法资源其实都是来自财政开支，这需要公共财政的有力支持。所以，从更深的层次上来看，除了对政府财政权力的限制外，公共财政还具有推动政府职能转型的功能。政府不仅要依法行政，更应服务行政，即以人民为本位，立足社会需要提供公共物品，只有这样才符合公共财政导向下的政府建设的要求。服务行政是在依法行政基础上提出的更高要求，是一种行政理念上的提升。

（四）国家财税权力的法律控制

尽管古典政治学理论与马克思主义理论在政府起源问题上有许多分歧，作为社会主义国家的政治实践也以马克思主义作为理论基础，但是这并不妨碍我们对西方政治学理论的思考与分析。

---

① 参见周刚志：《论公共财政与宪政国家——作为财政宪法学的一种理论前言》，北京大学出版社 2005 年版，第 17 页。

当我们发现其中蕴含的某些理论因子足以从某种意义上为我们今天的政治发展提供借鉴和依据的时候，对古典政治理论的解读就被赋予了现实的意义。

通过对以洛克为代表的古典政治学理论进行挖掘并进行现实化的解读，我们可以发现财产关系是横亘在现代社会中政府与纳税人之间的核心问题。公民按照税收法定的原则将通过劳动创造的财产权利让渡给国家，从而获得私人财产权上的保障。政府则按照公共财政的原则，为社会提供公共服务。现代财税法即是以这个核心问题作为其基本立场的。以财政法定原则为代表的财税法治理念既是一以贯之的法律精神，也是强调实效的现实规则。中国财税法要实现的目标是财政民主和财政法治，这两个方面都与政府及其权力运用紧密结合。财税法的发展将推进服务型与法治化政府构建的进程。结合政治体制的大趋势，立足政府体制改革的实际，中国政府建设的目标是权力的服务型和法治化，路径是“服务行政”与“依法行政”机制的建立和实现。

三、财税体制改革的法律框架与法治化路径

全面推进依法治国战略以建设中国特色社会主义法治体系为目标，要求通过法治思维和法治方式提升治国理政的水平。财税体制国家治理体系中的基础性环节，而法治则是国家治理体系和治理能力的重要依托。从法治的角度来审视我国的财税体制改革，探索其中涉及的法律问题及其解决之道，既是将财税体制改革纳入法治轨道，保障“重大改革于法有据”，同时能有效促进财税法治目标的实现。一般认为，财税制度包含税收与财政两方面的内容，而财政制度则既可以从广义上包含税收制度，也可以取狭义而仅指税收制度之外的内容。在传统观念中，无论财政制度还是完整意义上的财税制度，主要被理解为一种经济制度，法

律属性不够明显。[①] 近年来，财税法学研究对财税制度的法律属性给予较多关注，形成了较为独特的研究领域，同时也拓展了财税问题的法学视角。财税制度不仅具有政治和经济意义，同时也具有非常明显的法律意义。从法治的角度来审视财税体制改革，将财税纳入法学的范畴是我国财税领域发展的大势所趋。

（一）概念界定：事权与支出责任的法学内涵

深化财税体制改革涉及中央与地方、政府与企业以及部门间的权力和利益调整，是一项系统性极强的改革任务，而理顺政府间财政关系是其中的核心和关键所在。中央对此已经做出多项政策安排，从十八届三中全会提出“建立事权与支出责任相适应的制度”到《深化财税体制改革总体方案》提出合理划分政府间事权和支出责任，促进权力和责任、办事和花钱相统一，以及《国务院关于推进中央与地方财政事权和支出责任划分改革的指导意见》（国发〔2016〕49 号），围绕事权划分来构建相应的财税体制已经成为一个基本共识。

1. 事权的法学内涵

尽管“事权”与“支出责任”的概念在我国学界早已使用，但是从法学角度对其内涵进行解释并不多见。[②] 因此，有必要对

---

① “制度”一词在英文中对应的词语是 system，其含义十分广泛，既可能是经济制度、政治制度，也可能是法律制度。换言之，法律制度只是制度的一种形态，表现为国家制定或认可并以强制力保证实施一种社会系统。在社会领域的各个方面，成其为“制度”的，未必形成“法律制度”，而称其为“法律制度”的，未必有实践上的法治效果。

② 根据“中国知网”检索结果，对“事权”做主题研究的文章最早出现于 20 世纪 80 年代中期，参见刘戎：《对国家财政事权范围的看法》，载《财经问题研究》1986 年第 1 期；对“支出责任”做主题研究的文章最早出现在 20 世纪 90 年代，参见孙贵文：《分税制存在的问题和解决途径》，载《金融教学与研究》1994 年第 4 期。法学领域对着两个概念的研究始于 2007 年，参见魏建国：《财政分权制度模式比较与中国的选择》，载《法制与社会发展》2007 年第 6 期。

"事权"和"支出责任"的法学内涵进行分析。事权一般被理解为政府职能或职责，从法律角度而言，是宪法赋予政府的职权，我国《宪法》及其相关法律规定了各级国家机构的职权。其中，比较典型和重要的内容包括：《宪法》第62条规定的全国人民代表大会职权、第67条规定的全国人大常委会职权、第89条规定的国务院职权，以及《地方各级人民代表大会和地方各级人民政府组织法》第8条规定的县级以上的地方各级人民代表大会职权、第44条规定的县级以上的地方各级人大常委会职权、第59条规定的县级以上的地方各级人民政府的职权、第61条规定的乡镇人民政府职权等。上述规定在法律中可称为"职权条款"。法律对事权的界定，需要在"职权条款"的基础上进一步细化，明确各级政府及其所属各部门的具体职权内容和法律界限，其中包括两个方面的内容：首先是政府与市场的关系。公共财政理论认为，政府职责是为社会提供公共产品和公共服务，能够通过市场获取的产品和服务不属于政府的事权范围，这是理解事权的基本前提。由于国家提供公共产品和公共服务的对象是本国公民，涉及公民的基本权利，因而事权属于一个宪法学范畴。从法律角度来说，事权是政府所承担的向社会提供公共产品和公共服务的宪法义务。其次是中央与地方的关系。基于宪法所要求的平等原则，国家为公民提供的基本公共服务应当是均等化的。无论何种政权组织形式，对于一个大国而言，由于存在经济发展不均衡，要想保证基本公共服务均等化，事权划分的合理性与正当性是一个关键性的问题。[①]

2. 支出责任的法学内涵

支出责任属于财政法律制度的基本范畴，是政府通过财政支出来履行其职责的法律形式。支出责任所侧重表达的含义是为完

---

① 大国的中央与地方关系通常无法回避分权的问题，无论在权力关系、行政关系还是财政关系上都是如此。具体研究参见熊文钊：《大国地方——中国中央与地方关系宪政研究》，北京大学出版社2005年版，第20页。

成某项事权职责而进行实际资金管理和支出的责任。首先，在支出责任的概念中，“支出”所指向的内容并非局限于单纯的财政支出环节，而是以其作为财政运行最终环节的特殊地位来概括整个财政行为的。因此，支出背后所隐含的是包括税收等财政收入和预算等相关范畴。因为在一个完善的财政体系中，任何支出方面的权责都是建立在收入和预算基础之上的。因此，对支出责任的在法律规范层面上的理解就不能仅仅局限于财政支出的相关法律制度，而必须将其置于整个财政法律体系当中来考察。其次，支出责任中的“责任”是一种“法律性责任”，其含义接近法定职责，所强调的是政府不可抛弃和推卸的义务，而不同于违反法律义务所导致的法律上的不利后果。综合而言，支出责任是财税体制法律化的直接表现，支出责任的落实状况决定着政府履行法定义务的状况。

值得强调的是，无论事权还是支出责任，法律上的主体都是政府。[①] 这意味着事权与支出责任尽管在表面上涉及的是政府间财政关系，但实际上隐含着更为根本的国家与公民（纳税人）之间的关系。赋予政府事权的目的是有效保障公民基本权利，而支出责任则是达到这一目的的基本路径。[②] 从法律属性上来看，事权和支出责任的概念具有较强的同质性，所体现的是有权必有责、权责相一致的法治原理。

（二）理论脉络：事权与财权、财力以及支出责任的关系及其法律解释

马寅初先生曾经指出，整个财政制度的确定，不是以财源来限制权职，乃是由权职的需要来决定财源。这意味着事权决定支

① “政府”的概念有广义和狭义之分，广义上的政府指整个国家机构，包括立法机关、司法机关和行政机关三部分，狭义的政府仅指行政机关。本书中政府概念的范围因场合而各有不同，这里指广义的政府。

② 近年来，社会广泛关注的“基本公共服务均等化”、“民生财政”等实践都是国家在宪法上对公民承担支出责任的体现。

出责任而不是相反。事权本身虽然并不具有财税制度的属性，但却是财税体制构建的一个逻辑前提。财税体制如何构建更加合理，衡量的标准是其与事权划分的匹配程度。事权的界定和划分如果不符合一国的实际情况，那么财税制度就无法有效运行，法治财税的目标也不可能实现。在我国的财税体制改革过程中，围绕财税体制改革中政府间财政关系的主题，曾经出现过“事权与财权相结合”、“财力与事权相匹配”以及“事权与支出责任相适应”等多种表述，需要厘清其中的相关概念和整体性的逻辑思路，并对其将构建何种财税体制进行分析。

1. “财权”与“财力”的法律解释

关于事权与支出责任的概念前文已做分析，这里重点解释财权和财力。财权是政府财政权力的简称，从内容上说可以包括财政收入权、支出权、预算权、监督权等多个权能，不过一般容易被简化理解为获取财政资金的权力，即财政收入权。财力侧重于描述实际掌握并可支配的财政资金的数量，是政府所在地区经济实力的反映。不过，需要注意的是，财力不完全依赖财权，财权的大与小也不直接对应财力的强与弱。因此，无论财权还是财力，其所体现的都是政府自身的资源，与其为社会提供公共产品和服务，履行事权职能尚有较大差别。由此也可看出支出责任这一概念的优势在于将政府作为义务主体而非权力主体和资源的拥有者，唯有如此，政府才可能是权力受法律的约束的法治政府。这样就为法治政府建设找到一条新的途径——通过约束财税权力进而约束政府，是一种财税法定的权力法治化探索。

2. 事权引导下的财税体制及其法律解释

如前所述，事权划分是构建科学的财税体制的基本前提，也是完善财税法律体系的必要条件。通过探讨事权与财税体制中相关范畴的关系梳理，可以发现我国财税体制改革和财税法治的理论脉络。

首先，“事权与财权相结合”是一种以财政收入为中心的财税体制结构，强调政府有多大范围的职能就应当享有多大的财政权力。其中“财权”是指各级政府筹集与获取财政收入的权力。这种观念并不以事权划分作为财税体制构建的逻辑先导，而是对事权和财权等量齐观，在实践中容易陷入以财权决定事权的误区。另外，受到各地经济发展水平不同的影响，政府的财权大并不意味着能够获取更多的财政资金，这反而有可能使得一些欠发达地区的政府以实际财政收入水平较低为由不积极履行职责。

其次，“财力与事权相匹配”尽管也是以财政收入为中心的财税体制结构，但是理顺了“事”与“财”的关系，将事权作为主导，财力要符合事权的范围和需要。相比之前的“事权与财权相结合”更加合理。同时“财力”是指各级政府实际可支配的财政资金，其来源可能主要是财权，也包括上级政府的转移支付。这一观念所要求的是根据事权大小来分配财政资金，不完全与财权相结合，适应了各地不同的经济发展水平，但同时需要以较为规范的转移支付制度作为配套。

最后，“事权与支出责任相适应”是以财政支出为中心的财税体制结构，强调政府履行事权必须通过财政支出予以落实，避免了“中央请客，地方埋单”的不合理现象。以“支出责任”取代“财权”和“财力”不仅更加科学，而且揭示了现代财政制度的核心在于“支”而不是“收”，有利于逐渐引入“以支定收”的政府理财观念。这是一种更加符合市场经济体制要求的财政观，它的基本逻辑是“市场经济—公共需要—政府职能—财政支出—财政收入”，循着“政府究竟需要干什么事儿”、“政府究竟需要多少钱”以及“政府应当收多少钱”的线索，回归理性意义上的中国公共财政框架。

上述三种表述所隐含的理论脉络是，事权在财税体制改革中的地位逐渐居于主导，财税体制改革呈现围绕事权划分展开的路径，财税体制构建的中心由收入转向支出，强化政府的相关法律义务，特别是推进各级政府事权规范化、法律化，完善不同层级政府特别是中央和地方政府事权法律制度。

（三）制度变迁：从分税制改革到建立现代财政制度的转型

1. 对分税制改革的法律分析

我国目前的财税体制是在1994年分税制改革的基础上建立起来的。当时改革的动因是中央与地方财政收入“倒挂”，改革的主要目标是增加中央财政收入，这在当时是具有积极意义的。但是由于改革所确立的“收入导向”,[①] 中央与地方政府关注的焦点并不在于事权如何划分，而是如何争取到更多的收入。这使得原本应当解决法律上“分权”问题的财税体制改革沦为单纯“分钱”的博弈，强化了经济效果而淡化了法律色彩。现在回过头来看，当时改革所确立的“事权与财权相结合”显然没有科学界定事权与财权的关系，在实践中导致了“事权下沉、财权上收”的不合理现象，地方政府的积极性难以发挥，进而出现了“土地财政”“跑部钱进”等乱象。[②] 此外，分税制改革的一个致命缺陷在于对中央的财政行为缺乏有效的宪法约束。概而言之，财税体制改革不能仅仅关注中央与地方谁钱多谁钱少的问题，而应当将社会财富的公平分配和使用作为基本的价值取向，分税制改革没有坚持这种价值取向，尽管中央政府在这次改革中成为最大的获益者，但是从整个国家的层面看，财税体制中仍然存在诸多弊病。的确，任何人都不能站在当今的时代去否定20年前改革的历史意义，但是其中存在的教训和遗留的问题却值得深思。

2. 现代财政制度的法律涵义

十八届三中全会提出建立现代财政制度，并将完善立法和明确事权作为优先内容，特别是把科学的财税体制与国家长治久安

---

① 所谓收入导向的财税体制改革是指当时改革的主要目标是为了增加中央政府的财政收入。

② “跑步钱进”现象不仅与财权上收有关，另一个重要原因是转移支付制度缺乏规范性。

的制度目标联系起来，这进一步彰显了财税体制改革的法治意义。在推进国家治理体系和智力能力现代化的过程中，全面深化改革和全面依法治国交汇于财税领域。换言之，财税体制改革和财税法治建设是围绕国家治理这一核心议题展开的两翼，并贯彻“重大改革于法有据”的实践法治精神。现代财政制度是一个系统性的法律体系，包括三个方面的内容：第一，推进各级政府事权规范化、法律化就是要以制度化的形式明晰各级政府的事权，从而更好地为社会提供公共产品和服务，保障公民基本权利。在这一过程中，应当按照法治原则进行事权划分。事权在法律谱系中的定位等同于国家责任，这是一个宪法上的概念。因此事权划分的逻辑起点也应当遵循宪法的首要原则，即以公民基本权利为本位，同时遵循市场优先的原则，客观划定政府事权与市场竞争的界限。第二，以落实税收法定原则为先导，完善税收制度。税收法定是国家与纳税人之间的基本财产分配秩序，它要求控制国家征税权以保护纳税人的私人财产权。对税种法的制定和修改必须按照课税要素法定化的层次分别进行，统一税收优惠立法并完善税收征管体制。第三，建立全面规范、公开透明的预算制度。预算法构成事权和支出责任相适应的制度支撑，实现预算的全口径和硬约束，以程序正当性确保社会财富分配在实体上的公平与正义。财税法治所蕴含的这种财富分配正义最直接地体现了法治社会的基本要求。正如桑德尔教授指出，要看一个社会是否公正，就要看它如何分配我们所看重的物品——收入与财富、义务与权利、权力与机会、公共职务与荣誉等。一个公正的社会以正当的方式分配这些物品，它给予每个人以应得的东西。

（四）法律路径：财税体制改革与宪法及相关法律的完善

财税体制改革中所涉及的许多重大问题，如国家与纳税人之间的关系、中央与地方的关系、立法与行政的关系等属于宪法学范畴，财税制度关系国家治理的基础，理应在宪法中作出规定。我国宪法对财税制度的规定仍然有很大欠缺，从根本上应当通过立宪或修宪的方式为财税体制改革提供顶层设计。由于我国目前的改革还处于各项具体财税制度的调适过程中，《宪法》的稳定性尚无法容纳大幅的修改，更为理性的选择是渐进性的修法路径，即从相对低位阶的法律开始，逐渐完成法律乃至宪法的修改，顶层设计的任务则由中央或者国家政策来暂时承担，待时机成熟时再行修宪。在法律渊源和部门体系中，宪法和法律之间还存在一种具有“中介性”的制度即宪法性法律更适宜作为落实财税法定等宪法原则的制度载体。2014 年的《预算法》修改和 2015 年《立法法》修改都涉及财税体制改革的关键内容，取得了一定成果，但是仍然存在一些需要破解的难题。

从财税法的体系结构来看，宪法性的财税法律制度至少有的包括三个部分，即预算法、财政基本法和税收基本法。在预算法方面，2014 年修法将第 1 条立法宗旨进行了修改，删除了“加强国家宏观调控”，增加了“规范政府财政收支行为”，可谓对预算本质的回归，是此次预算法修改的最大亮点和突破。这与我国财税体制改革中提出的“实施全面规范、公开透明的预算制度”是一脉相承的。此外，还规定了预算全面性完整性原则、强化了人大及其常委会对预算的全过程监督以及增加了各级人大对政府预决算草案实质审查的措施等。

在财政基本法方面，2017 年全国两会上有代表呼吁制定《财政法》，将其作为财政领域的纲领性法律，对财政活动的基本方面做出根本性的规定，但是我国始终未能在立法上推进。财政基本法的缺失首先导致的问题是财政收支划分制度不够明确和权威。现行《预算法》第 29 条将中央与地方预算收支划分和转移支付的具体办法授权国务院规定并报全国人大常委会备案，实质上强化了行政权在收支划分中的地位，不符合重大财政事项由法律规定的原则，也不利于财政收支权力的合理配置。此外，关于财政收入和支出的标准、征收税费的主体和程序等重要问题现行《预算法》均未涉及，这需要在财政基本法中做出安排。

在税收基本法方面，学者多年努力并提出的草案至今仍被搁置。在财税体制改革中，税收制度的完善需要一部统领各税种法和税收征管法的基础性法律，将税法的基本问题通过宪法来明确。[①] 我国的税收法律制度存在结构性缺失的根源就在于税收基本问题是通过政策而不是法律来规定。税收是国家与纳税人之间关于财富分配的基本方式，直接关涉私人财产权的保护，理应属于宪法规定的内容。但是1982年《宪法》并未给予充分的关注。在该法中，与税收有关的条文只有第56条“中华人民共和国的公民有依照法律纳税的义务”。从体系解释来看，该条文属于公民基本权利和义务的范畴，尚不能体现出税收法定的涵义。[②] 这使得现行实体税法完全脱离了宪法的控制，政府对课税拥有近乎于绝对的权力。尽管有全国人大常委会和全国人大在1984年和1985年的授权，但是国务院行使税收立法权的程序和方式并不规范。在整个社会纳税人权利意识比较淡薄的环境下尚可勉强维持，但是随着《物权法》《侵权责任法》等保障合法私人财产权的法律出台，私人财产权与国家征税权之间的矛盾愈发突出，税收法定的诉求比以往任何时候都更为强烈。税收基本法应当成为调整国家与纳税人财产关系，平衡国家征税权与私人财产权的基本制度规范。

（五）改革目标：构建科学的财税法律体系

2011年，国务院新闻办公室发布《中国特色社会主义法律体系》白皮书称，到2010年底，中国特色社会主义法律体系已经形成。这是我国在法制建设上取得的一个宏观性的重大成果。但是从财税领域财税的具体情况来看，存在诸多缺失，财税法律体系的形成仍需假以时日。财税体制改革与国家法治建设既有同步性，也有个别化的差异。因此，财税法治建设必须坚持法律体

① 关于该法的名称应当是“税收基本法”还是“税法通则”，学界是有争议的。不过其性质属于宪法性的税收法律则是学者们都接受的观点。参见刘剑文：《重塑半壁财产法》，法律出版社2009年版，第145页。

② 也有学者认为《宪法》第56条所包含的“依照法律”是税收法定的体现，不过从历史解释来看，当时的立法本意中不可能包含上述涵义。

系和法治体系“双管齐下”的思路。财税体制改革的目标是在财税领域实现“良法善治”，而这需要建立科学合理的财税法律体系。财税体制是一个系统性的法律结构，是公共财政法治化的体现，需要在宪法统帅之下构建协调的财税法律体系。我国当前的财税体制主要还是一个政策体系，但是已经形成了比较清晰的改革和立法思路。需要进一步加强的是财税体制的法律规范性和稳定性，基本的路径是通过立法将成熟的经验上升为法律制度，确保相关主体在财税事项上的稳定预期，实现社会和谐与国家长治久安。

四、财税法学的知识体系整合

财税法学科在中国的产生与发展经历了不平凡的历程。在传统法学的既定格局中找到了自己恰当的定位之后我们应当反思财税法理论与制度发展不均衡、不统一的问题。尤其是税法的相对独立性使得整个财税法学的概念、范畴与体系上难以形成浑然一体的面貌。从整体主义的视野观察会发现，财税法学的核心问题是国家与纳税人之间的关系问题，而要阐释这一关系并解决围绕这个关系产生的一系列问题都应当建立在具有整体意义的财税法理论和制度框架中。从财税法学科的名称、“税”的概念到财税法的制度和学科体系都可以在整体主义观念下展开的。这种研究思路能够促进财税法学科的进一步发展，也会继续推动财税法治的实现。

（一）问题的提出

在最近10年的法学研究中，以调整对象和调整方法为标准划分部门法的传统分类研究逐渐走向式微，而面向现实世界、以“问题”和“领域”为定位的研究方式正在兴起。传统法与现代法的类型划分在当下的法学研究中逐渐获得一致的认可。[①] 尽管

① 以调整对象或调整方法为标准的分类方法下形成了宪法、刑法、行政法、民商法等法律制度的传统类型，以“问题”或“领域”为标准的分类方法下形成了财税法、金融法、知识产权法等法律制度的现代类型。

传统的宪法、刑法、民商法、行政法等也在经历着现代化的过程，但是由真实世界激发而不断产生的新问题强烈冲击着旧有的理论与制度界限，使得原来泾渭分明的制度与学科体系呈现出交互与融合的景象，整个法学研究从原来的以“独立与关联”为特征的分析时代走向“交叉融合”的综合时代。[①] 在专业化已经成为社会分工必然趋势的条件下，学术研究所受到来自学者自身知识背景的约束在确保了专业性的同时也带来了可能存在的“偏见”，现代法学研究尤其如此。[②] 尽管法学研究仍然可以划分为若干区域，但是这些区域的界限在内涵上与原来相比已经发生了很大的改变。

在以学科为基本单位的学术研究中，新兴的财税法学逐渐成为法学领域的“动感地带”，受到来自理论和实务界的普遍关注。财税法学是一门新型的交叉性应用法学学科，强调以问题为导向的研究进路，在内容上具有综合性。财税法学的界面是多维的，既可以立足于作为纳税人的企业与个人财产权保护，也可以关注政府“取财之道”“理财观念”及其合法性的问题。同时，财税法学也与法学内部的其他学科以及经济学、政治学、社会学等外部学科有着良好的对接口径，是一门极富生命力的“朝阳学科”，和潜力无限的“法学学科生长点”。[③]

尽管具有法学学科所共同的实践性特征，财税法作为一个学科存在和发展的基础仍然在于理论创新。综观近年来的财税法学研究，对财税法理论的探索仍然显得较为薄弱，更多的学者关注的是对现行财税法律与政策的解读。现有的财税法学理论对现实

---

① 所谓“分析时代”与“综合时代”只是对方法论的总体概括。在具体的研究方法上，分析与综合都是必要性的，并且是可以共存的。

② 现代法学学科更多地具有“领域学科”的特点。法学研究往往要附着于某个学科领域之上，如金融法学附着于金融学之上、环境法学附着于环境科学之上、财税法学附着于财政学与税收学之上等。

③ 参见《协同创新，培育和建设新兴学科生长点——北京大学财税法学科发展纪实》，载《财税法学动态》2012 年第 6 期。

缺乏解释和指导的能力。其中的原因在于：首先，财税法尤其是税法本身具有的较强的技术应用性，纳税人对通过税法上的技术性操作以达到节税的热切需求主导着税法学研究以个体主义的观念和方法，并引导财税法学研究向着微观制度和规则细节的方向发展；其次，国家对财税问题的开放性和透明度不够，导致学术研究的空间和资源严重不足。就前者而言，具体而微的研究确属不可或缺，但是不能完全满足理论提炼的需要。就后者而言，研究者们首先应该知道我们需要获得的研究空间和资源是什么。从理性角度出发，要改变这种现象的前提在于，研究者应当建立起一个整体性的财税法学概念框架，并在此基础上充分理解到财税法学的核心内容是什么以及如何构建科学的财税法学研究范畴和体系结构。

（二）学科的名称演变："财税法"概念的科学化与整体化

学科名称是学科的"第一概念"，它反映着整个学科的结构和内容。"财税法"作为一个学科名称经历了从"税法"到"税法与财政法"再到"财政与税收法"的过程。财税法概念的科学化，首先是指其作为一门科学的名称要恰当地表现出该学科的整体性概貌，既要涵盖学科的全部内容，又要突出学科的性质。

1. 财税法学科的历史发展

财税法概念的提出并逐渐为人们所接受不过是近十年左右的事情，但是有关"财政法"和"税法"的教学和研究活动则开始得更早。从 20 世纪 80 年代开始法学研究领域就有关于"财政法"和"税法"的研究和教材。[1] 同时，由于税收活动具有较强的专业操作性，"税法"也成为经济学与管理学研究对象，形成了实务性很强的税法课程。始于 1991 年的中国注册会计师考试制度即规定其中一门科目为"税法"，其主要考察的内容是国家

---

① 例如，法律出版社 1986 年版的由罗玉珍主编的《财政法教程》、中国政法大学出版社 1987 年出版的由孙树明编著的《税法基础》以及中国政法大学出版社 1989 年出版的由胡志新主编的《财政法学教程》等。

税收方面的主要法律制度。在此之前即有类似内容的课程出现。[①] 此时的税法主要是一门具有技术操作意义的规范，只有少量的关于税法理论知识。税法在法学学科的最初面貌也是将税收理论与少量的法学理论相结合再加上我国税法制度所形成的一门应用型课程。（当时还称不上是一个学科）与此同时，也有“财政法”的概念在被使用。在20世纪90年代末期，“税法与财政法”的名称出现，进而逐渐演变为“财政税收法”。

从概念的内涵与外延上来看，财税是财政与税收的简称。从词语的逻辑关系上看，财政与税收不是同一层次的概念。财政包容税收，但不限于税收，税收只是财政活动的形式之一，二者之间是属种关系。从这个意义上看，将统一的财政现象分割为财政与税收是不合适的，直接用财政概念覆盖与之相关的一切收入、支出和管理活动更为科学和准确。然而，从历史的发展线索出发，自从经济学家关注财政现象伊始，税收就已经先入为主地成为财政领域的重要课题。经济学对财政的研究大多以税收作为切入点，税收学的研究成果在整个财政学研究中占有相当大的比重。从制度发展的轨迹看，现代意义上的财政法也是以“税收法定主义”为中心而发展起来的。税收收入在整个财政收入中都占有绝对的比重。故用以规范税收行为的法律制度在整个财政法体系中也格外引人注目。税法的特殊性不仅表现在法律规范的数量多、覆盖面广，更主要地表现在它逐渐发展出一个相对独立的内部体系，如税收基本法、税收债务法、税收程序法、税收处罚法、税收救济法等。也正因为如此，法学对财政现象的关注其实也是从研究税收法律规范开始的，尽管从时间上落后于经济学好几个世纪。从税收到预算，再到其他财政现象，这大致反映了

① 在经济学领域，“国家税收”“中国税制”等课程的内容主要就是围绕国家的税收法律制度展开的。

税法学兴起和发展的一个基本历史轨迹。①

2. 财税法学科的内涵阐释

到21世纪初，由于学者在专业上的努力，税法学的内容渐渐丰富起来。首先，税法的体系渐渐明晰，研究者们发现，税法从其内容上可以划分为税收实体法和税收程序法两个部分；其次，从财政收支的角度来看，税法作为一种法律制度，其规范的仅仅是财政收入的一个部分，在此之外的非税收入（如公债、费用、政府性基金、彩票等）、财政支出（如政府采购、拨贷款、投资等）以及财政管理（如财政分权、预算、国有资产管理等）等问题同样应该纳入法学研究的视野。这样便形成了税法、公债法、费用法、彩票法、政府采购法法、财政拨款法、财政贷款法、预算法、国有资产法等诸多研究领域。将上述研究领域加以体系化，便形成财政收入法、财政支出法、财政管理法三大部分，再加上财政基本法、财政平衡法和财政监督法，则构成了最广泛的财政法的研究范围。如果从这个意义上来理解，在逻辑关系上，财政法学与税法学不是并立关系，而是一种包容关系，财政法学可以包容税法学。也有学者认为，“财政法学”的概念更为准确，它并不刻意强调税法的重要地位，将所有财政收入平等看待。但是由于税法学内容较为丰富且可以自成体系，所以各国大都区分财政法学与税法学，将税法学从财政法学中独立出来。但是这种独立并不是绝对的，为了突出整个财政与税收领域的法治化要求，“财税法学”的概念其实更加准确与全面。在这一概念之下，财政与税收的各个领域都需要法治资源的支持，财政收入法、财政支出法和财政管理法三者之间是平等和并列的关系。

由于税收在财政中的重要地位，税法也在财政法中具有了相对的独立性，人们早已习惯于将税收与财政相提并论。为了尊重

① 刘剑文：《财税法——原理、案例与材料》，北京大学出版社2013年版，第1页。

这种现实和习惯，我们有意识地将“税”的概念在财政法中凸显出来，以财税法概括地称呼所有与财政收入、财政支出及财政管理有关的法律规范，对法学中专门研究财税法的学科也称之为财政税收法学，一般简称为财税法学。

（三）财税法治与“税”概念整体化

学科的发展不是孤立的生长，而是一个群体的协调促进。在整体化的观念之下，财政收入主要是“征税”，而财政支出则是“用税”。税款的征收与使用本应该是两个紧密相关、同等重要和具有对价性的问题。只不过人们在征税的环节更加明显地感受到自己的利益损失，对所谓“税痛”更加敏感，而对于税款支出的效应则显得相对迟钝和麻木。这种感性化的认识使得财税法的研究被人为地割裂成财政法和税法两个领域。由此而带来的问题是理论上的失衡和实践中的失效，尤其是对财政资金的使用缺乏规范。因此，必须树立“财税一体化”的理念，把税法与财政法的结合起来，从制度的理念上将规范“征税”，与监督“用税”相结合，使得财税法学科结构获得平衡发展。

1. 财税法治的内在逻辑

税法是征税的直接依据，同时税法具有相对完整的结构，税收法定原则为税法构建了一个独立的制度体系。但是，这仅仅是整个财税法治的“半壁江山”，更为重要的“用税”同样需要法定，并且用税法定与征税法定之间具有对价性的关联关系。将税法与狭义上的财政法相分离导致财政收入与支出的关系“加以泾渭分明、彻底割裂的法理解释的租税概念并认为如何使用纳税者纳付的租税与租税概念毫不相关”。① 理想的财税法治状态，不仅包括征税法定，更包括用税法定。前者所依之法主要是税法，后者所依之法则主要是财政支出法。因此，一个完整的财税

---

① ［日］北野弘久：《日本税法学原论》（第五版），郭美松、陈刚译，郭美松校，中国检察出版社 2008 年版，第 53 页。

法治目标，应该将收入与支出全部纳入法治的框架下，并实现收入与支出之间恰当的逻辑联系。征税与用税均属国家的常态化活动，需要常态化制度保障。通过议会审议的预算能够确保征税与用税的合法性。但是议会审议预算只是一种法律程序，具有技术性的特征，并不能保证实质正义。从理论上说，这里存在着财政民主主义与财政法定主义的区分。后者只是作为一种实现前者所包含目标的一种可能性途径而存在的。由于议会属于国家机构，议员或代表的产生还要受到选举制度的限制，因此财政法定主义体现的主要还是国家主权而非人民主权，只有切实从人权角度出发来审视预算的安排，才可以确保财政民主主义的实现。就历史的发展来看，这也是国家财政（预算）向公共财政（预算）迈进的过程。

2. 整体化的“税”概念

在税的概念上，有一元论与二元论之区别。一元论的“税”概念包含了税的征收与使用。在这个整体性的税概念之下，“税”不仅是征收的对象，也是使用的对象。换言之，与“征税”概念相并列，还存在一个“用税”的概念。因此，税法就不仅是“征税之法”，还应当包括“用税之法”。这就要求将年度预算中关于支出的部分也纳入税法的概念下予以规范，构成对税款使用的控制。一元论的“税”概念将税的征收与使用有机结合起来，有利于构建完整的财税法治结构。二元论的“税”概念是将税的征收与使用区分开来，将各类收入统筹之后作为财政支出的基础。在这种概念体系之下，不存在“用税”的概念，而仅以财政支出来表述“用税”这一事实。尽管这种分隔并不具有实质意义，却导致纳税人作为租税法律关系的主体被排斥在税的使用之外，使得税款的使用完全成为国家主权而非人民主权下的事务。因此，财政民主主义就被财政议会主义所吞噬，代议制为租税使用正当性作了终极的论证。正是在这种所谓的“形式理性”的掩盖之下，有可能造成国家通过议会以技术性的法律措施架空了人民基本权利的危险。因此，两相比较，一元论的租税概念显然具有理论和实践上的优势，其更有利于达致全面的财税法治目标，应当成为未来财税法研究中的重要范畴。

3. “征税”与“用税”的整体性研究

日本税法学者北野弘久提出“今后的现代税法学研究，应使朝着对现代租税概念（广义的租税概念）进行法律研究的方向发展”。[①] 我国目前的财税法概念及体系是将“税”单独作为一个相对独立的体系来看待的。不可否认，税法的确具有自成体系的逻辑基础和发展轨迹。然而需要看到的是，税法自身的逻辑不是封闭的而是开放的。也就是说，税法并不具有完全脱离财税法存在的逻辑可能性。原因在于，从公共财产法的视角来看，税收作为一种现代国家最基本和最重要财政收入形式，其正当性的成立仍然依赖财政运行的另一端——财政支出。从我国的实践来看，“依法征税”“应收尽收”“不征过头税”等并不是税法正当性的全部。如果税收等财政资金在管理和使用上不能满足规范性和正当性的要求，那么税法的正当性也会被质疑。例如，《中华人民共和国环境保护税法》将于 2018 年 1 月 1 日起实施。该法第 1 条的规定为立法目的，即“为了保护和改善环境，减少污染物排放，推进生态文明建设，制定本法”。在该法实施后，环境保护税收入可能连年递增。与此同时，如果发生环境持续恶化、污染物排放不减反增等生态不良趋势，那么环境保护税法的正当性就难以成立。由此可见，从整体性的视野来审视，一旦将征税与用税相关联，我们就会发现问题的复杂性。但是，这将是不可避免的趋势。因为，收入绝不是财税法所要解决的终极性问题，支出责任的履行以及相关的政府事权效果圆满才是财税法治的最终归宿。

（四）财税法制度体系：综合性及其核心问题

尽管沿袭了欧洲的成文法传统，强调法律制度的逻辑和体

---

① ［日］北野弘久：《日本税法学原论》（第五版），郭美松、陈刚译，郭美松校，中国检察出版社 2008 年版，第 11 ~ 12 页。

系，但是现代国家的立法活动越来越奉行来自英美法系的实用主义哲学，在以问题定位的现代法律制度中更是如此。财税法制度是财税立法活动的成果，每一个单独的法律文件针对的是特定的问题或领域，但是具有整体意义的财税法制度一定存在一个相对稳定的内容和范围。财税法制度具有的综合性的特点，但是我们要把握其中的核心内容。

1. 财税法制度的综合性

财税法学是一门以财税法律制度及其发展规律作为研究对象的科学。因此，财税法律制度的性质和内容决定着财税法学科的性质和内容。传统法学研究在对法律部门进行界定的时候，往往关注其调整对象。在 20 世纪 90 年代初的教材中，财政法被认为是调整国家为行使其职能在参与社会产品和国民收入的分配和再分配过程中所形成的财政关系的法律规范的总称。① 这种建立在“国家分配论”基础上的财税法的概念必然强调维护国家职能，保障财政权力的有效运作。因此，财税法律制度成为容易被认为是行政法的一个分支，并不具有独立的价值。随着市场经济体制的建立和完善，市场主体的独立利益开始凸显，国家财政权与公民财产权的关系也逐渐理顺。人们越来越意识到，必须以市场制约国家，以权利制约权力，这样才能促进财政活动的良性发展，财政法的基础观念由此转向“公共财政论”。因此，财税法的调整对象被界定为“国家为了满足公共欲望而取得、使用和管理资财的过程中发生的经济关系”。如果从财税法的内容仅仅涉及与财税相关的法律规范来讲，它也可以是一个不隶属于任何现有的部门法而相对独立的法律领域。刘剑文教授早在 2002 年就指出，中国财税法是一个涉及众多法律部门的综合法律领域，它是宪法、行政法、经济法、诉讼法、国际法等法律部门中涉及财税问题的法律规范的综合体。这一观点具有鲜明的时代性特征，它

---

①　蔺翠牌主编：《中国财政法学研究》，中国财政经济出版社 1993 年版，第 9 页。

促使我们反思，随着信息时代的来临，社会关系的分层开始变得模糊，一个单独的部门法中的规范是否能解决复杂的社会问题？法律部门的划分与融合哪个更符合社会发展的趋势？与互相隔绝的传统部门法相比，综合性法律部门是否具有更加明显的优势？在实践中，金融法、环境法、电子商务法等作为独立法律部门的出现是现代法律制度分化与重组的典型例证。因此，不能仅仅用传统的部门法视角衡量财税法。它是一个以问题为中心的开放体系，而不是以调整对象为标准的僵化领域，这也符合现代社会的发展潮流。

对财税法调整对象的揭示固然重要，但这还远远不够，必须从时代特性上挖掘出其更深层次的内涵。现代财政法是建立在民主政治基础上，以增进全民福利和社会发展为目标，调整财政关系的法律规范的总称。[①] 这一概念揭示出现代财税法律的制度基础和目标宗旨，对财税法治建设具有很大的现实意义。

2. 财税法制度的核心问题

财税法制度的核心问题是什么？在这个问题上，当今的财税法学研究并不能给出相对一致的回答。有学者认为，财税法学研究的核心问题是财税法治化问题，也有学者认为财税法学的核心在于纳税人权利保护。这些回答中或许已经包含了财税法学的核心问题，但是作为财税法学最本质的属性却没被揭示出来。“财税”其实从来都不是一个孤立的概念，它与人民的权利紧密相连。一般而言，私人财产权被作为宪法上的基本权利来看待，那么税收实际上是财产权所负担的社会义务，并且是“不予补偿的单纯财产权限制”。[②] 我国《宪法》第 13 条第 3 款规定：“国家为了公共利益的需要，可以依照法律规定对公民的私有财产实行征收或者征用并给予补偿。”据此，私人财产权被征收应当获得相应的补偿。在比较法上，德国和美国宪法上的征收规范对于

① 刘剑文、熊伟：《财政税收法》（第五版），法律出版社 2009 年版，第21 页。
② 参见张翔：《财产权的社会义务》，载《中国社会科学》2012 年第 9 期。

征税都只有“若拘束力”，[①] 而在理论上，也有学者认为，如果有对财产权的更为周全的观察，征收规范可能应该被排除用来分析税收问题。[②] 无论是征收规范还是税收规范，都是对财产权的限制。这种限制毫无疑问应当具有法理上的缘由。就征收规范而言，公共利益和补偿构成了这种缘由，那么税收规范也应当具有类似缘由。运用体系化的思路，我们可以说税收规范也可以将公共利益作为其正当性的基础。这种正当性的直接体现就应当是税收使用上的公共性。

在市场经济条件下，纳税人也是受理性支配经济人。追求自身利益最大化的过程也意味着自身权利获得最大化的保护。从这个角度解释，公民纳税是以财产让渡的方式来换取自身权利的安全，其所纳的税款形成了权利保护的必要物质条件。[③] 通过征收税款筹集公共资金并将其用于公众权利的保护以及在此过程中形成的权利（力）、义务和责任等是财税法制度应当关注的核心问题。具体而言，税款的征收应当符合公平原则。需要注意的是，这里的公平不仅包含纳税人之间的公平，即量能课税原则的要求，同时也包含在国家和纳税人之间是否公平，即“交易的公平”。从契约的角度看，国家和纳税人之间就税收和公共服务之间的交易也应当符合公平交易的原则。税款的管理应当公开透明，而不能造成贪污或者浪费以确保公款的安全。税款的使用应当处于必要的公共目的，尤其是用于民生的支出应当优先且不得低于一定的比例。

（五）财税法学体系：本体的独立与方法论

法学体系是为了便于学习和研究法律制度而主观性地构建起

---

① 参见刘连泰：《宪法上征收规范的效力是否及于征税：一个比较法的观察》，载《现代法学》2009 年第 3 期。

② 参见张翔：《个人所得税作为财产权限制——基于基本权利教义学的初步考察》，载《浙江社会科学》2013 年第 9 期。

③ ［美］史蒂芬·霍尔姆斯、凯斯·R. 桑斯坦：《权利的成本——为什么自由依赖于税》，毕竟悦译，北京大学出版社 2004 年版，第 39 页。

来的学术形态。作为以财税法律制度及其发展为研究对象的财税法学科，必须构建与财税法制度本身相适应的学科体系。财税法律制度由于其调整对象和调整方法所具有的综合性，因而被普遍认为是一个综合法律部门。但是制度意义上的部门法体系（也称为法律体系）和学科意义上法学体系有所不同。不能简单地认为一个法律部门对应一个法学学科。尽管财税法律制度综合了宪法、民法、刑法和经济法等传统法律部门，但是财税法学科本身却可以具有独立的属性。

1. 财税法学的体系独立性

相对于财税法律制度在内容上的综合性，财税法学科则具有独立性与关联性的学术特征。当宪法学热衷于研究国家根本政治经济制度，而无暇顾及税收行为的合宪性时；当经济法致力于宏观调控的政策选择，而不能深入税法的制度设计和法理评估时；当行政法注意最一般的行政行为，而难以从规范和原理上触及税法的特质时，财税法学将所有与财政和税收相关的法律规范集合起来，使之成为一门独立的法学学科，这在着力于完善市场经济的今天显得尤为必要。正是从这个意义上说，将财税法学作为一门单独的学科加以研究不仅完全必要，而且具有非常重要的理论和实践意义。学者在对财税法学科地位进行反思的基础上认为，应当将财税法学作为一门独立的学科加以研究，这具有非常重要的理论和实践意义。[①] 从评判一个学科的独立性标准来看，财税法学已经初步具备了自己独特的范畴和分析工具，理论体系的雏形也已经显现。[②]

2. 对“财税法是宏观调控法”的理论反思

要认识财税法学的独立学科地位，还需要澄清一些对财税法

① 刘剑文：《走向财税法治：信念与追求》，法律出版社 2009 年版，第 8 页。

② 在“税收之债理论”成为税法理论的一大成果而被学界一致认可的基础上，将财政法与税法在理论上进行整合，形成了财税法的契约理论、衡平理论、控权理论和程序理论等一系列内容构成了财税法的基本理论体系。

学的普遍误解。一直以来，财税法被认为属于宏观调控法而被列入了经济法学的学科体系之中。宏观调控是政府通过实施有关措施以调节宏观经济运行的行为，其目标是促进经济增长、增加就业、稳定物价和保持国际收支平衡。宏观调控的方式在性质上可以分为经济手段、法律手段和行政手段，具体包括计划、财政、税收、金融、价格等一系列政策措施。在经济学上，财政与税收被认为是宏观经济调控的重要工具。在经济法的教科书中，宏观调控法被表述为“调整在国家对国民经济总体活动进行调节和控制过程中发生的经济关系的法律规范的总称。对于宏观调控法，根据实践的需要，又可以划分为计划法、财政法（包括税法等）、中央银行法、价格调控法等”。[①] 根据这一定义，财税法属于宏观调控法的一个子部门。可见，从经济学上的“工具论”到法学上的“部门论”，财税法是（属于）宏观调控法似乎是一脉相承、理所当然的判断。然而，仔细推敲就会发现，这种观点虽然有一定的道理，但是如果把财税法仅仅归结为宏观调控法的一个部门，或许是一种“只见树木不见森林”的片面观点，需要加以修正。

首先，从法学研究最基本的思路来看，宏观调控法的调整对象是宏观调控经济关系，财税法的调整对象是财政关系。财政关系所包含的内容是极其丰富的，在不同的社会制度、国家，其内容存在很大差异。在自然经济条件下，财政关系主要体现为君王在筹集王室开支、国防与军事扩张等活动中；在自由竞争资本主义时期，财政关系主要是为了满足国家日常经费开支的需要；在计划经济体制下，财政关系主要是一种经济分配关系。只有在市场经济体制下，财政关系才变得与每一个国民密切相关，具有了“公共性”的特质。就形式而言，最基本的财政关系包括财政收入关系、财政支出关系和财政管理关系。其中财政收入关系主要

① 杨紫烜主编：《经济法》（第四版），北京大学出版社、高等教育出版社 2010 年版，第 74 页。

包括税收征收关系、资产收益关系、国债发行关系、费用征收关系等；财政支出关系主要包括财政采购关系、财政贷款关系、财政投资关系和财政转移支付关系；财政管理关系主要有财政预算关系、国库经理关系和审计监督关系等。[①] 可见，财税法的调整对象无论在范围还是性质上已经远远超越了宏观调控经济关系，具有了自己独特的体系。

其次，从传统法学到现代法学的实践证明，以问题为中心的定位和综合性研究是法律学科发展的必然趋势，其原因在于现代社会中的复杂性问题需要多管齐下、综合治理。只有如此才能汇集多种法律手段，妥善解决问题。作为经济法学的一个重要部分，宏观调控法也具有现代法学的特征，但是其面对的问题与财税法学则有很大区别。宏观调控所要解决的问题是总量均衡、结构优化、就业充分及国际收支平衡；财税法关注的现实范围虽然较为宽泛，但也有自己的核心领域，如作为财政收入法的税法、规费法、国债法和政府性基金法等涉及公民的财产权保障，向来是财税法学研究的重点，而作为财政支出法的财政投资法、财政转移支付法和政府采购法等，更涉及实质上的公平和正义，是政府财政行为的目的所在，其结构、标准、程序等也开始为财税法学所关注。

最后，从财政与税收最本质的功能来看，其主要解决的是如何筹集、管理和使用公共资金的问题。现代国家之所以被称为“财政国”，其意在于财政乃是一国之本。没有财政资金作为物质基础，国家的一切行为都是“空中楼阁”。在财税法的理念中，依法理财是依法治国的根本所在。财政资金的运行必须符合民主、人权的要求，即要做到财政资金在收入上合理、合法、合宪；在支出上公开、公平、公正；在管理上有规、有序、有责，这是财税法要研究的基本课题。当然由于财政与税收会对社会经济产生影响，本身也具有一定的经济调控功能。如通过税率、税

---

① 刘剑文、熊伟：《财政税收法》（第五版），法律出版社 2010 年版，第 9 页。

收优惠等政策来影响生产经营的成本；通过财政支出的不同方向和领域来实现对社会经济发展的引导等。因此财税法在功能上也具有一定的宏观调控法律效果。其原因在于"租税是一定历史条件下产生的范畴，它必然要为适应社会、历史的变迁而不断地丰富自己的内涵。……一般租税除实现确保国家财政收入目的外，还发挥着为国家实现各种资本主义政策（经济复苏政策、产业政策等）手段的功能"。[①] 但是这种调控性无论在法律规范的数量上还是制度的结构上都处于相对次要的地位，不足以体现整个财税法的性质。还应当注意到"当租税作为达成国家政策目的的手段时，就会以牺牲国家收入为代价"。[②] 因此，财税的宏观调控功能本身也需要进行必要的限制。在市场经济条件下，国家对经济的干预既是必要的，同时也应当是谨慎的。由于税收可以影响企业的生产经营成本，"恰好"具备了对经济干预的功能而被选择为一种干预的工具。财税的宏观调控功能既不能否认，也不应夸大。如果仅仅把税收作为一种宏观调控的工具，把财税法作为宏观调控法的一个部分，则是忽视了财税法的基本方面，是一种舍本逐末的片面观点。

综合而言，"财税法是宏观调控法"的判断，在逻辑上违背了对法律制度分类的科学性原则，将事物之间的交叉关系错认为从属关系，是一种"以偏概全"的观点。从学科关系来看，在经济学和法学之间，作为宏观调控工具的财税手段属于经济学的概念，而作为制度的财税法属于法学的概念。不同学科之间的概念关系不能简单地类推。在法学学科内部来看，财税法学已经发展成为一个具有独立范畴的学科，在研究方法、研究范围和研究视角上也与宏观调控法有很大差异，仅仅从宏观调控这一个侧面

---

① ［日］北野弘久：《日本税法学原论》（第五版），郭美松、陈刚译，郭美松校，中国检察出版社2008年版，第15页。

② ［日］北野弘久：《日本税法学原论》（第五版），郭美松、陈刚译，郭美松校，中国检察出版社2008年版，第15页。

来理解财税法显然是不够的。

当然，学科的独立性并不意味着排斥性。相反，具有独立地位的财税法学与其他法学学科之间具有紧密的关联性，必须从中汲取学术养分和理论资源。这是因为财税法本身涉及众多法律领域，如果仅仅从一个或几个部门法的角度去研究，难免挂一漏万，无法窥见财税法学的真谛；另外，财税法学是新兴的法律学科，其本身可供利用的理论资源有限，只有借助其他学科的研究成果和研究方法才能健康发展、不断壮大。现代社会是一个多元的社会，很多复杂的问题往往是多元因素相互交织作用的结果，因此必须运用多元的视角从不同的角度去研究。因此，财税法学研究必须打破学科的界限，应当从宪法学、行政法学、民商法学、经济法学、刑法学、诉讼法学、国际法学、环境法学、婚姻法学、知识产权法学、社会法学等多学科的角度进行综合性研究。

3. 财税法学的方法论与理论框架

从哲学高度审思，方法论与世界观具有同一性。一门具体学科的方法论是指各种方法的综合以及关于方法的基本理论，它以方法为研究对象，是关于方法的规律性知识的体系。[①] 方法论决定着研究者视域的广度和深度。在财税法学的研究中，传统的规范分析法、实证分析法、历史分析法、经济分析法、吸引分析法、比较分析法等是法学乃至整个社会科学中具有共通性的研究方法。在诸多的方法中，可以划分出整体主义的方法与个体主义的方法，因此而形成了不同风格的方法论类型。这种划分对整个学科研究的影响非常广泛。在既有的财税法学尤其是税法学的研究中，个体主义方法论占据主导地位。对整体主义方法有所忽视。其实，在社会科学的方法论上，一致存在着个体主义与整体主义之争。整体主义方法论受到过卡尔·波普尔（Karl Popper）

① 参见张鸿骊编著：《科学方法要论》，陕西人民出版社 1998 年版，第 8 页。

等学者的批评。[①] 但是从系统分析的角度说，整体主义的一些主张是不无道理的，它与整体分析方法存在着内在的、密切的关联。

在财税法学的研究中，以系统论为代表的整体主义方法论还没有受到应有的重视，表现在研究成果明显呈现出“税法”与“财政法”的分立，以及“收入法”与“支出法”的隔绝。从研究的视角上来说，这种现象说明研究者还比较习惯于微观和具体的研究视角，特别是在税法领域中对“征税”的研究较为重视，而很少有人关心“管税”和“用税”的问题。其实，整个财税法制度中包含大量的、繁杂的财政法规范，需要进行系统整理、归纳、抽象和评价，将其纳入一个相对广博的视野之中。这是促进财政实践行为规范的要求，也是财税法学成为一门独立法学学科所必备。财税法学研究的范围、主线和结构都应当围绕一个具有整体意义的逻辑结构展开，使之能够统辖财政法概念、财政法规范、财政法制度、财政法原则和财政法原理。财税法学的理论大厦应当建立在财政法治的基本价值基石之上，应当有助于财税法律的进一步发展和财税法理论框架的形成。为此，在财税法学总论和财税法学原理之中，应对各种财政法律规范和财政活动的共同原则、基本价值理念等进行全面的、系统的整理、概括和抽象。

构建合理财税法的理论框架是设计具体的财政法制度的前提。在这个过程中要摒弃国家中心主义、国库中心主义的观点，而采用纳税人主义的立场。这里的“纳税人”仍然是整体而非个体意义上的纳税人。国家中心主义是传统的专制社会流行的理念，它往往成为统治集团借以掩盖其自身利益来蒙蔽民众的幌子。在现代民主法治社会中，国家利益应当以作为整体的纳税人利益来衡量。纳税人是享有财政最高权力的话语者；国家只是纳

---

① Karl Popper, The Theory of Historicism. London: Routledge & Kegan Paul, 1961, p. 158.

税人为维护自身利益而结成的一种组织形态，本身不应该有独立于纳税人的利益。各国家机关及其工作人员，只是这个组织雇用的职员，其享有的权力完全是以服务于纳税人为核心的。这是市场经济“个体自由”的本质要求，同时也是宪法中“一切权力属于人民”和“保障人权”的必然要求，因而也就必然是现代财税法学之要义。从整体纳税人的角度出发研究财税法，将有利于财税法贴近现实，有利于保护和促进纳税人的基本权利，明确公民个人发展的范围，最终使财政资金服务于人民，达到“取之于民，用之于民”的效果。这既是公共财政的要求，也符合以人为本的科学发展观的要求。纳税人的立场选择并不影响财税法理论和制度建构时寻求政府、财税机关与纳税人之间的合作对话机制。反而是强调以国家为中心（其实质是“以统治集团为中心”），就不可能存在合作与对话，就不可能在国家和个人的利益之间找到平衡。在财政关系中，纳税人其实处于相对弱势的地位，只有从弱者的立场出发，才能遏制强者的权利的滥用，才能找到财政活动合作与对话的平衡点，财税法才能成为国家和纳税人之间的“利益协调之法”，而非一种强制性的工具，财政领域才能真正步入法治化的轨道。因此，选取整体主义的视角，对纳税人基本权利的关注、维护和促进，对于财税法律关系双方权力（权利）、义务与责任的全面考量与平衡，有着重要的意义，在财税法学研究和财税法立法中应当给予更多关切。

第二章 实体性税法理论与制度的系统考察

税法的基本结构是税收实体法和税收程序法。这种结构划分的一个意义在于将纳税义务本体与其运动过程区分开。税收实体法主要关注纳税义务的发生、确定与构成，本章将围绕课税要素的有关理论展开。课税要素是与纳税义务发生、确定和履行密切相关的法律要件，对课税要素的调整会产生相应的税法效力，表现为纳税义务的增加或者减少。在我国当前税收领域中，课税要素的设定和调整权限不够明确，这导致一些税种的纳税义务悄然增长，侵犯了私人财产权。通过对课税要素的解释和分析，可以明确不同要素的功能，尤其是对纳税义务变化的影响。在税收立法中，将不同的课税要素配置给不同的机关，是实现法律控制征税权的有效方式。

一、引言

税收立法是我国当前立法的热点和重点领域。党的十八届三中全会提出“落实税收法定原则”以来，税收立法进入“快车道”。从表面上看，落实税收法定原则的任务与税收领域立法加速是一脉相承的，其实二者之间隐含着内在的张力。根源在于税收立法中有两大关系未能得到理论上的厘清，故而导致实践中税收法治不彰。这两大关系分别是，国家与纳税人的关系、立法与行政的关系。国家与纳税人之间具有宪法性的税收关系，它解决国家课税的正当性或者合宪性的问题。将国家课税的正当性简单地归结为满足财政需要是不够的，而必须以纳税人基本权利作为控制国家征税权的宪法边界。税收立法的一个重要目的是通过法定程序和形式限制国家随意征税的冲动，保障私人财产权利免受来自公权的侵犯。立法与行政的关系涉及税收的形式理性，它所解决的是国家以何种法律效力形式来规定税收的实体和程序，其中最为重要的是对课税要素的规定。课税要素是税种构成的必备因子，决定着税种的性质。从法治的角度来看，课税要素能起到控制征税权的作用。因此，税收法定原则的一个重要内容就是课税要素法定。[①] 在税收立法中需要格外重视课税要素，这涉及对税收法定原则的准确理解。此外还应考虑，在税收法定原则之下，应当如何满足国家通过税收来对经济进行宏观调控时所需要的及时性和灵活性。[②] 从保障私人财产权的角度来看，法律对于国家征税权应当保持一种警惕性，这为税法涂上了一层消极和保守的色彩。而作为国家宏观调控的手段之一，税收应当是积极的促进工具。其中看似矛盾的逻辑需要从理论和技术层面进行分析和探究，以求得一个相对圆满的解释。

本章将以税收中国家与纳税人和立法与行政两大关系为基础，从税收构成要件的视角来分析纳税人、征税范围、税基、税率、税收特别措施以及征收管理制度等不同要素的性质及其在税收立法中对权力配置的影响，最终提出税收立法权力配置的规范化理论。这不仅有助于改善我国税收立法以及税收法律制度的评价标准，增加对税法评判的正当性维度，而且可以促进税法学理论拓展和范式转型。本章首先会将课税要素这一范畴进行必要的

① 参见张守文：《论税收法定主义》，载《法学研究》1996 年第 6 期。

② 在近年来的税法学研究中，保障私人财产权和实现宏观经济调控成为两个难以平衡的价值。税法究竟是经济法中的宏观调控法还是相对独立的“半壁财产法”似乎变得莫衷一是。参见熊伟：《走出宏观调控法误区的财税法学》，载刘剑文主编：《财税法论丛》（第 13 卷），法律出版社 2013 年版；宋槿篱：《税收法定还是宏观调控？——以沪渝房产税改革试点为视角》，载刘剑文主编：《财税法论丛》（第 13 卷），法律出版社 2015 年版。类似的区分也有学者提出过，参见李刚：《论税收宏观调控法与税法基本原则的关系》，载《厦门大学学报（哲学社会科学版）》2008 年第 3 期。

法律化处理，也就是区分作为税收学范畴的税收要素和作为税法学范畴的课税要素，尽管二者所指在很多时候十分近似甚至具有重合性，但是这一区分仍然是必要的。因为，法学所具有的独特思维方式使得它需要对概念做“独占性”的解释，赋予其严格的涵义并准确界定外延，以确保法律适用上的严谨性。课税要素是税种内在的因子，在法律上它们的表现形式是纳税义务的运动过程。通过对纳税义务在不同阶段的分析会揭示出课税要素与纳税义务之间的关系，这使得课税要素这一借用范畴被完全地法律化。其次要分析的问题是哪些课税要素需要法定化，这与税收法定原则的关系甚为密切。税收法定所要求的不是全部课税要素法定化，那将导致税法的僵化，从而无法满足税收宏观调控功能的需要。因此，选择必须法定化的课税要素归于立法机关，同时释放无须法定的课税要素归于行政机关，这有助于平衡税法的双重功能，进而对税法的定性和定位也会更加客观准确。在此基础上，税收立法中的权力配置可以按照课税要素的性质和功能分别由立法机关予以保留或者授予行政机关予以调整。在构建地方税法律体系的过程中，还需要考虑课税要素在地方税收立法权力配置中的可能结构。最后尝试提出一个对策性的建议：在对我国税收立法经验和教训反思的基础之上，提出完善税收立法的政策建议。

二、课税要素的转型、梳理与法律分析

尽管税收法定原则的内容之一是课税要素法定原则，但是课税要素并非税法学上的固有范畴。从税收学中的“税收要素”出发，需要赋予课税要素以法律化的内涵。[①] 在此基础上，才能

① 为了区分，本书将“税收要素”的称谓界定为税收学的固有概念，而把“课税要素”的称谓法律化，这与税法学研究的习惯也是一致的。但是并不否认税收学研究中也会使用“课税要素”以及其他类似的称谓。参见刘剑文主编：《财税法学研究述评》，高等教育出版社2004年版，第250页。

全面和深入地分析各要素的法律意义。

（一）从“税收要素”到“课税要素”的理论转型

税法学上所说的课税要素来源于税收（经济）学中的税收要素。税收学对税收要素的内容理解并不完全一致。有学者认为：

政府征税必须有相应的税收制度。近现代税收是由既定的法律制度加以规范和界定的……任何一部税法和任何一种税制，都规定了对什么征税、向谁征税、征多少税、如何征税等内容。这些就构成了税收制度的基本要素，简称税制要素。税制要素一般包括纳税人、征税对象、税率、纳税环节、纳税期限、减税免税、违章处理等。其中纳税人、征税对象、税率是税制的三个基本要素。①

还有学者对税收要素概念本身进行了分析，也提出了税收要素的内容：

由于人们对“要素”这一概念的理解不同，对“要素”的概括和分解的认识不同，从而对税法组成要素有不同的说法。税法三要素说，认为税法只有纳税人、课税对象、税率三个要素；税法五要素说，认为除上述三要素外还包括纳税期限和违章处罚；税法八要素说，认为除上述五要素外还包括税目、纳税环节、减免税；等等。本书的观点是：税法要素应全面包括税法规定的十一项基本内容，即：总则、纳税义务人、征税对象及计税依据、税目、税率、纳税环节、纳税期限、纳税地点、减税免税或税收优惠、罚则或法律责任、附则等，其中纳税人、征税对象和税率为税法的基本要素，税率还是税法的核心要素。②

有些学者也提出“法定税收要素”的概念，并认为包括征税对象、纳税义务人、纳税义务发生时间、税基与税率、纳税期

① 参见杨志勇编著：《税收经济学》，东北财经大学出版社 2011 年版，第 23 页。

② 参见王树锋、刘浩莉主编：《国家税收》，立信会计出版社 2008 年版，第 42 页。

限与纳税地点。[①]

显然，税收学对认为税收要素的范围比较广泛，但是可以区分为基本要素和非基本要素。相对比较一致的认识是纳税人、征税对象和税率是基本要素。需要分析的是为什么税收学所选择的税收要素的范围比较广。税收要素的上位概念是税种，一个税种是由若干税收要素构成的。那么税收要素相对于税种所发挥的是描述性的功能。也就是说，通过尽可能多角度地选择要素，才能够尽可能地将一个税种描述细致。在税收要素中，有些要素是必备的，如果没有这些要素那么税种就无法成立。例如，如果没有征税对象，那么税种就无法设立；如果没有税基和税率，就无法计算应纳税额。而另外一些要素则不是税种必备的。例如，减免税（税收优惠）就不是税种所必须的，没有税收优惠并不影响一个税种的征收。基于此，我们可以把税收要素分为两类：一类是税种构成和征收所必须具备的，可称之为必备要素；另一类是不影响税种构成和征收的，称之为可能性要素。从税收法定的角度来看，对上述两类税收要素予以区分，并选择进行法定化的过程就是课税要素法定原则的核心内容，也是税收立法中权力规范化配置的前提条件。税收法定原则要求以法律的形式约束国家征税权，通过对税收要素进行法律辨别，厘清其与私人财产权和国家征税权的关系，从而形成税法学意义上的课税要素。

（二）课税要素的内涵与外延

作为一个税法上的概念，课税要素具有何种法律上的内涵？这是研究课税要素的一个基本前提。与税收学中的税收要素相区别，法学意义上的课税要素的主要目的不在于细致地描述一个税种，而在于通过理想的制度设计实现法律控制征税权的宗旨，以保护私人财产权免受国家的侵犯。作为税法中最高法律原则的税收法定原则的精义也在于保护私人财产权。因此，在税收立法

① 参见马国强主编：《中国税收》（第三版），东北财经大学出版社 2012 年版，第 36 页。

中，对课税要素的设计以及法定化的程度都需要考虑如何更好地保护纳税人的私人财产权。首先，在税法体系中，课税要素是以某种法定形式表现出来的，对税种设立或者税款征收具有法律意义的要件。课税要素是税法学的重要范畴，只有具备法律意义的概念方能纳入其中。法律意义最基本的方面在于对当事人权利义务的有效配置。课税要素的内涵必须围绕税法中的权力（利）义务关系展开。其次，不同类型的课税要素在法律功能上不完全相同，在税收立法中必须考虑各要素的功能差异。具体而言，有些要素与纳税义务的发生相关，是判断当事人是否承担纳税人义务的重要标准，这种涉及税与非税的问题直接关系当事人的财产权利，必须恪守严格的法律保留原则，而不可由行政权力擅自做出决定。有些要素涉及纳税义务的轻重，同样也会对私人财产权产生影响，也必须坚持法定原则。还有一些要素不涉及纳税义务本身，而是涉及税务管理上的具体方式，应当授权征税机关根据实际管理需要来规定，或者通过一般的行政法律制度来实施，但不得侵害纳税人的相关权利。最后，从本质上说，课税要素在税法中地位的确立，是税收法定思想在客观上的具体表现。而落实税收法定原则不仅依赖于课税要素这一范畴，税法中的其他制度也可以起到保障税收法定原则的作用。总而言之，强调课税要素在税法中的重要地位，实乃源于对税法适用体系化和机能化思考的结果，通过课税要素之间的内在逻辑所形成的相互制约最大限度保障私人财产权。

课税要素具体包含哪些要素？这是课税要素概念的外延问题。只有厘清课税要素的范围，并明晰各要素之间的关系，方可能通过将要素配置给适当的权力主体，以实现法律对征税权的控制。在税法学界，关于课税要素外延的认识并不一致。有学者认为，课税要素又可称为课税要件、税收要件、税收构成要件，是指税收之债成立的必备法律要件。[①] 需要注意的是，课税要素所

---

① 参见施正文：《税收债法论》，中国政法大学出版社 2008 年版，第 22 页。

包含的内容并不完全是引发税收之债成立的要件。税收之债的成立，亦即纳税义务的发生只需要纳税人实施了税法规定的应税行为即可，其他要素如税基、税率、税收优惠等是纳税义务确定的要件，与纳税义务的发生并无直接的关系。在税法学中，对于课税要素的范围并没有达成一致的认识。有人认为，在税法上，税收之债的构成要件包括税收债务人、征税对象、税基和税率。[①]也有人认为，课税要素包括税收主体、税收客体、税收客体的归属、税基税率和税收特别措施。[②] 还有学者认为，税收要素，又称为课税要素、课税要件，是税收义务成立所必须具备的基本要素。税收要素法定要求纳税人、征税客体、税基、税率、税收优惠等要素必须由狭义的法律加以规定。[③] 尽管存在诸多差异，但是也应当看到其中也包含一些共识性的意见。从法律上明确课税要素的范围主要目的是赋予不同要素以法律效力。当然，从一般意义上说，任何影响纳税人权利和义务的因素都可以构成课税要素，但是有些要素不具有法定化的价值，如具体的征收管理方式等。只有对纳税人权利和义务构成重要影响的因素才是税收立法中所要关注的课税要素。这些要素包括纳税人、应税行为、税基、税率、税收优惠以及征收管理的基本制度。

（三）课税要素的法律分析

课税要素的确定与税法效力有关，每一个课税要素中都包含着影响税法效力的内容，它的变化将会使得税收法律关系发生各种变动，直接影响着纳税人的权利和义务，是税法中的重要资源。对课税要素进行法律分析的本质是揭示税收立法的法理和逻辑。

---

① 参见刘剑文、熊伟：《财政税收法》（第六版），法律出版社 2014 年版，第 201 ~ 203 页。

② 参见施正文：《税收债法论》，中国政法大学出版社 2008 年版，第 29 页及以下。

③ 参见翟继光：《税法学原理——税法理论的反思与重构》，立信会计出版社 2011 年版，第 119 页。

1. 纳税人

纳税人是税法主体之一，与征税主体相对。之所以仅将纳税人作为课税要素，是因为征税主体的改变不会影响纳税人的权利和义务。因此，通常所说的税法主体也主要是指纳税人。纳税人是在法律上承担纳税义务的主体。需要加以区分的另一个近似的概念是负税人。负税人是在经济上负担税款的人，但不一定是税法上的纳税人。在税负容易转嫁的间接税中，几乎所有的纳税人都不是负税人，他们通过交易将税负转嫁给下游，并最终由消费者承担。但是消费者并非纳税人。尽管北野弘久教授批评大型间接税制造成负税人在法律上的植物人状态，但这却是在多数国家都存在的事实。作为课税要素的纳税人，在规范意义上指的是税种法中规定的承担纳税义务的主体。与宪法意义上所说的纳税人概念也有区别。宪法意义上的纳税人是一个与国家相对的概念，主要是指公民。[①] 我国《税收征收管理法》第 4 条规定，法律、行政法规规定负有纳税义务的单位和个人是纳税人。根据《企业所得税法》第 1 条的规定，在中华人民共和国境内，企业和其他取得收入的组织（以下统称企业）为企业所得税的纳税人，依照本法的规定缴纳企业所得税。我国大多数税种法都规定了纳税人这一课税要素，构成判断该税种纳税人的基本规范。

2. 应税行为

税收学中的"征税对象"或"征税范围"并不适合税法学直接借用。征税对象所表达的是"对什么征税"，这一逻辑与法学固有的观念并不完全吻合。即使以"税收客体"来表述仍然不够确切。如果我们按照这个逻辑来分析，那么就会得出，房产税是对房产征税，增值税是对流通中的商品和服务征税，消费税

① 我国《宪法》第 56 条规定，中华人民共和国公民有依照法律纳税的义务。此处的公民实际上就是宪法意义上的纳税人。然而需要注意的是，在税法上，有纳税义务的主体不仅限于公民，还有法人和其他组织，但是宪法上的纳税人就仅指公民纳税人。

是对特定应税消费品征税。显然，这些表述都没揭示出课税要素在法律上的意义。一个可能的思路是将“征税对象”、“征税范围”或者“税收客体”等概念改造为“应税行为”在将其纳入税法学的范畴。原因如下：首先，从基本的法理来说，行为是法律最为关注的核心概念。税法作为一种法律制度，其规范的直接对象是行为。只有实施了法律规定的行为才会产生相应的法律效力，而任何财产或者物本身不能单纯发生法律效力。其次，税收法定的首先是应税行为法定。只有法定的应税行为才能导致纳税义务的发生，非应税行为不会发生纳税义务，这构成判断税与非税的基本标准。最后，将应税行为确立为课税要素会引发税法对行为的关注，着将会使得税与非税的标准更加清晰，有利于保障纳税人权利。①

税种法中的应税行为

税种	应税行为	法律依据
增值税	销售货物或者提供加工、修理修配劳务以及进口货物、销售服务、无形资产或者不动产	《增值税暂行条例》第 1 条　在中华人民共和国境内销售货物或者提供加工、修理修配劳务以及进口货物的单位和个人，为增值税的纳税义务人（以下简称纳税人），应当依照本条例缴纳增值税。 《营业税改征增值税试点实施办法》（财税〔2016〕36 号）第 1 条　在中华人民共和国境内（以下称境内）销售服务、无形资产或者不动产（以下称应税行为）的单位和个人，为增值税纳税人，应当按照本办法缴纳增值税，不缴纳营业税。

① 以消费税为例，根据《消费税暂行条例》第 1 条规定，在中华人民共和国境内生产、委托加工和进口本条例规定的消费品的单位和个人，以及国务院确定的销售本条例规定的消费品的其他单位和个人，为消费税的纳税人，应当依照本条例缴纳消费税。如果我们把消费税解释为对“本条例规定的消费品”征收的税显然不符合法律的逻辑，而如果将消费税解释为对“生产、委托加工和进口特定消费品的行为”征收的税则非常容易理解。

续表

税种	应税行为	法律依据
消费税	生产、委托加工和进口特定的消费品	《消费税暂行条例》第1条　在中华人民共和国境内生产、委托加工和进口本条例规定的消费品的单位和个人，以及国务院确定的销售本条例规定的消费品的其他单位和个人，为消费税的纳税人，应当依照本条例缴纳消费税。
企业所得税	取得收入	《企业所得税法》第1条　在中华人民共和国境内，企业和其他取得收入的组织（以下统称企业）为企业所得税的纳税人，依照本法的规定缴纳企业所得税。
个人所得税	取得收入	《个人所得税法》第1条　在中国境内有住所，或者无住所而在境内居住满一年的个人，从中国境内和境外取得的所得，依照本法规定缴纳个人所得税。在中国境内无住所又不居住或者无住所而在境内居住不满一年的个人，从中国境内取得的所得，依照本法规定缴纳个人所得税。
契税	承受不动产权属	《契税暂行条例》第1条　在中华人民共和国境内转移土地、房屋权属，承受的单位和个人为契税的纳税人，应当依照本条例的规定缴纳契税。 第2条　本条例所称转移土地、房屋权属是指下列行为： （一）国有土地使用权出让； （二）土地使用权转让，包括出售、赠与和交换； （三）房屋买卖； （四）房屋赠与； （五）房屋交换。 前款第二项土地使用权转让，不包括农村集体土地承包经营权的转移。

续表

税种	应税行为	法律依据
车辆购置税	购置	《车辆购置税暂行条例》第1条 在中华人民共和国境内购置本条例规定的车辆（以下简称应税车辆）的单位和个人，为车辆购置税的纳税人，应当依照本条例缴纳车辆购置税。 第2条 本条例第一条所称购置，包括购买、进口、自产、受赠、获奖或者以其他方式取得并自用应税车辆的行为。
车船税	所有或者管理车船	《车船税法》第1条 在中华人民共和国境内属于本法所附《车船税税目税额表》规定的车辆、船舶（以下简称车船）的所有人或者管理人，为车船税的纳税人，应当依照本法缴纳车船税。

3. 税基或计税依据

税基作为课税要素主要是指将应税行为根据法律规定转化为一种可以计算出来的数量结果，简言之，税基是关于应税行为如何量化的法律要素。在税收学上，税基有广义和狭义的不同理解，广义上的税基实际上等同于征税范围，而狭义的税基则是计税依据。在税法上，税基代表国家征税权行使的广度，也标示着纳税人行为的哪些方面会被国家选择作为课税的基数。税基的功能在于计算应纳税额，因此对税基的范围确定直接影响纳税人应纳税额的多少，也决定着税法效力的范围。我国的税种法中不特别强调税基，较为常见的是“计税依据”，例如车辆购置税的计税依据为计税价格等。

4. 税率

税率代表国家课税权行使的深度，它与税基一起决定某个税种纳税义务的轻重。税率一般会在税种法中给予明确的规定，表现为一定的比率或者单位税额。税率作为课税要素在税法中主要反映国家税收收益占私有财产权的比重。由于税率简单明了地体现了国家征税与私人财富之间的关系，因此往往是社会比较关注的一个税收指标，也是纳税人最为敏感的课税要素。在税收法定原则中，税率法定获得了最多的共识。著名的拉弗曲线所揭示的正是税率变动与国家税收收入之间的关系。如果我们从法治的角度来审视拉弗曲线，也可以发现其中存在的法治涵义，即如果税率的增长导致国家税收收入下降的后果，那么说明税率的设计已经违反了正当性原则，国家与纳税人之间的关系必然是非正常的，税收制度中必然隐含了较大法律风险。而德国学者在税率设定方面历来就有半数原则的理论。这都说明税率在税法中是一个极具法治价值的课税要素。正如学者指出的，税率法定具有制约政府征税权和保障纳税人财产权的双重价值。①

5. 税收特别措施

税收特别措施是指为了实现一定的公共政策目标，在基本课税要素及其所体现的基准纳税义务之外，以减轻或加重税收负担为内容的一系列措施。② 税收优惠与税收重课都属于税收特别措施，国家通过税收特别措施来减轻或者加重市场主体的税收负担来实现对特定经济领域的促进或者抑制，达到协调经济发展的目的。税收优惠是国家牺牲一定的税收利益，从而使纳税人相对获益的税收调控方式，具有鼓励经济发展的作用，因而也就成为一种常用的经济调控手段。在我国税法体系中，税收特别措施主要表现为税收优惠，③ 是通过减轻或者免除特定纳税人的税收负担来实现一定的经济和社会政策目标的手段。从税收学角度来看，税收特别措施是税收制度的重要组成部分，尽管从理论上说税收特别措施并非税种必备的因素，但实际上很多税种都会涉及税收

① 参见许多奇：《税收法定原则中“税率法定”的法治价值》，载《社会科学辑刊》2015 年第 4 期。

② 参见［日］北野弘久：《税法学原论》（第四版），陈刚等译，中国检察出版社 2001 年版，第 109 页。

③ 税收重课在我国税法中也是存在的，如《个人所得税法》对劳务报酬一次性收入奇高实行加成征收。

优惠制度。在税法学中，税收特别措施所面临的理论难题在于，它既是一种课税要素，如果按照课税要素法定原则应当予以法律保留，但与此同时它又具有宏观调控的功能而被政府所倚重。宏观调控本身所要求的应对性和灵活性与法律所要求的稳定性之间常常出现矛盾。[①] 因此，在税收立法中如何对税收特别措施，尤其是税收优惠这一课税要素进行恰当的配置是一个重要的问题。

三、课税要素与纳税义务的关系

课税要素之所以成为税法学中的重要范畴，在于其能够承载控制征税权的目标。国家征税权与私人财产权之间存在着博弈的关系，换言之，国家征税权每前进一步，都使得私人财产权受到进一步的限制。在税法上，这一关系直接体现为纳税义务的轻与重。课税要素的设定和调整必然会影响纳税义务的轻重。不仅如此，课税要素与纳税义务之间还存在着更为紧密的逻辑联系。通过对课税要素与纳税义务关系的分析，可以进一步揭示税法内在的制度逻辑。

根据税收法律关系的理论模型，纳税义务的运动过程可以划分为三个阶段，即纳税义务的发生、确定和履行。在纳税义务运动的不同阶段上，课税要素的功能和形态各异，需要分别予以探讨。

（一）课税要素与纳税义务的发生

纳税义务的发生是指纳税义务从无到有的运动过程。从法律关系变动理论来看，法律关系的发生是有原因的，即可能基于当事人的行为发生，也可能基于特定事件发生。纳税义务的发生则是基于纳税人的应税行为，换言之，纳税义务的发生是由于纳税人实施了法定的应税行为而引发的法律后果。纳税义务的发生涉

---

① 参见李大庆：《宏观调控还是公平课税？——我国税收优惠制度的法理审思》，载《中国经济法学研究会 2015 年年会论文集》。

及纳税人和应税行为两个课税要素。因此在判断某一税种的纳税义务是否发生这一问题时，只需要分析纳税人和应税行为是否符合该税种法的相应规范。如果符合，那么纳税义务就必然发生，否则纳税义务就不会发生。例如，根据我国《个人所得税法》第 1 条第 1 款的规定，在中国境内有住所，或者无住所而在境内居住满一年的个人，从中国境内和境外取得的所得，依照本法规定缴纳个人所得税。这一条款中已经包含了纳税人和应税行为两个课税要素。纳税人是“在中国境内有住所，或者无住所而在境内居住满一年的个人”，应税行为是“从中国境内和境外取得的所得”。只要具备上述两个要素，那么个人所得税的纳税义务就必然发生。

值得注意的是，在我国现行税种法规范中，对纳税人的规定是比较明确的，多数税种法都会明确该税种的纳税人。例如《车船税法》第 1 条规定：“在中华人民共和国境内属于本法所附《车船税税目税额表》规定的车辆、船舶（以下简称车船）的所有人或者管理人，为车船税的纳税人，应当依照本法缴纳车船税。”这里的纳税人就是特定（在中华人民共和国境内属于本法所附《车船税税目税额表》规定）车船的所有人或者管理人。但是我国现行税法规范对应税行为的则规定不够明确和典型，其中的一个原因是我们税法学上的行为理论还不够成熟，尤其是没有在学理上建立应税行为的概念，更没有将其作为一个具有独立法律意义的课税要素来看待。例如前述《车船税法》第 1 条的规定实际上隐含着的应税行为是一种保有行为，也就是对特定车船拥有所有权或者管理权的行为状态。类似的情况还有在《企业所得税法》和《个人所得税法》中关于“取得收入”的行为以及《契税暂行条例》中关于“承受土地房屋权属”的行为等，这些都是应税行为非典型表述，需要在理论上进一步提炼，也需要在法律适用中进行相应的解释和明确。因此，所有涉及应税行为的规定都会涉及纳税义务是否发生的问题。就某一税种而言，当事人的行为是否会发生纳税义务完全依赖于税法对该税种应税行为的规定在范围上是否包括了当事人的行为。

纳税义务是否发生对纳税人影响之重大不言而喻，在如此重大的税法效力上发挥作用的课税要素无疑应当坚持严格的法律保留。那么纳税人和应税行为作为课税要素必须由法律加以规定而不能由行政机关掌控，否则，无法确保税法的安定性，纳税人对其行为在税法上的预期将极不稳定，私人财产权也难以获得保障。

（二）课税要素与纳税义务的确定

纳税义务的确定是指在纳税义务已经发生的基础上，需要通过法定的方式来确定纳税义务的具体数额，也就是应纳税额。在税法上，应纳税额等于税基（计税依据）与税率的乘积。从“公式法定”的角度来看，决定纳税义务具体数额的是税基（计税依据）和税率。首先需要明确的是，税基与应税行为直接相关，它是应税行为在某个客观方面的数量化表现。例如，在车辆购置税中，税基是所购置车辆的价格（或者计税价格）。但是，税基不会影响纳税义务的发生，它仅仅涉及纳税义务的轻重，是立法者在课税时的选择，至于如何选择是税收政策上的问题，它可能会对税收公平、征收管理等产生影响。例如车船税可以选择以价格作为税基也可以选择以车船排量或者吨位作为税基，如果从节约能源、减少排放的角度考虑则应当选择以排量作为税基；房产税可以选择房屋价格作为税基也可以选择面积作为税基，如果从调节房屋价格的角度出发可以选择价格作为税基，如果从保障居住权的角度则可以选择家庭人口和面积作为税基。

纳税义务的确定还依赖对税率的选择。税率是由税法直接规定的课税要素。然而仍需要注意的是税法对税率的规定有不同的方式。第一，税法直接规定一个具体的税率。如《企业所得税法》第4条第1款规定：“企业所得税的税率为25%。”针对此种情况，在税务执法或司法过程中直接可以援引法律的规定，一般不会存在争议。因此，这种税率是严格遵循法定主义的。第二，税法规定一个税率幅度，并授权某机构确定具体的税率。如

《契税暂行条例》第 3 条规定："契税税率为 3—5%。契税的适用税率，由省、自治区、直辖市人民政府在前款规定的幅度内按照本地区的实际情况确定，并报财政部和国家税务总局备案。"《车船税法》第 2 条第 2 款规定："车辆的具体适用税额由省、自治区、直辖市人民政府依照本法所附《车船税税目税额表》规定的税额幅度和国务院的规定确定。船舶的具体适用税额由国务院在本法所附《车船税税目税额表》规定的税额幅度内确定。"这种税率的规定方式中存在一个法律授权，应当遵守授权立法的原则。由行政机关在立法授权的范围之内确定具体税率的方式在一定程度上消解了税率法定的刚性，从而使得税率也成为政府进行宏观调控的工具。第三，税法规定了一个确定的税率，但是授权行政机关决定税率的调整。例如《增值税暂行条例》第 2 条第 2 款规定："税率的调整，由国务院决定。"《消费税暂行条例》第 2 条第 2 款规定："消费税税目、税率的调整，由国务院决定。"[①] 在这种情况下，税法对税率的规定相当于完全交给了行政机关，并且没有考虑对其行政机关调整税率的给予必要约束。这很容易导致行政机关随意调整税率，侵犯纳税人财产权。[②]。

除了税基与税率之外，税收特别措施（主要是税收优惠）也是影响纳税义务确定的课税要素。税收优惠具有多种不同的形式，其中包括对税基和税率的调整。根据具体方式的不同，可以划分为税额减免（减免税）、税基减免（加计扣除和减计收入）、税率减免等多种方式。[③] 税收优惠的具体方式十分丰富，并且随

① 财政部、国家税务总局《关于调整卷烟消费税的通知》（财税〔2015〕60 号）提高卷烟消费税税率的规定即属于此种情形。

② 2014 年 11 月 28 日至 2015 年 1 月 12 日，财政部和国家税务总局连续三次调整成品油消费税税率，增加纳税人负担因而受到社会广泛诟病。这是典型的由行政机关擅自决定税率的实例，其中的正当性问题值得深思。

③ 这种税收优惠的分类方式是作者参考一些税收学教材采用的分类方法略加改动得出的。教材一般表述为"税基式优惠、税率式优惠、税额式优惠和时间式优惠"，参见马国强主编：《中国税收》（第三版），东北财经大学出版社 2012 年版，第 41 页。

着实践的发展还会有新的优惠方式出现。对税收优惠方式的分析主要着眼于该种方式是否属于税收优惠以及它与课税要素之间的关系。首先，减免税是最为直接和典型的税收优惠方式。需要注意的是，减免税在税法上的含义是纳税义务的部分或者全部免除，它不同于不征税。所谓不征税在税法上的含义是指某种行为不属于税法所规定的应税行为，不发生税法上的效力，行为人也不发生纳税义务。在我国现行的税法中，只有《企业所得税法》明确区分了免税收入和不征税收入。[①] 从税法理论上看，所有的税种都涉及“免税”与“不征税”的问题，并且这一区分具有重大的理论和实践价值。根据税收法定原则，“不征税”意味着该种行为不在法定的征税范围之内，属于“非应税行为”，如果要将其纳入征税范围则需要受到税收法定原则的限制，必须经过相应的立法程序。而“免税”是对已经发生的纳税义务的免除，它不影响在此之前的纳税义务发生过程。因此，减免税的税收优惠不属于税收之债的法定构成要件。其次，税基减免和税率减免是否属于税收优惠是有争议的。尽管多数学者以及我国现行税法都将税基减免和税率减免作为税收优惠看待，但是这一观点在理论上仍存在值得商榷之处。[②] 有学者指出，税收优惠以法定基准纳税义务为基础，法定基准纳税义务本身的变化不属于税收优惠。[③] 还有学者认为狭义的税收优惠主要是指不以法定税率直接

---

① 《企业所得税法》第 7 条规定的是“不征税收入”，第 26 条规定的是“免税收入”，相关理论分析参见刘剑文：《新企业所得税法：八大制度创新》，载《涉外税务》2007 年第 8 期。

② 我国《企业所得税法》第四章“税收优惠”中规定的内容包含了税基减免和税率减免，如第 28 条规定，“符合条件的小型微利企业，减按 20% 的税率征收企业所得税。国家需要重点扶持的高新技术企业，减按 15% 的税率征收企业所得税”。第 30 条规定，“企业的下列支出可以再计算应纳税所得额时加计扣除：（一）开发新技术、新产品、新工艺发生的研究开发费用；（二）安置残疾人员及国家鼓励安置的其他就业人员所支付的工资”。

③ 马国强：《中国现行税收优惠：问题与建议》，载《税务研究》2003 年第 3 期。

发生联系，而是通过减少税基，或直接减少应纳税额来降低税负的优惠。广义的税收优惠，则是指包括优惠税率在内的各种最终减轻或免除税负的优惠。① 本章认为，尽管可以认为税基减免与税率减免属于一般意义上的税收优惠，但是需要注意此类税收优惠的特殊性。因为税基缩小可以产生税额减免的效果，但是由于税基和税率本身属于法定课税要素，税基改变和税率选择具有影响纳税义务确定的效果。而且由于税基和税率都涉及税收法定原则，因此通过这种方式实施税收优惠也需要较为严格的法律程序。

综合而言，税基和税率在一般情况下应当是法定的课税要素，需要遵循法律保留原则。如果需要通过授权立法给行政机关留下宏观调控空间的话，也必须对这种授权进行严格的限制。就税率而言，必须通过法律形式确定幅度，行政机关行使税率调整权必须在法定幅度范围之内，并应当向立法机关备案。税收优惠在法律上的效果是纳税义务的减轻、免除或者延缓。由于税收优惠是有利于纳税人的制度安排，不会直接侵犯纳税人的私人财产权，因此对税收优惠的法定化形式无需过分严格，可以将其作为政府宏观调控的工具。

（三）课税要素与纳税义务的履行

纳税义务的履行是指纳税义务已经发生并且确定后，纳税人向税务机关缴纳税款。纳税义务的履行所涉及的问题是税收征收的程序，属于税收程序法的范畴。税收征纳程序是一种“权力型法律程序”，是关于征税机关征税程序和纳税人的纳税程序，包括税务管理程序、税收征收程序、税务检查程序和税务代理程序等。从税收法定原则的内容来看，程序法定是其中的一个重要内容。不过税法学界一般不将征税程序作为一个课税要素来看待。但是，这并不意味着程序法定不重要。因为课税要素在性质

① 参见张守文：《税法原理》（第四版），北京大学出版社 2007 年版，第 56 页。

上属于实体性的税法要素，而实体与程序二分是法学研究中的习惯性分类方法。关于征税程序的法定很大一部分是通过行政程序法来解决的。在我国，税收征收管理属于国家行政管理体系，首先应当遵循行政程序法的原则和制度。税收征收管理中的特殊问题则适用《税收征收管理法》解决。不同税种的纳税义务履行时间、地点和方式也不宜完全以法律的方式确定，应当适应税收征收管理的实际需要确定，只有影响纳税人权利的基本征收管理制度，如税务登记、纳税申报、纳税担保、税收保全等才需要法律规定。

四、税收立法中课税要素设定不当的司法后果：以一则契税案件为例

如果在税收立法中未能合理配置上述各项课税要素，那么税法的适用就可能造成不当的司法后果。通过一则契税案件的法律适用，我们能够发现课税要素设定的正当性与合理性对于纳税人权利的影响。本案涉及我国《契税暂行条例》中对应税行为以及纳税义务发生时间的规定不够恰当，通过法律解释产生了严重的冲突，导致纳税义务运行顺序的紊乱，破坏了税法制度的逻辑性。要从根源上避免这种情况发生，就必须科学设置课税要素，以税收领域的良法实现善治。

（一）案情介绍

2015 年 11 月 9 日，浙江省宁波市中级人民法院终审判决驳回上诉人宁波太平洋富天投资有限公司（以下简称“富天公司”）因解除《国有建设用地使用权出让合同》（以下简称《出让合同》）而要求退还土地使用税、契税的请求。① 该案争议的焦点在于，上诉人作为国有建设用地使用权的承受人在已经办理

---

① 具体案情参见浙江省宁波市中级人民法院（2015）浙甬行终字第 183 号判决书和宁波市海曙区人民法院（2015）甬海行初字第 26 号判决书。

产权受让登记并缴纳土地使用税、契税之后，因故解除《出让合同》是否导致纳税义务溯及消灭？如果纳税义务能够溯及消灭，那么就应当退还纳税人已经缴纳的税款。①

在审理中，富天公司提出“《出让合同》已经依法解除……征收契税即失去了依据”“自己没有实际取得宁波书城东侧1#地块……江东地税局就应对原告缴纳的契税予以退还”。江东地税局提出“合同解除不构成退税理由……合同解除不同于合同无效或被撤销，解除合同仅发生向后的法律效力，解除前即已发生的法律关系并不因合同解除而自始无效”“（富天公司）已实际取得宁波书城东侧1#地块使用权，解除土地出让合同并不改变其拥有土地使用权的事实，故纳税义务仍然存在”。

在一审判决书中，法院认为“本案并不存在原告多缴或被告误征契税之情形”“原告与市国土局依法解除《出让合同》亦不符合《契税暂行条例》中‘减征或者免征契税’的条件”。在二审判决书中，法院认为“涉案土地使用权已经完成权属登记，权属已经转移”“不符合退还契税的法定情形”。据此，两审法院在判决书中均支持了宁波市江东地方税务局拒绝退还契税的做法。

本案中所谓“退税争议”产生的一个基本事实是，《出让合同》已经实际履行完毕，后经仲裁裁决解除该《出让合同》。从一审判决书中可以看出，由于政府出台“核心区改造提升规划”，改变了原来的土地出让条件，致使富天公司的合同目的无法实现，只能通过仲裁解除合同。引发富天公司退税请求的直接原因是合同解除后其丧失了土地使用权，从而不再符合《契税暂行条例》第1条所规定的“土地权属承受的单位为纳税人”的条件。因此，本案中的退税请求与一审法院所提出的“多缴或误征”的技术性退税和“减征或免征”的政策性退税都没有

① 本案涉及契税和城镇土地使用税两个税种的退税请求，但本章的讨论范围仅限于契税，并不包含城镇土地使用税。

关系，也就不构成否认富天公司退税请求的依据。

本案的核心争议在于，一个已经依法取得土地权属的契税应税行为，经由仲裁解除合同而发生“返还”土地权属，这一变化是否导致已经确定并履行的契税纳税义务溯及消灭？

（二）规范解释

尽管我国目前的税法体系中存在不合理的授权立法、效力层次低以及税法解释不规范等问题，但是这并不妨碍我们从逻辑上来透视现行税法规范的正当性。从实质上说，科学的立法并不仅取决于主体适格，更为重要的一个方面是整个税法体系在逻辑上保持严谨和一致。课税的依据也是课税的法理，它是税制设计的基本前提，唯有坚持严谨的逻辑性和体系性才能保持税法规范的正当性。税收立法是课税要素经由权力配置后形成制度体系。在现行实定法秩序下，从法教义学所倡导的解释和批判的双重立场出发，对我国现行的相关税法规范进行分析，以揭示纳税义务溯及消灭的逻辑与法理。

1. 纳税义务发生的行为要件

税收债务关系理论认为，税收债务在符合法律规定的构成要件时发生。“税收构成要件是指实体税法所规定的税收发生的各种前提条件。税法通过对各种具体生活事实的抽象，将可能发生税收的关联条件以法律标准的形式表达出来，也就成为税收的构成要件。当纳税人真实发生的具体生活事实符合税法的抽象条件时，即意味着税收构成要件的实现和税收债务的发生。”① 其中，税收债务即为我国税法中所称的纳税义务。而“以法律标准的形式表达出来的抽象的条件”则可以称为“应税事实”。上述逻辑中所隐含的一个理论框架其实是民法学中民事法律关系变动的原理。民事法律关系的设立、变更和终止背后的原因乃是民事法律事实，其中包括事件和行为。同样的道理，税收法律关系发

① 刘剑文、熊伟：《税法基础理论》，北京大学出版社 2004 年版，第 190 页。

生、变更和消灭的背后也有相应的原因。这个原因就是纳税人所实施的某种行为或发生的某种事件，可以统称为应税行为或者应税事实。这种借助民法原理构建起来的税收法律关系变动的理论框架是分析纳税义务运动过程的逻辑基础。

从字面来看，我国实体税法规范并没有采取上述以应税事实来判断纳税义务发生的表述方式，而是以纳税义务的承担主体即"纳税人"作为判断纳税义务的依据。[①] 不过，从文义解释的角度来说，完全可以从这些条文中提炼出"应税事实"的概念。因为所有界定某个税种纳税人的规范均包含着应税事实这一概念。换言之，某税种纳税义务的发生乃是基于某人实施了某种应税行为，或者说发生了某项应税事实。具体而言，以契税为例，负担纳税义务的前提是存在承受土地、房屋权属的行为，"承受土地、房屋权属"即为促成契税纳税义务发生的应税事实。《契税暂行条例细则》第3条进一步将"承受"解释为"以受让、购买、受赠、交换等方式取得土地、房屋权属的行为"。综合契税规范的内容来看，契税纳税义务的发生是以取得土地、房屋不动产物权的法律行为作为前提条件的。

尽管税收债务关系理论借用了民法学上的逻辑框架，但是由于税法与民法分属公私两域，在法律精神、基本原则和规范宗旨上有诸多不同。因此，必须注意区分税法上的应税事实与民法上的法律行为之间的差异。仍以契税为例，首先，"承受土地、房屋权属"在民法上具有私法效力，即发生物权变动的效力，而

---

① 例如，《车船税法》第1条规定："在中华人民共和国境内属于本法所附《车船税税目税额表》规定的车辆船舶的所有人或者管理人，为车船税的纳税人，应当依照本法缴纳车船税。"《个人所得税法》第1条规定："在中国境内有住所，或者无住所而在境内居住满一年的个人，从中国境内和境外取得的所得，依照本法规定缴纳个人所得税。"《契税暂行条例》第1条规定："在中华人民共和国境内转移土地、房屋权属，承受的单位和个人为契税的纳税人，应当依照本条例的规定缴纳契税。"《消费税暂行条例》第1条规定："在中华人民共和国境内生产、委托加工、和进口本条例规定的消费品的单位和个人，以及国务院确定的销售本条例规定的消费品的其他单位和个人，为消费税的纳税人，应当依照本条例缴纳消费税。"

在税法上的效力则为公法效力，即发生纳税义务的效力；其次，作为引起法律关系发生原因的“承受土地、房屋权属”行为，在民法上强调当事人意思自治，而在税法上则强调一定的经济效果。尤其需要澄清的是，税法效力的发生不能仅以私法效力的发生为依据，因为二者的逻辑不完全相同。私法以形式化的外观作为发生的主要依据，而税法则更加侧重应税事实所产生的实质经济效果。从经济层面来看，现代国家课税的本质是参与社会财富的分配，而财富分配的前提是纳税人取得了相应的经济效果。如果经济效果不存在，那么财富就无从产生，国家也就失去了课税的前提。因此，作为引发契税纳税义务发生的应税事实，“承受土地、房屋权属”这一概念如果要发生税法上的效力需要具备形式和实质两个方面的条件：第一，在形式上，符合私法关于物权变动效力发生的条件（对不动产物权来说为登记）；第二，在实质上，保持了该应税事实所产生的经济效果。

2. 纳税义务的发生时间判断

在私法上，时间是影响法律效力的一个重要维度，它可能导致权利的消灭和义务的增长。公法同样面临类似的问题。[①] 在税法上，纳税义务在发生、确定和履行三个不同的阶段均涉及时间问题。其中，纳税义务的发生时间是判断纳税义务在时间维度上存在与否的重要标志，同时也构成判断后续行为效力的前提。前述案例中出现的纳税义务的溯及消灭的问题就涉及纳税义务发生时间的判断。

在定期税和随时税的划分基础上，一般认为定期税的纳税义务发生时间比较复杂，而随时税的纳税义务发生时间与应税行为的发生时间通常是吻合的。[②] 契税属于随时税，纳税义务的发生

① 例如《治安管理处罚法》第 22 条规定：“违反治安管理行为在六个月内没有被公安机关发现的，不再处罚。”税法上计算税收滞纳金也以时间为依据。

② 参见李刚：《税法与司法关系总论——兼论中国现代税法学基本理论》，法律出版社 2014 年版，第 343 页。

时间应当与“承受土地、房屋权属”的应税事实发生的时间一致。我国《契税暂行条例》第8条规定：“契税的纳税义务发生时间，为纳税人签订土地、房屋权属转移合同的当天，或者纳税人取得其他具有土地、房屋权属转移合同性质凭证的当天。”在民法上，签订合同是导致债权而非物权设立的法律行为，据此，契税纳税义务发生的时间为债权设立的时间，那么契税纳税义务的发生也就是以债权行为作为应税事实的，这显然与《契税暂行条例》第1条中“承受土地、房屋权属”的物权行为发生了矛盾。

学者对上述问题有不同的解释。有人认为，《契税暂行条例》颁布于1997年，当时我国法律尚未承认物权行为的独立效力，而是将债权行为（签订合同）与物权行为（不动产登记）不加区分地作为一个整体来看待的。因此，这种矛盾是法律的发展变化造成的。但是这一说法并不符合事实。对于不动产物权而言，1997年之前的立法和司法都承认物权行为（登记）具有独立的效力。①

也有学者指出，纳税义务的发生时间是“从时间角度对税收客体的补充规定，也可以说是确定税基的时间维度。与其说是税收债务的发生时间，不如说是确认税基的时间”。② 此处所谓“确认税基”需要进一步明确。首先，这里的税基究竟指广义税基、中义税基还是狭义税基？这三种不同范围的税基在税法上的意义是不同的。③ 其次，“确认税基”究竟是为了确认税基的存在还是为了确认税基的数量？如果是为了确认税基是否存在，那么仍然是应税事实层面的问题。

笔者认为，这里涉及纳税义务的运动过程及其阶段划分的问

① 参见孙宪忠：《论不动产物权登记》，载《中国法学》1996年第5期。

② 参见刘剑文、熊伟：《税法基础理论》，北京大学出版社2004年版，第205页。

③ 参见靳万军、周华伟主编：《流转税理论与实践》，经济科学出版社2007年版，第83页。

题。纳税义务可以分为发生、确定和履行三个阶段，各自具有相对独立的法律意义。其中，纳税义务的发生以应税事实为前提，非应税事实不产生税法上的效力，纳税义务就不得发生，国家也就不得实施课税。从国家与纳税人的宪法关系来看，纳税义务发生的独特法律意义在于限制国家随意征税以保护纳税人财产权利。而纳税义务的确定则是为了正确计算应纳税额，以准确界定纳税义务的数量。概言之，纳税义务发生是一个“定性”问题，而纳税义务的确定则是“定量”问题。

纳税义务的发生与应税事实是互为条件的。只要应税事实存在，那么纳税义务必然发生；只要发生了纳税义务，那么必然有应税事实的存在。换言之，应税事实是纳税义务发生的充要条件。充要条件在逻辑上的要求是“不能少也不能多”。因此，应税事实作为纳税义务发生的充要条件在范围上既不能随意缩小也不得随意扩大。既然纳税义务发生的时间并不是一个单独的构成要件，[①] 那么这个时间就必须完全限定为应税事实发生的时间，而不得扩大为税基确认的时间。因此，纳税义务的发生与确定应当清楚区分而不得混淆。

由此看来，我国《契税暂行条例》第 8 条关于契税纳税义务发生时间的规定显然存在不妥之处。一个可能的解释是为了征管上的便利。之所以把契税纳税义务发生的时间提前到“签订土地、房屋权属转移合同的当天，或者纳税人取得其他具有土地、房屋权属转移合同性质凭证的当天”，是为了协调与后续条文设定的“先税后证”之间的关系。根据《契税暂行条例》第 9、10、11 条的规定，纳税人应当先办理契税申报和缴纳事宜，取得契税完税凭证之后才能办理权属变更登记手续。如果《契税暂行条例》第 8 条将契税纳税义务的发生时间规定为办理权属变更登记当天，那么就会出现纳税义务尚未发生却已经履行完

① 参见刘剑文、熊伟：《税法基础理论》，北京大学出版社 2004 年版，第 205 页。

毕的矛盾。为了避免这个矛盾，并坚持“先税后证”这一便利征管的措施①，才使得《契税暂行条例》第8条在契税纳税义务发生时间上与第1条和细则第3条发生冲突。

3. 契税应税事实嗣后变动的税法效力

从案件的基本事实中可以看出，《出让合同》的解除是否溯及性地影响了契税纳税义务的发生是解决本案的关键所在。换言之，本案所引发的退税争议的焦点在于纳税义务发生的实质性要件是否因合同解除而消失。

我国《契税暂行条例》及《条例细则》对契税的退税问题没有明确的规定，一些省份的地方政府规章对此有所涉及。本案所在的浙江省，其地方政府规章《浙江省实施〈中华人民共和国契税暂行条例〉办法》（浙江省人民政府令第100号）第11条规定：“纳税人缴纳契税后，因所签订的土地、房屋权属转移合同无法履行申请退税的，经县级以上人民政府契税征收机关审核批准，准予退税。”需要解释的是该规定中所称“合同无法履行”是否包括合同解除的情形？一般认为，合同无法履行是指由于出现客观原因使得履行成为不可能，包括事实上的不可能和法律上的不可能。我国其他一些地方对此也有类似的规定，但并不完全相同。② 总体来看，各地均强调在合同未履行或未能履行合同而使得土地、房屋产权转移不能实现的情况下，经审批准予

① “先税后证”的做法违反纳税义务运动过程的基本规律，是导致纳税义务溯及消灭问题复杂化的一个原因。这一规定在税收征管能力较弱的条件下为了降低征管成本，保障国家税收利益，确实有一定的必要性。但是随着税务机关对纳税人信息掌控能力逐渐增强和部门间信息沟通的便利，这一措施的合理性值得反思。

② 河北、黑龙江、四川、新疆、内蒙古等地规定，纳税人缴纳契税后，未履行所签订土地、房屋权属转移合同，申请退税的，经审核批准后，准予退税；北京、甘肃等地规定，纳税人缴纳契税后，土地、房屋权属转移未能实现的，经批准可准予退税。福建省规定，纳税人缴纳契税收，出售方（或出让、转让方）违约，在合同规定的期限内，无法提供土地、房屋权属交给承受方的，纳税人申请退税，经审核批准，可准予退税。纳税人违约，不履行所签订的土地、房屋权属转移合同的，不予退税。参见各地契税征收管理规定。

退税。从反面解释来看，对于合同已经履行完毕并实现权属转移的，则不可退税。而且，从规范内含的精神来看，退税的条件比较倾向于客观原因导致的合同未履行，而当事人尤其是纳税人（受让方）主观上不履行合同导致的权属转移未实现则不予退税（福建省的规定非常明确地体现出这一点）。

财政部和国家税务总局的有关文件对该问题也有类似的规定。首先，国家税务总局《关于办理期房退房手续后应退还已征契税的批复》（国税函〔2002〕622号）规定，对交易双方已签订房屋买卖合同，但由于各种原因最终未能完成交易的，如购房者已按规定缴纳契税，在办理期房退房手续后，对其已纳契税款应予以退还。这一规定中“由于各种原因最终未能完成交易”的范围显然比前述地方政府规章的范围有所扩大，既包括客观上的合同未能履行，也包括当事人主观上不履行合同。不过这一政策针对的是期房，对土地并不能当然适用。其次，财政部和国家税务总局《关于购房人办理退房有关契税问题的通知》（财税〔2011〕32号）规定，在未办理房屋权属变更登记前退房的，退还已纳契税；在办理房屋权属变更登记后退房的，不予退还已纳契税。这一规定更加明确地以是否办理权属变更登记作为判断是否退还契税的标准。不过，这一规定适用于本案仍然存在两个障碍。第一，该规定针对的还是房屋而非土地。尽管土地和房屋在《契税暂行条例》中一直是并列出现，表明其在税法上受到的是同等对待。但是从文义解释来看，房屋权属和土地权属不能等同，房屋契税政策也不能等同于土地契税政策。第二，权属变更登记是一个兼具公法与私法效力的行为，其效力发生的依据和逻辑各不相同，不能将这两种效力完全对应起来。作为一个私法上的物权行为，最直接的效力是私法上的物权变动效力。将一个具有私法效力的行为想当然地作为税法效力确认的唯一依据是不妥当的。原因在于，尽管私法行为可能产生公法效力，但是其法理基础是不同的。一个行为在私法上发生效力并不意味着在公法上也发生效力。税法效力并不当然以私法行为的效力作为依据，而是需要考虑税法自身的逻辑。

在以上两个文件之外，还有国家税务总局《关于无效产权转移征收契税的批复》（国税函〔2008〕438号），该文件指出："按照现行契税政策规定，对经法院判决的无效产权转移行为不征收契税。法院判决撤销房屋所有权证后，已纳契税款应予退还。"笔者认为，通过对这一规则的解释或许可以得到一些解决本案的思路。第一，该规则强调"经法院判决"，本案虽非经法院判决，但是属于仲裁裁决，二者具有同等的法律效力；第二，这里的"无效产权转移"应做广义解释，不限于《合同法》第52条所指的因违法而无效的行为，而是指不能产生物权变动效力的行为；第三，"不征收契税"表明该行为自始不属于契税的课税范围，因此不是导致契税纳税义务发生的应税事实；第四，该规定所阐述的"现行契税政策"并不专指房屋契税政策，因而土地权属变动也可以适用该项契税政策。结合本案而言，根据《合同法》第97条的规定，合同解除后，当事人可以要求恢复原状。那么，仲裁裁决解除《土地出让合同》必然使得土地权属转移无效，已纳契税应予退还。不过，仅以上述解释和推理来论证本案应当退税仍然不完全可靠。原因有两个：第一，该文件是国家税务总局发布的。在我国当前的税收政策与法律体系中，国家税务总局作为税收征管机关不能对实体税法义务作出规定；第二，该项规定的逻辑仍然是直接以私法行为的效力来判断税法效力的，没有体现出税法与私法之间的差异。

（三）纳税义务溯及消灭的制度逻辑：以应税行为变动为中心

纳税义务溯及消灭不独存在于契税之中，其他税种也有可能涉及该问题。但是对不同税种而言，溯及消灭的逻辑各不相同，这与税种属性有关。下面通过几个不同的税种法以及程序法中纳税义务溯及消灭的规范分析来寻找纳税义务溯及消灭的制度逻辑。

1. 流转税法中的纳税义务溯及消灭

流转税是对商品或者服务在流通环节课征的一种税。商品或者服务的流通一般表现为某种交易形式，如销售商品、提供服务等。增值税是最为常见的流转税，它是对商品或者服务在流通过程中产生的增值额为计税依据而征收的一种税。我国《增值税暂行条例实施细则》第11条规定：“因销售货物退回或者折让而退还给卖方的增值税额，应从发生销售货物退回或者折让当期的销项税额中扣减……”《营业税改征增值税试点实施办法》第32条规定：“因销售折让、中止或者退回而退还给购买方的增值税额，应当从当期的销项税额中扣减……”这说明，在增值税法上，如果因买卖合同解除而发生退货，相应的增值税应予退还。这一规定的法理在于，增值税是对商品或者服务流通中的增值额征收的，而增值额只能通过纳税人与相对人的交易来体现。合同作为交易的法律形式，一旦被解除，那么交易就不复存在，因交易而产生的作为课税基础的经济效果（增值额）也就消失了。纳税义务也因此而失去存在的基础。可见，增值税纳税义务因合同解除而溯及消灭。同样的道理也可以解释营业税、消费税纳税义务因合同解除而溯及消灭。

《营业税暂行条例实施细则》第14条规定：“纳税人的营业额计算缴纳营业税后因发生退款减除营业额的，应当退还已缴纳的营业税税款或者从纳税人以后的应缴纳营业税税额中减除。”这说明，在营业税法上，如果因买卖合同解除而发生退货，相应的营业税应予退还。[①]《消费税暂行条例实施细则》第23条规定：“纳税人销售的应税消费品，如因质量等原因由购买者退回时，经机构所在地或者居住地主管税务机关审核批准后，可退还已缴纳的消费税税款。”这说明，在消费税法上，如果因买卖合

① 尽管随着“营改增”的全面推行，营业税法实际上已经不再发挥作用，但是其中蕴含的法理对于理解纳税义务的溯及消灭以及解决本案的争议仍然是有价值的。

同解除而发生退货，相应的消费税应予退还。可见，在流转税法上，由于合同解除而发生的退货退款，税款应予退还。也就是说，合同解除会导致流转税纳税义务溯及消灭。由于流转税是针对一般动产交易课税的，而一般动产的物权变动是以交付作为生效要件的。从上述规定中也可以看出物权变动的效力不影响纳税义务的溯及消灭。

2. 财产税法和所得税法中的纳税义务溯及消灭

国家税务总局《关于车船税征管若干问题的公告》规定："已经缴纳车船税的车船，因质量原因，车船被退回生产企业或者经销商的，纳税人可以向纳税所在地的主管税务机关申请退还自退货月份起至该纳税年度终了期间的税款。"根据《车船税法》第1条的规定，车船税的应税事实是对车船享有所有权或者管理权。在解除合同而发生退货的情形下，车船因被退回生产企业或者经销商，原车船所有人不再享有车船的所有权，车船税课税的经济效果不复存在，纳税义务则溯及消灭。

同样的道理也可以用来解释所得税纳税义务的溯及消灭。以对劳务所得征收个人所得税为例，若某甲与他人签订劳务合同，预先获得对方支付的劳务报酬。根据《个人所得税法》应当缴纳个人所得税。后来甲因故未能向对方提供劳务，提出解除劳务合同并退还劳务报酬，则对该劳务报酬征收的个人所得税也应当退还。

3. 车辆购置税法中的纳税义务溯及消灭

之所以单独讨论车辆购置税法的规定是因为这是与契税属性最为近似的一个税种法。首先，这两个税种的纳税人都是权利承受方，都以取得权利作为纳税义务发生的应税事实；其次，尽管车辆购置税针对的是动产权利而契税针对的是不动产权利，但是车辆与房屋、土地等不动产在物权变动上都遵守同样的规则，即以权属变更登记为生效要件。在发生解除合同及"退货"的情形下，有关退税的原理也是相同的。

《车辆购置税暂行条例》并没有规定车辆购置税的退税，而《车辆购置税征收管理办法》对此有明确的规定。该《车辆购置税征收管理办法》在2006年实施之后于2015年被新的《车辆购置税征收管理办法》代替。根据2006年1月1日生效的《车辆购置税征收管理办法》（国家税务总局令第15号）第22条的规定，已缴纳车辆购置税而准予退税的情形之一为“因质量原因，车辆被退回生产企业或者经销商的”。该规定被废止后，取而代之的是2015年2月1日生效的《车辆购置税征收管理办法》（国家税务总局令第33号），根据其中第15条的规定，已缴纳车辆购置税的车辆，车辆退回生产企业或者经销商的，准予纳税人申请退税。比较而言，新办法取消了“因质量原因”的限制，这无疑扩大了解除合同的范围。也就是说，无论何种原因，只要发生车辆退货，都可以申请退税。特别值得注意的是，新办法第16条第2项还规定了“已办理车辆登记注册”在申请退税时“提供原完税凭证、完税证明正本、公安机关车辆管理机构出具的机动车注销证明”。这说明机动车办理登记之后解除合同并退货，仍然可以发生车辆购置税纳税义务的溯及消灭。

4. 程序税法的规定

我国现行《税收征管法》对于纳税义务溯及消灭的退税问题没有明确的规定。不过，《税收征管法》第3条规定：“税收的开征、停征以及减税、免税、退税、补税，依照法律的规定执行；法律授权国务院规定的，依照国务院制定的行政法规的规定执行。”其中的“退税”理应包含纳税义务溯及消灭而发生退税的情形。这种退税的独特性在于它涉及税收债务关系自身的存在问题，是国家与纳税人之间宪法关系的体现，[①] 也考问着课税权的法理基础和制度逻辑。即使是在承认我国现行税收授权立法合理性的条件下，至少国务院制定的行政法规方能对退税作出规

① 参见苗连营：《纳税人和国家关系的宪法建构》，载《法学》2015年第10期。

定。因此，前文援引的相关税收政策在形式上可能都面临效力层级的问题。不过，笔者认为，不能以立法上的缺失或者效力层级低为理由一概否认上述文件的合理性与效力。尽管税收法定原则要求税法首先要具备法定的形式（即法律渊源），但是从实质上看，税法规范自身的逻辑体系更为重要。上述部门规章或者文件尽管不属于税收法定意义上的“税法”，但是必须正视其所包含的课税逻辑和实质规范功能。我国目前有关纳税义务溯及消灭的规范几乎都不能满足《税收征管法》第 3 条所要求的效力层次，在内容上也存在冲突。从法教义学的立场出发，首先需要明确哪些规范构成了我们理想中的税收法定秩序，并以此作为目标对现行税法规范进行解释或者批判。需要注意的是，并非所有的实定法规范都具有正当性。如果某个实定法规范与整个实定法秩序的规范体系发生冲突，就必须对这一规范给予批判。① 因此，从程序法的角度来看，我国现行税法中关于纳税义务溯及消灭规范的效力应当予以认可，但是对于规范本身的正当性则需要区分判断。

5. 小结

法律的外观是条款文字，其内涵则是实定法所欲构建的秩序。任何法律规范都不是简单的强制而是依靠逻辑所形成的说服力。从对现行税法规范的解释和批判中，我们可以发现并整理纳税义务溯及消灭的一般原理，并借此提出对所有税种都适用的普遍性规范的逻辑基础。

首先，我们应当承认一个前提性的共识，即纳税义务的发生是基于法定的应税事实，应税事实是纳税义务发生的前提，如果法定的应税事实不存在或者消灭，那么纳税义务也就失去了发生的基础。纳税义务并非一经发生就永远不能变更其效力。应税事实的嗣后被撤销是应税事实消灭的一种特殊形式，它使得应税事

① 参见凌斌：《什么是法教义学：一个法哲学追问》，载《中外法学》2015 年第 1 期。

实的经济效果不复存在，国家课税的基础也就随之消灭。有学者指出，“税收之债发生后，原则上即具有不可溯及变更和消灭性，这是税收法定性的必然要求。应税事实就是事实上的经济关系，这种事实上的经济关系一旦已经发生，便不再能够溯及地加以改变。凡是已经发生的事情，便已经发生”。[①] 不过，无论公法还是私法，不溯及既往的原则从来都有例外。一般而言，在法律效力上以不溯及既往为原则，溯及为例外，不溯及既往原则是从法治国家原则中的法之安定性及信赖利益保护原则导出[②]。之所以会发生溯及既往的特别效力乃是为了保持法律效力的正当性基础。“事后得依法律行为或依法律溯及的废止或改变其物权上的效力，则其废止或改变足以影响已发生之税捐债务。”[③]

其次，税法上的应税事实往往与私法上的法律行为具有紧密的联系，有时甚至就是同一个对象。但是税法的关注点与私法显然不同，因而效力规则也就不同。私法强调当事人意思自治，只要是当事人真实的意思表示且不违反法律和社会公共利益时，即赋予其肯定性的效力，以保障基于私人意愿的权利义务安排的稳定性，进而形成私法秩序。税法则更为重视应税事实所具有的经济效果，表现为当事人通过应税事实所取得或者保有某种财产利益。我们承认国家课税是对私人财产权的限制，那么限制的前提应当是纳税人对其财产享有经济利益。这种经济利益如果由于某种原因嗣后丧失，却仍然维持课税效果，则此课税的正当性应当受到质疑。

最后，就本章所讨论的案例而言，《土地出让合同》作为债权关系本身并不能引发契税纳税义务的发生，以该合同签订的时

---

① 参见施正文《税收债法论》，中国政法大学出版社 2009 年版，第 249 ~ 250 页。

② 参见陈清秀：《税法上法律不溯及既往原则》，载《税法之基本原理》（增订三版），植根法律事务所丛书（一）1997 年版，第 151 ~ 152 页。

③ 黄茂荣：《税捐法论衡》，台湾植根法学丛书编辑室 1991 年版，第 29 页，转引自施正文：《税收债法论》，中国政法大学出版社 2009 年版，第 250 页。

间为契税纳税义务发生的时间破坏了契税应税事实的规范性，因此《契税暂行条例》第 8 条的规定不具有合理性。另一个关键性的因素是该合同已经履行完毕，受让方已经通过权属变更登记取得了土地使用权。从合同法理论来看，已经履行完毕的合同仍然可能发生解除和债权债务关系溯及既往消灭。根据合同性质和履行状况来看，该《土地出让合同》的履行内容并非不可返还。经仲裁裁决解除合同之后，国土局注销了其权属登记，并返还了土地出让金，合同已经溯及消灭。这种后果就如同流转税中的货物退回。在民法学界，退货在法律上通常被认定为合同解除，而且产生债权债务关系溯及消灭的后果。[①] 当然，这并非意味着纳税义务溯及消灭必然与合同或者物权的溯及消灭同步，而是上述私法关系的溯及消灭使得纳税人通过应税事实所获得的经济利益也在客观上发生了溯及消灭。这是本案中契税纳税义务得以溯及消灭的根本理由所在。

（四）关于课税要素与税收法定的思考

由于我国税法体系不够健全，目前我们还不能以严格的税收法定原则来评价具体的税案。当下的“税法”概念只能是广义的，即除了狭义的法律之外还包括行政法规、地方性法规、部门规章、地方政府规章以及财政部和国家税务总局的各类文件。从实质上说，这些“税法”都具有规范的功能，都需要认真对待。从本文所援引的规范来看，既有关于契税的各种法规、规章和文件，也有其他税种法。笔者的一个基本理念是，纳税义务溯及消灭所引发的退税问题是税法中的普遍性问题，对其讨论不应当局限于个别税种法的规定，而应当从“总则”的角度来审视。只有在一般法层面上构建起纳税义务溯及消灭的退税规则，在处理具体案件时才能于法有据。

落实税收法定原则不能局限于立法层面，“纸面上的法”和

---

① 参见崔建远：《退货、减少价款的定性与定位》，载《法律科学》2012 年第 4 期，以及崔建远：《解除效果折衷说之评论》，载《法学研究》2012 年第 2 期。

“行动中的法”要一并推进。将纳税义务溯及消灭的退税问题置于整个税法秩序体系中来看待，这意味着，立法者和司法者都要受到约束和限制，不得随意剥夺纳税人在纳税义务溯及消灭条件下的退税请求权。这也是税收法定作为宪法原则的实质性要求。在本案判决书中，法院指出：“……对于权属已经转移的情形，上述文件也没有体现可以退还契税的精神。本案中，涉案土地使用权已经完成权属登记，权属已经转移，故根据税收法定原则，结合上述文件精神，被上诉人江东地税局不退还契税并无不妥。”从中可以看出法院判决的两个依据：第一，“权属已经转移则不退税”，这与本章提到的国家税务总局《关于购房人办理退房有关契税问题的通知》（财税〔2011〕32号）的规定相一致。尽管法院在判决中没有援引该文件的规定，但是从时间来看，法院很可能知道这一文件的内容。第二，税收法定原则。但这显然是架空或者误读税收法定原则。如果我们满足于形式上的落实税收法定原则，那么上述文件的规定以及类似判决就还会出现。

本案的启示还在于，现行的税法规范和司法判决体现出一种强烈的维护国库的国家主义立场，因而税法在很多方面体现出征管便利和强化国家税收利益的规范宗旨。在现代税法的理念中，纳税人权利保护的诉求日益凸显，应当在税收立法、执法和司法中充分重视纳税人权益保障，税法变迁应当由保障国家税收的国库主义向兼顾纳税人利益与国家利益的协调主义转型。

五、对我国税收立法的反思与规范制约税收立法权的政策与法律建议

税法上对课税要素理论研究不够深入，这导致我国税收立法中存在诸多不足，特别是对课税要素的功能及其法律效力的忽视，税收立法中的法治思维还不够清晰。在国家与纳税人、人大与政府的关系上，权力的规范化配置必须建立在深刻理解课税要

素法律意义的基础之上。落实税收法定原则的改革任务不应当仅仅局限于形式上提升税法规范的层次，更为根本的是对课税要素的恰当安排。

（一）对我国税收立法的反思

我国当前的税收立法对课税要素理论重视不够，而仅仅将其作为税制设计的技术性规范，忽视了课税要素所具有的法治意义。在实践中，无论是作为顶层设计的《立法法》修改还是作为具体制度的财税部门制定的政策文件都没体现应有的法治精神。与此形成对照的是学者们在理论上对税收法定过于苛求的理想化，甚至存在一些误读和误解。

1. 对《立法法》第 8 条修改的评析

根据 2001 年的《立法法》第 8 条的规定，基本经济制度以及财政、税收、海关、金融的基本制度只能制定法律。这是关于税收法定原则的最明确的规定，但是它的不足是过于简单。在 2015 年《立法法》修正案（草案第 1 稿）中，该条文被修改为：税种、纳税人、计税依据、税率、税率和税收征收管理等税收基本制度只能制定法律。我们可以看到，其中包含了 6 个要素。但是在随后的《立法法》修正案（草案第 2 稿）中，该条文被修改为：税种的开征、停征和税收征收管理的基本制度只能制定法律。显然，这里只包含了 3 个课税要素，税收法定的涵义被大大简化了。在最终通过并生效的《立法法》修正案中，该条文的表述是：税种的设立、税率的确定和税收征收管理等税收基本制度只能制定法律。这是草案第 1 稿和第 2 稿的折中和妥协方案。从理论准备来看，这次《立法法》修改也暴露出关于税收法定和课税要素理论研究的不足。尤其是实体法层面上，税收法定所包含的课税要素法定究竟应当如何界定？具体而言，哪些要素必须由法律规定？哪些要素可以由政府掌控以作为宏观经济调控的工具？正是由于对上述问题缺乏深入的思考，我们在面对课税要素法定的关键立法环节上未能给出具有说服力的解释。

2. 对几个财税文件的简要评析

在我国税收领域，财税部门发布的财税文件对课税要素也多有涉及。其中，大部分财税文件是以税收优惠为内容的。由于税收优惠不影响纳税义务的发生，并且是有利于纳税人的安排，没有必要坚持法律保留，可以由政府部门依规决定。故不存在正当性的疑问。然而 2014 年底发布的财税〔2014〕93 号、106 号和 2015 年发布的财税〔2015〕11 号三个文件连续提高成品油消费税税率，引发社会关注。《消费税暂行条例》第 2 条第 2 款授权国务院调整消费税税率，但是作为法定课税要素的税率在做出增加纳税义务的调整时没有坚持法定原则，存在明显的不当。2015 年发布的财税〔2015〕16 号文对电池、涂料征收消费税的文件触及了消费税的应税行为，使得原本无须缴纳消费税的生产、委托加工和进口电池和涂料的非应税行为引发了纳税义务，是创设纳税义务的行为。《消费税暂行条例》第 2 条第 2 款的税目调整授权国务院的规定也不能作为该文件的正当性依据。财税〔2015〕41 号文第 1 条规定："个人以非货币性资产投资，属于个人转让非货币性资产和投资同时发生。对个人转让非货币性资产的所得，应按照'财产转让所得'项目，依法计算缴纳个人所得税。"也涉及对应税行为的规定，创设了新的纳税义务。

（二）规范制约税收立法权的政策与法律建议

在我国现阶段，落实税收法定原则，规范制约税收立法权的改革任务应当从两个方面展开：第一，在形式上完善税法，包括提升税法的效力层级，逐步取消立法授权并修改现行税法中对行政机关不合理的课税要素调整权；第二，在实质上，以纳税义务作为判断标准来制约税收立法权。凡是通过变动课税要素增加纳税人义务的，必须经由全国人大及其常委会以法律修改的方式进行；通过变动课税要素减轻纳税人义务的，可以由行政机关在法律授权的范围内依法决定。在各项课税要素中，纳税人和应税行为的法定化程度应当是最高的，只有法律才能设定。因为应税行为范围的扩大意味着创设了新的纳税义务，是增加纳税人负担的征税行为，其效果等于开征新税。[①] 税基、税率和税收优惠的调整只能减轻而不能增加纳税义务。

① 这里的开征新税是从纳税义务角度说的，并非是指开征新的税种。

第三章　程序性税法理论与制度的问题研究

程序性税法是与实体性税法相互配合以确保税收法治化的一种规范类型。在税收之债理论之下，程序性税法的定位始终未能摆脱行政法的范畴，因而在整个税法日趋独立的发展过程中处于相对落后的位置。现代法学理论与制度的进步给程序性税法的突破带来的重要的理论和实践资源。特别是在当前我国财税体制还不够完善的背景下，从某种意义上说，《税收征管法》其实承担着税收基本法的功能。在这个特定的阶段上，我国《税收征管法》的修改应当积极借鉴法学理论和制度发展的成果，以契约化的理念来推动税收程序的制度转型，将税收征收程序从以管理为主线的单一维度拓展为协商、服务与管理相结合的三重维度，实现国家税权与纳税人权利的程序性协调。

一、财税体制科学化视角下的程序性税法

财税在一国治理体系中绝不仅仅具有经济上的意义而是处于上通下达的枢纽位置，是国家政治清明、民生保障和社会稳定的基石。政治家认为，一个国家的财政史是惊心动魄的。如果你读它，会从中看到不仅是经济的发展，而且是社会的结构和公平正义的程度。① 学者则将其视为上关国运兴衰，下系人民福祉的

① 《在十一届全国人大一次会议记者招待会上温家宝总理答中外记者问》，新华社北京2008年3月19日电。

"顶天立地"之法。[①] 这些深刻的认识是我们在改革开放、市场经济以及依法治国的背景下不断探索而得出的宝贵经验。财税之重要性及其在国家治理中的地位被认知和揭示乃是中国改革全面深化的基本前提。党的十八届三中全会在《中共中央关于全面深化改革若干重大问题的决定》中指出："财政是国家治理的基础和重要支柱，科学的财税体制是优化资源配置、维护市场统一、促进社会公平、实现国家长治久安的制度保障。"税收在整个财政过程中处于独特而重要的地位。这不仅由于其收入数额之巨、所占比重之大，更在于它是一条贯通国家与纳税人在社会财富分配过程中的一条"经脉"。在税法的制度结构中，相对于包含复杂课税要素的实体规则而言，纳税人直接感知的是程序规则的效力。因此，税收程序是税法运行的最直观的法律形态。

在我国，1993 年开始实施的《中华人民共和国税收征收管理法》（以下简称《税收征管法》）是最主要的税收程序法。在10 年里，《税收征管法》历经"两小一大"的三次修改[②]，其修法的理念基本延续了传统行政管理的思维模式。当前的税收程序主要还是以税务机关为主导的征税程序，纳税人始终处于"义务人"的被动地位。进入 21 世纪以来，公共财政、税收法定、预算公开等理念不断被普及整个社会。人们对税收的认识不再局限于税务机关单方权力的框架之中，而是更多地关注纳税人本身在税收中的权利。税收程序无疑在这种观念之下处于首要位置。在此背景之下，我们应当如何看待税收程序的法律地位？它与税收实体法是何种关系？特别是如何认识税收程序及其制度在财税

① 参见刘剑文：《追寻财税法的真谛》，法律出版社 2009 年版，第 4 页。

② 这三次修改分别是 1995 年第八届全国人大常委会第十二次会议通过的修改决定，内容是关于发票管理的规定；2001 年 4 月 28 日第九届全国人大常委会第二十一次会议通过的修改决定，内容涉及纳税人权利、协税责任、发票管理、企业合并分立的税款清缴以及税收信息化建设等，这是一次规模较大的修订；2012 年 6 月 29 日第十二届全国人大常委会第三次会议通过的修改决定，内容是关于当日办理税务登记的规定。

法中所处地位？本章试图通过对这些问题的回答来提炼相关的税法理论，并从财税体制科学化的角度关注税收程序的制度建构，在此基础上为我国的《税收征管法》修改提供学术上的参考意见。本章第一部分通过一般性的法理分析来矫正税收领域中“重实体，轻程序”的偏见，并且从科学的财税体制的角度提出我国税收程序法的特殊意义。第二部分通过对税收实体法与程序法的关联性进行分析，从我国当前的税收制度现状出发来进一步强调程序税法的地位。第三部分具体结合我国《税收征管法》的修改，从理念原则和制度规范两个层面来分析修法所应关注的问题，最后是一个小结，不过还是试图提出未来税收程序法治化进程的一个趋势，期待一种更加注重纳税人参与、民主协商等元素的税收法律制度建设，在科学的财税体制目标指引下，推动税收程序的契约化。

(一) 财税体制科学化视野下的税收程序法

现代税法学一般认为，实体法和程序法是税法制度的基本结构，并且一般把实体税法作为税法的核心。这种观念其实是受过分迁就于税收之债理论而产生的一种局限。首先，税收之债理论自 19 世纪初在德国产生之后对日本以及我国台湾地区的税法理论和制度产生了重大的影响。我国大陆学界也将其作为税法学的一个重要理论范畴。税收之债理论的意义主要在于使得税法学摆脱了行政法的附庸地位而走上独立发展的道路。不过，税收之债理论并没有贯彻到整个税法领域，自其产生以来始终存在着“二元论”的可能。也就是说，“税收债务”的概念是对实体性纳税义务的性质判断，只具有实体税法意义而不能及于税收程序。迄今为止，理论界普遍认为，税收程序法主要还是属于行政法的范畴，甚至有些观点还停留在传统行政法的阶段。其次，实体与程序二分的制度结构并非税法所独有，民法与民事诉讼法、刑法与刑事诉讼法、行政法与行政诉讼法皆是实体与程序的二元结构。但是在这些领域，并没有以实体法为核心的理论。两种类型的制度所解决的是不同的问题。区别也许仅仅在于实体法所规定的实体权利义务对当事人具有更为根本的影响。不过，正如“没有救济就没有权利”所揭示的一样，程序性制度是确保实体权利义务得以实现的基本途径，对于当事人而言，其首先感受到的往往是程序性上的权利和义务。唯有经由程序才有可能获得实体性权利和义务所带来的利益或者约束。可见，把实体税法作为税法的核心而构建起来的税法学不仅在范畴上不够完整，而且在结构上不能保持平衡，不符合财税体制科学化的要求。

科学的财税体制首先要有利于国家治理，夯实国家治理的基础。“财政为庶政之母，税收乃财政之源”所揭示的正是财税体制在一国治理中的重要地位。财税体制的疏漏所导致的不仅仅是财税领域的问题，而是会波及整个国家治理体系之中，降低其有效性。在依法治国的背景下，国家治理所凭借的是良好的法律制度。因此，对任何财税体制的评价都可以从法治化的角度作出。从法律的角度来理解，科学的财税体制应当具有体系完整性、结构合理性、原则明确性、规范逻辑性等五大要素。[①] 以此为对照，我国当前的财税法律制度可以说距离科学的财税体制的目标尚远。应当看到，这种现状不可能通过一蹴而就的方式得到解决，必然要经历一定的过渡阶段。尤其是在作为宪法性法律的“税收基本法”尚付阙如的情况下，需要在现有制度的基础上逐步寻找财税体制科学化的法律路径。在税收实体法方面，要通过立法适时提升税收实体规则的法律级次，落实税收法定原则；在税收程序法方面，特别是对《税收征管法》的修改则需要兼顾税收基本制度与程序性制度，不能将此次修法仅仅当作是一种技术规则上的改进，而必须走向理念转型之下的规则再造，以此来铺平财税体制科学化的法律路径。

（二）对我国《税收征管法》地位的基本认知：从税收实体法与程序法关系的视角

1. 税收实体法与程序法在内容上是一种互相融合的关系。

① 参见刘剑文：《重塑半壁财产法》，法律出版社 2009 年版，第 99 页以下。

对纳税人而言，税种法是一种实体性规范，而税收征管法则是程序性规范。在现代法律制度中，实体规范与程序规范同时出现在一部不可分割的法律之中也是很常见的现象。在实体税法中，纳税义务的构成要件（课税要素）是其核心规范，包括纳税人、课税对象、税基、税率等。如果我们把这上述要素按照法律规范的逻辑结构进行转化会发现，其实要判断一项纳税义务是否成立只需要前两个要素，即纳税人和课税对象。也就是说，在一项可能涉税的事实中，如果我们能够确定主体和行为两个方面，那么就可以做出是否发生纳税义务的判断，纯粹的实体性内容到此为止。税基和税率是用来确定纳税义务的具体数额，这不仅与实体而且与程序相关。至于纳税时间、纳税地点等要素则属于纯粹的程序性规则，但是也会出现在实体税法当中。①

2. 税收实体法与程序法在功能上是一种并驾齐驱的关系。法律制度的功能在于保障法律关系所要求的内容即法定的权利和义务进行合法的变动，一般包括发生、变更和消灭。在税收法律关系中，从具体的实践角度来观察，一项纳税义务的常规运动过程经历了成立（发生）、确定和履行三个阶段。其中，第一阶段即纳税义务的发生具有明显的实体性特征，它决定着纳税义务是否存在，解决的是当事人在实体上是否对国家负担财产性义务的问题。在此阶段上，我们所做的判断是纳税人的行为是否符合实体税法所规定的纳税义务的构成条件（课税要素），因此纳税义务是纯粹的实体性义务，一般不涉及程序的问题。而在此后的两个阶段上，纳税义务的运动需要实体性和程序性两类规则同时发挥作用。在纳税义务的确定上，首先要选择确定纳税义务的方法，如究竟是自行申报还是由征税机关进行核定等。其次，申报

① 例如，我国的实体税法中对纳税时间和纳税点都有规定。这种实体规则与程序规则混合的一个原因主要是对于不同的税种而言，不同的程序性要素是有区别的，无法在一部税收程序法中作出统一性的规定，因此出现了这种现象。从另一个角度来理解，这也是法律规范与法律文件的区别，即一部法律文件以实体法为主但是也可能包含程序规则，这些少量的程序规则不会影响整个法律文件的实体性。

或核定的具体方法要按照法定的步骤展开。所有这些都属于程序法要解决的问题。纳税义务的确定结果决定着纳税义务的有无和轻重，因此与纳税人的实体义务有关，也需要实体规则发挥作用。在纳税义务的履行阶段，纳税人将确定的纳税义务范围内的税款向法定税务机关缴纳，从表面上看其指向的是纳税时间和纳税地点等程序性要素，而在实体法上则是作为实体性权利的财产权的转移，发生实体性的法律效果。可以看出，在一个具体的税收法律关系中，要实现纳税义务的完整运动过程都需要同时以实体法和程序法为依据，离不开两类制度功能的发挥。从这个意义上看，实体法和程序法在一个动态的法治过程中是并列关系。在更为根本的原理上说，法律的实施不仅是一种观念上的权利义务的判断，同时也是实在形态的客观要求。前者依赖实体规则结构，后者则倚重程序规则步骤。

3. 税收实体法与程序法在实效上是一种彼此依赖的关系。税收实体法是判断纳税义务是否成立的基本依据。根据税收法定的原则，对于税收实体法而言，在立法模式上采取的是“一税一法”的方式，即每一种税都对应一部法律。任何一项具体纳税义务的法源即为特定的税种法。当该税种法所规定的课税要素全部具备的时候，纳税义务始得成立。此时的纳税义务还处于抽象状态，仅具有形式上的拘束力，尚不具备实质的拘束力，也不发生履行上的效力。也就是说，税收实体法并不能保证纳税义务获得事实上的履行，因而也就不能保证国家税收收入的实现。税收程序法衔接实体法所产生的法律效力，通过税收确定程序和税款征收程序来赋予纳税义务以实质上的法律约束力，而法律实效的评价标准主要来自于实质效力。不过，税收程序法必须以实体法的形式效力为前提，没有根据实体法判定的已经成立的纳税义务，法定的税收程序不得启动。法律的形式理性和实质正义是在实体规范与程序规范的双重约束下发挥作用，最终达致客观上的法律实效。

（三）我国《税收征管法》的理念变革与规则改进

《税收征管法》是我国重要的税收程序法，但又不仅仅是一部程序法。从某种意义上说它在内容上超越了税收法律的范围，甚至可以说具有宪法上的意义。这是基于我国当前税法制度现状的判断，也是修法所应当考量的前提。“宪法”因素和“程序”因素是我国《税收征管法》中两个重要的方面，而这两个因素其实都与一个基本的范畴——契约直接相关。宪法是契约论的一个主题，甚至有学者直接使用“作为契约的宪法”来表达从契约到宪法的政治过程。[①] 而现代公共选择理论的契约主义已经把整个政治制度看作一个交换过程，作为规则的宪法无疑是一个协议的客体，它是被“作为契约理想的一致同意”。[②] 作为具有宪法意义的税收制度，毫无疑问可以看作契约的内容之一。而从程序来看，正当程序理念所包含的两个基本内容便是“听取对方意见”和“不能做自己案件的法官”。在税收领域，正当程序原则体现为税收征管的公开和纳税人参与的要求。“受征税权力运行影响的人应有权参与征税权力的运作过程，并对征税决定的形成过程发挥有效作用。”“征税相对人对已影响自己权利义务的征税决定，除了享有在事后通过征税内部监督或法院救济的权利外，更应在事前、事中参与影响其权利的决定的制作过程，有权提出抗辩。”[③] 所有这些都可以表明，包括税收程序在内的几

---

① Daniel J. Elazar, “Constitutions as Covenants”, Covenant & Constitutionalism, New Brunswick, Transaction Publishers, 1998, pp. 75 – 96. 转引自于立深：《契约方法论——以公法哲学为背景的考察》，北京大学出版社 2007 年版，第 133 页。

② Daniel J. Elazar, “Covenant & Commonwealth”, New Brunswick, Transaction Publishers, 1996, p. 4. 转引自于立深：《契约方法论——以公法哲学为背景的考察》，北京大学出版社 2007 年版，第 134 页。

③ 闫海主编：《税收征管的法理与制度》，法律出版社 2011 年版，第 10 页。

乎所有法律程序完全可以借助契约术语加以解释和说明。[①]在上述理念之下，税收程序也存在着一种契约化的可能。结合我国《税收征管法》修改的实践，可以从以下几个方面来尝试这种契约理念的实践化形态。

1. 要将现行《税收征管法》作为具有基本法性质的税收程序法来看待

如前所述，一个科学的财税体制需要一个体系完整的财税法律制度，其中首先应当有一部贯穿整个税收工作过程的基础性法律制度。对于税法而言，就是要以税收基本法，或者税法通则来发挥这种提纲挈领的作用。由于税收对于国家具有重要的意义，特别是它还涉及私人财产权的保护，应当在一国宪法中有所体现。而"税收基本法"则是位于宪法之下，具有宪法性法律的特点。[②]尽管我国自20世纪90年代就开始就已经形成了这种共识并且开始起草《税收基本法》，不过由于整个社会缺乏对税收法治重要性的认识以及立法经验的欠缺，该法至今尚未进入实质性的立法程序。在这种背景下，形式上的体系缺失就需要通过功能的合理分配来予以弥补。作为税收实体法的各税种法显然无法担当这一重任。因此，普遍适用于几乎所有税种征收的《税收征管法》在实际上发挥着税收基本法的作用。从其现有的内容来看，在第一章"总则"中，第3条规定了"税收的开、停、减、免、退、补必须依法执行"；第4条规定了"纳税人"的概念；第11条规定了税务机关内部职责的分工和相互制约。这些都是对整个税收事项具有普遍意义的内容，绝非一般的程序性规

① 参见于立深：《契约方法论——以公法哲学为背景的考察》，北京大学出版社2007年版，第140~141页。不过，需要注意的是，以契约来解释或者隐喻法律制度的时候，它已经超越了私法上的普通契约的范畴而主要体现为一种公法契约。因此我们不能生硬地套用私法契约中的概念去解释税收程序。

② 关于宪法性法律的论述，参见马岭：《宪法性法律的性质界定》，载《法律科学（西北政法学院学报）》2005年第1期。根据其所归纳的宪法性法律的内容来看，税法无疑应该属于宪法性法律的范畴。

范，而是属于基本制度的范畴；其功能显然不仅局限于税收征管程序的范围，而是具有“税收基本法”的特征。因此，我们必须看到并且承认这样一个事实，即现行的《税收征管法》在内容上是一部具有综合性的法律规范。在修法的过程中，可以考虑进一步融入一些具有税收基本法属性的内容，包括税法的基本原则、纳税人权利、纳税义务的变动等内容。①

2. 要推动现行《税收征管法》从“管理法”“技术法”向“服务法”和“权利法”转型

从制度结构来看，现行《税收征管法》仍然是一部突出征管技术并强调对纳税人进行管制的“技术法”和“管理法”。在第二章“税务管理”中，其所包含的“税务登记”、“账簿、凭证管理”与“纳税申报”在性质上是不相容的。纳税申报应当属于纳税义务的确定程序，而税务登记和账簿、凭证管理则属于一般的程序性管理，它们不是一个层次上的问题。在第三章“税款征收”和第四章“税务检查”中也过分强调了征税机关单方的权力，而没有注意纳税人在这两个程序中的参与，而在第五章“法律责任”中对纳税人责任追究严格而权利保护不够。我们能够理解税务机关需要比较有力的执法手段来实现“依法征税”的职能。不过，作为规范征税机关和纳税人基本关系的《税收征管法》不能只顾授权而忽视对权力的限制。只授予职权而不预设程序，那就是允许行政机关可以随意行事。由于行政是一种公权力，直接关系国家和公民的利益，如果允许行政机关可以随意行使行政职权，那将是很危险的。②《税收征管法》既然是一部程序法，那么就应当强调对征税机关权力行使的规范性，特别是要注重通过程序来限制权力。更为关键的是，税收程序的

---

① 参见刘剑文：《中华人民共和国税收基本法（专家稿）第二稿大纲》，载《财税法专题研究》（第二版），北京大学出版社 2007 年版，第 263 页。

② 参见应松年：《行政程序立法的几个问题》，载《湛江师范学院学报》2005 年第 2 期。

核心过程在于纳税义务的确定，因此税收的确定程序应当具有独立的地位。但是现行《税收征管法》在程序的结构上没有以税收确定程序为核心，而是以“税务管理”、“税款征收”和“税务检查”为主体，而没有突出“纳税申报”的重要地位，也没有规定与之密切相关的“纳税评估”制度。纳税申报制度的确立意义在于将税收程序从由征税机关主导转化为纳税人为主的过程。通过纳税人自我申报而实现的“自我课赋”成为税收的基本理念，征税机关在这一过程中承担的只是协助纳税人确定具体应纳税额的服务性工作。税收程序性质就发生了根本性的变化，其“权利法”和“服务法”的特点将更加明显。从一些西方国家的经验来看，税收征管已经逐渐向税收服务转型，并且收到了良好的效果。①

3. 要在《税收征管法》中进一步突现纳税人权利保护

我国税收征收管理制度自1986年的《中华人民共和国税收征收管理暂行条例》以来，经过多次的制度变革，其中包括1992年第七届全国人大常委会审议通过的《中华人民共和国税收征收管理法》以及后来的历次修改。但是直到2001年第九届全国人大常委会进行的一次大规模修改才将纳税人权利保护的理念吸收入法。可以说，税收征管法长期以来被当作一种“管理法”乃至“管制法”，以保障国家税收收入足额入库为主要宗旨。学界一般将这种征管法称为纯粹的“征税之法”，与之相对的“纳税人权利保护法”则位于理想的彼岸。我国台湾学者葛克昌认为，稽征机关之任务，不在国库收入，而在依法治国原则，此由于稽征机关系公共利益之代表人，就该管行政程序，应于当事人有利、不利情事一律注意（《行政程序法》第9条）。将稽征机关之任务，误认为系国库收入，主要源于将私法债权人思维模式套入公法债权之中，以国库作为私益代表人（债权人）

① 参见王鸿貌：《当代世界各国税收征管改革的最新趋势》，载刘剑文主编：《财税法论丛》（第11卷），法律出版社2010年版，第210、215页。

身份与纳税人（债务人）对立，私法债务人之任务在于争取其个人利益，国家则争取国库利益。实则，稽征机关系基于公法为公共利益代表人，其任务在于依法平等核定征收公法债权，实现纳税人间负担公平，使市场经济不受公权力的不当干扰。[①]可见，在税收程序中，征税机关的主导性地位是导致纳税人权利保护不受重视的一个重要原因。这是传统的管理型政府给税收程序造成的不利影响。与之相对的是现代的服务型政府理念。其要害在于建设对基本人权和对政府权力约束都有明确设定的政治秩序，体现在《税收征管法》中，就应将保护纳税人的合法权益和为纳税人服务提高到更为突出的地位。[②]其中，最典型的是现行《税收征管法》第88条中所规定的纳税人权利救济程序，“纳税人、扣缴义务人、纳税担保人同税务机关在纳税上发生争议时，必须先依照税务机关的纳税决定缴纳或者解缴税款及滞纳金或者提供相应的担保，然后可以依法申请行政复议；对行政复议决定不服的，可以依法向人民法院起诉”。这条规定被学者批评为“花钱买救济”。司法程序是纳税人权利可以获得的最后救济，而税务机关却对此设置了双重的限制。这种明显不合理的程序设计所反映出来的是对纳税人权利的轻视，应当予以废除。可以想见，如果取消了上述限制，那么就税款所发生的争议可以直达法院，通过司法审判来给纳税人的权利和义务以最终的确认，这在税收法治的进程上是重要的一步。

（四）国家治理语境下的税收程序契约化

国家的征税应当从传统的行政管理走向现代化的国家治理。俞可平认为，“治理”一词的基本含义是指在一个既定的范围内运用权威维持秩序，满足公众的需要；治理的目的是在各种不同

---

① 参见葛克昌：《行政程序与纳税人基本权》，北京大学出版社2005年版，第59页。

② 参见樊勇、赖先云：《现行〈税收征管法〉中需要修订的若干问题》，载《税务研究》2008年第10期。

的制度关系中运用权力去引导、控制和规范公民的各种活动，以最大限度地增进公共利益。[①] 不过有些学者认为，治理的目标不能狭隘地定位于“最大限度地增进公共利益”，而应当是追求社会整体利益的最大化，这是治理模式区别于管理模式的一个重要标志。我国的《税收征管法》应当在这种国家治理的语境下在形式上逐步转型为“税收服务与管理法”，而且规则内涵也应当发生相应的变化。税收程序的契约化转型不仅可以回应税收之债理论无法完整贯彻整个税法的而不得已为之的“二元论”，而且能够在制度上突破传统的税收行政程序的藩篱。我国《税收征管法》的修改应当积极借鉴法学理论和制度发展的成果，以契约化的理念来推动税收程序的制度转型，将税收征收程序从以管理为主线的单一维度拓展为协商、服务与管理相结合的三重维度，实现国家税权与纳税人权利的程序性协调。

二、深化纳税服务的法学视角

纳税服务不仅在理念上改造着传统的税收征管模式，而且影响着具体的财税法制度实践。在财税法治的背景下，纳税服务的概念需要转型，内涵需要深化。首先要从国家立场转向纳税人立场，以协调征税权与纳税人权利；其次要将纳税服务的具体行为与税法学基本范畴进行全面的接轨与融合，逐步实现其“法律化”的进程，为构建平等型、契约化的税收征纳关系提供可行的理论和现实进路。

“纳税服务”的概念始于税收学或管理学上的研究。在现有的研究成果中，“纳税服务”通常以公共管理的视角为基础展开，与“满足纳税人需求”“促进税收遵从”“提升税收管理质

① 参见俞可平主编：《治理与善治》，社会科学文献出版社2000年版，第5页。

量”“提高税收征管效率”等观念相连。[①] 这些研究紧紧扣住了“和谐征纳关系”的主题，将纳税服务与税务实践紧密地结合起来，具有突出的实践性价值。法学界对纳税服务问题的研究则主要从税收执法与纳税服务的关系入手，其中也兼顾了纳税人需求的方面。[②] 比较而言，法学视角下的纳税服务研究略显薄弱，且未能凸显其固有的规范性特色。如果说纳税服务在早期的引入主要具有一种宣示作用的话，那么经过十几年的发展，纳税服务应当具有更加实质化和确定性的内容，这首先需要从理论上来研究纳税服务与税法范畴之间的关系。

从实践的层面上说，“纳税服务”提出的初衷最早是涵养税源，扩大税收收入。近年来，纳税服务已经成为世界各国税收征管的一种潮流和趋势。有关测算表明，一份纳税服务方面的努力，其效果相当于 50 份税务监督打击方面的收获。在我国，纳税服务思想的萌芽始于 1993 年召开的全国税制改革会议。1997 年国务院批复了国家税务总局的《关于深化税收征管改革的方案》，确定新的征管模式为“以纳税申报和优化服务为基础”。

---

① 对“纳税服务”问题的研究大致可以分为两个类型，一类是侧重于纳税服务本体性研究，即如何建立良好的纳税服务体系；另一类是侧重于纳税服务的关联性研究，即纳税服务与相关理论的关系。后一类研究的代表性文献主要包括仲崇文：《纳税服务职能定位研究》，载《税收经济研究》2013 年第 1 期；谭韵：《税收遵从、纳税服务与我国税收征管效率优化》，载《中南财经政法大学学报》2012 年第 6 期；张景华、朱信永：《纳税服务与税收管理的互动关系分析》，载《扬州税务学院学报》2010 年第 5 期；薛刚：《基于纳税人需求层次的纳税服务创新》，载《税务研究》2010 年第 12 期等。本书主要属于后一类。

② 从法学角度研究纳税服务问题的代表性文献主要包括张利锋：《税收法治视野下的纳税服务》，吉林大学 2010 年硕士学位论文；曾亮：《论我国纳税服务的税法适用》，湘潭大学 2011 年硕士学位论文；俞杰：《纳税服务之法定服务突破——基于纳税人多维需求的视角》，载《税务研究》2012 年第 10 期；李建新：《正确看待和处理税收执法与纳税服务的关系》，载《湖南税务高等专科学校学报》2012 年第 1 期；李培芝：《新形势下税收执法与纳税服务的关系》，载《财会研究》2008 年第 4 期；广东省司法税收研究会课题组、鲁兰桂：《正确认识税收执法与纳税服务的关系》，载《税务研究》2007 年第 9 期等。

2001年大量保护纳税人权益、规范税务机关行政行为的条款出现在税收征管法中。2002年国家税务总局在征收管理司下设纳税服务处，这是我国中央税务机关首设专司纳税服务的行政管理机构。2008年8月纳税服务处升格为纳税服务司。2005年10月16日，国家税务总局发布《纳税服务工作规范（试行）》（国税发〔2005〕165号，以下简称《纳税服务规范》），并在其中明确规定了纳税服务的概念。至此，纳税服务的概念在制度上正式得以确立。

（一）纳税服务概念之规范分析

"纳税服务"首先是一个词语，其次才是一个概念。基于人类从简单到复杂、从具体到抽象的思维规律，对纳税服务的概念认识也是始于简单的词义。赋予这个词语什么样的意义决定着纳税服务的概念内涵及其外延。首先，从构成来看，"纳税服务"是一个词组，由"纳税"和"服务"两个词构成。"纳税"的含义较为明确，在这里主要是指一种特定场合或事件；而"服务"一般是指"为集体或者别人的利益或某种事业而工作"，那么纳税服务的含义就是在纳税事项上为特定的主体服务。其次，从称谓上来看，近似的提法还有"为纳税人服务""税务服务"等。[①]"为纳税人服务"其实是一个内涵和外延都很广泛的概念，为纳税人服务基本上等同于为人民服务，其主体可以包括整个政府部门，其内容也是全方位的，显然超出了税务机关和税收领域的范围。"税务服务"的提法从语义上基本与"纳税服务"相同，但是由于"纳税服务"的称谓在税收实践中已经被广为传播、深入人心，并且已经被税务机关规范性文件使用，为了便于交流，采用"纳税服务"的称谓更为妥当。

对"纳税服务"作为一个概念的分析则应当来自于规范文本。《纳税服务规范》第2条规定："本规范所称纳税服务，是

① 参见马国强：《正确认识与开展税务服务》，载《涉外税务》2005年第3期。

指税务机关依据税收法律、行政法规的规定，在税收征收、管理、检查和实施税收法律救济过程中，向纳税人提供的服务事项和措施。纳税服务是税务机关行政行为的组成部分，是促进纳税人依法诚信纳税和税务机关依法诚信征税的基础性工作。”北京市地方税务局2003年9月16日发布的《北京市地方税务局纳税服务工作规范（试行）》（修订稿）（京地税纳〔2003〕524号）规定：“纳税服务：是指税务机关根据征管法及实施细则的规定，以贯彻落实国家税法，更好地为广大纳税人服务为目的，通过多种方式，帮助纳税人掌握税法、正确及时地履行纳税义务，满足纳税人的合理期望，维护纳税人合法权益的一项综合性税收工作，它是税务机关的法定义务和职责，是贯穿整个税收工作的重要内容。”在这个文件中还进一步指出，“纳税服务的主体即纳税服务的供应者，是税务机关和税务工作人员；纳税服务的客体又称纳税服务的对象、服务的接受者，是纳税人；纳税服务工作的内容主要是由信息服务、咨询服务、办税服务、环境服务、援助服务五大类组成；纳税服务的目标是在依法治税的前提下，采取各项有效措施，构建全方位、多层次、开放式的纳税服务体系，增强征纳双方的良性互动，促进纳税人依法纳税意识和能力的提高，营造一个法治、公平、文明、高效的征收环境，从根本上提高税收工作的质量和效率”。

这两个文件对纳税服务概念的内涵和外延进行了界定和描述，比较上述两个定义可知，从两份文件对纳税服务的依据、内容、性质、目标等要素来看，税务当局对纳税服务有基本相同的界定，整个概念的内涵也比较一致，故成为本书讨论的基准。

（二）纳税服务的法律化——一种可能性的理论分析

纳税服务是出自税务管理理论和实践的概念，尽管已经被纳入相应的规范性文件，但这并不意味着其在理论上可以当然地作为一个法律概念，除非进一步来证明纳税服务法律化在理论上是可能的。纳税作为一种强制性财产让渡义务，是在国家征税权力的保障下实现国家税收权利。要论证其法律化的可能性必须回答以下两个问题：第一，国家实现权利的利己性过程如何与服务的利他性过程相协调？第二，纳税服务与征税行为的关系如何？

首先，由于“服务一词的中心意思是‘为他人做有益的事’，由此引申开来，这个词意味着一般是为其他人工作，也意味着是一种职业。还有，为他人（在抽象意义上指社会）提供所需要的东西的工作以及从事这一工作，通通都叫做服务”。[①] 可见“服务”主要是一种向他人履行义务的利他性的活动，而国家从纳税人的劳动中取得税收是获益和利己性过程，这里似乎存在矛盾之处。然而，从民法的基本原理就可以知道，义务的履行在很多情况下不是一种单方行为，往往需要对方的配合与协助。纳税人履行纳税义务也是需要国家给予配合与协助方能圆满完成的。税务机关代表国家征收税款可以被理解为是一种配合与协助以完成纳税义务的行为。如果没有这种配合与协助，纳税人是无法圆满地履行义务的。由于税收活动的专业性，这种配合与协助就是十分必要的。

其次，服务的概念一般是建立在平等关系之上，而征税行为则是一种带有命令与强制的行为，当事人之间是不平等的关系。那么，税务机关与纳税人之间究竟是何种关系？传统上的行政关系显然是一种具有强制性和服从性的不平等的权力关系。但是，观察行政法学的发展就会发现，“伴随着中国社会的转型，行政的强制性色彩日渐减退，行政目标的实现越来越依赖契约、指导、服务等具有私法性质的柔性手段”。[②] 而且，行政管理学的发展也印证了这一点。日本学者大桥洋一指出，“日本和其他西方国家自20世纪后期以来，传统行政管理的手段开始发生本质的变化。……行政机关在决定作出行政行为之前，经常在行政与私人之间进行意见的交换，为了使私人能够遵守行政命令而同私

① 参见〔日〕前田勇：《服务学》，杨守廉译，工人出版社1986年版，第6页。

② 参见关保英：《行政法的私权文化与潜能》，山东人民出版社2003年版，第232页。

人进行协商……广泛应用申报程序行政……相对人可以要求行政机关公开内部行政规则和根据内部行政规则提供服务”。[①] 服务型政府的背景更是从社会公共治理的角度提出政府行政行为的柔化。与现代市场经济相适应的是法治政府和服务型政府，法治政府虽然也包含有限政府的要素，但同时更包含有为政府（服务型政府）的要素。但这种“有为”不是或基本不是通过强制性的权力实现的，而主要是通过非强制的柔性手段实现的，如行政合同、行政指导、行政规划、BOT（特许经营合同）、PPP（公私合作）以及公法私法化（如在环境管理中以排污权交易方式部分取代排污罚款和排污费强制征收）等。[②] 行政法上的这种“柔性化”趋势有望全面改造传统的“命令式”法律关系，从而指向新型的“契约式”法律关系。

可见，行政法学对行政强制性观念的突破为服务概念的引入提供了逻辑上的可能性。纳税服务完全顺应了这种理论的发展，将传统税法学中对征税权定义的单一性、强制性给予必要的丰富和弹性化，为建立互动性、合作型的税收法律关系提供了理论空间，对于推进税收征管程序的契约化转型具有重要的意义。纳税服务具备了融入征税行为并与之共生的可能性之后，接下来面临的问题是如何与传统的税法理论进行接轨。传统的观点认为，税法乃“征税之法”，即以保障国家财政收入作为其首要职能，而纳税服务的基本理念是以纳税人利益为中心的，二者各异其趣。然而，将纳税服务的本质性内涵与税法学基本范畴进行关联性分析发现，即使是在传统的税法理论之下，纳税服务的理念也能够得到有力的支持。

---

① 参见〔日〕大桥洋一：《行政法学的结构性变革》，吕艳滨译，中国人民大学出版社 2008 年版，第 6～12 页。

② 参见姜明安：《完善软法机制，推进社会公共治理创新》，载《中国法学》2010 年第 5 期。

1. 纳税服务与税收法定主义

税收法定主义是税法的至高原则，贯穿于税收立法、执法、司法的整个环节。该原则首先要求未经纳税人同意不得征税。其次在税收执法领域，税收法定主义表现为依法征税的原则，即税务机关应严格依照税法的规定征税，不得擅自变动法定的课税要素和法定程序。可以说，税收法定主义为纳税人与征税方的合作提供了制度基础，因为未经纳税人同意的税收必然会招致纳税人的反对。同时，税收法定主义对税务机关的自由裁量权进行了限制，保证其严格执行税法，这同时也构成纳税服务的一项要求，因为严格执行税法本身就是为全体纳税人提供的一种拒绝偏私、保持公正的服务。

2. 纳税服务与纳税人权利保护

纳税服务面向的是纳税人的需求，这种需求在法律上则表现为一种权利上的要求。纳税人权利保护不仅是税法的重要课题而且会上升到宪法领域，纳税人权利包括基本权、实体性权利和程序性权利。就程序性权利而言，可以分为税收征收中的权利、税收处罚中的权利以及税收救济中的权利。根据前述关于纳税服务的概念，纳税服务贯穿于税收征收、管理、检查和实施税收法律救济整个过程中。所以，上述三种权利的有效行使都有赖于纳税服务的配合。例如，纳税人只有在税收征收过程中获得有关的咨询、宣传及辅导服务，其申报方式选择权、依法享受税收优惠权等才可能得到实现；在税收处罚和税收救济过程中，纳税人只有获得有关处罚的信息及税法解释方面的服务才可能行使其相应的申请听证权、陈述申辩权等有关权利。在传统税法或行政法上，这些服务内容要么不存在，要么都以“义务”的形态出现，而义务仅仅是法律的最低要求，并且义务可以“敷衍地履行”也可以“周到地履行”，纳税人权利的顺利行使和饱满实现都与税务机关的纳税服务有密切的关系，越是周到细致的纳税服务越有利于纳税人权利的实现。

3. 纳税服务与税收之债理论

税收之债理论强调的是国家与纳税人之间的平等关系。传统上，人们认为税收是国家凭借政治权力，强制地、无偿地向企业和个人征收货币和实物的一种活动，国家与纳税人的关系是一种权力关系，是不平等的。在德国，《税收通则法》通过以后，人们逐渐把税收视为一种公法上的债权债务关系，认为税收是一种债，国家是债权人，纳税人是债务人。纳税人给国家提供税收，国家给纳税人提供公共产品。只有在这种平等关系之下，税务机关与纳税人才有了合作的基础，税务机关的税收行为才可能被解释为纳税服务。

4. 纳税服务与税收中性原则

税收中性的原则要求征税应该尽可能地使纳税人的代价限于税款，换言之，尽可能地减小纳税的成本。这就要求税务机关在征税时为纳税人提供细致而周到的服务。例如多元化的申报方式、准确便捷的信息服务以及限时办税服务等。在所有的纳税成本中，纳税人比较注重的是信息成本、经济成本与时间成本。通过纳税信息服务可以降低纳税人的信息成本；通过多元化的申报方式可以降低纳税人的经济成本；通过限时服务可以降低纳税人的时间成本。可见，纳税服务是税收中性的原则在税收实践中得以落实的一种方式。

5. 纳税服务与诚信推定原则

所谓诚信推定是一种对纳税人的人性预设，即税务机关认为纳税人会依法纳税。只有在这种前提之下，税务机关才可能为纳税人提供纳税服务。如果认为纳税人会逃避纳税义务，那么税务机关的做法必然是加大监督和打击力度，这与纳税服务的要求是背道而驰的。对此问题，2002 年国家税务总局明确指出，税务管理观念要由“基本不相信纳税人能够依法纳税”向“基本上相信纳税人能够依法纳税”转变，税收征管工作也要从“监督打击型”向“管理服务型”转化，这是我们新时期的治税思想，也是今后税收工作的方向。[①] 这种税务机关对纳税人的人性预设的转变在平等的基础上进一步优化了税收法律关系，也为纳税服务法律化奠定了理论上的基础。

（三）纳税服务法律化之实践性探索

纳税服务法律化不仅表现为纳税服务与税法理论的契合，而且要求其能够在实践中真正发挥作用，实现对税收法律关系的优化和改善。二战后，世界经济的恢复和发展使得现代纳税服务开始在美国等西方国家悄然兴起。20 世纪 50 年代，纳税服务概念开始在美国出现。其基本涵义就是征税主体采取多种途径和方式，为纳税人服务。主要的服务内容包括提供纳税法信息、开展纳税咨询和帮助纳税人依法纳税等。

从我国的实践来看，纳税服务在全国各地税务机关的工作中逐渐兴起。1999 年 7 月，北京怀柔区地税局成立了北京市第一家纳税服务专业服务所，集中统管全区的纳税服务工作，由此形成了我国纳税服务中心的雏形。2001 年修改的《税收征收管理法》第 7 条规定："税务机关应当广泛宣传税收法律、行政法规，普及纳税知识，无偿地为纳税人提供纳税咨询服务。"同年颁布的《中华人民共和国税收征收管理法实施细则》第 6 条规定："国家税务总局应当制定税务人员行为准则和服务规范。"此后国家税务总局和各地税务机关陆续出台纳税服务方面的文件，并在税收实践工作中开展纳税服务。按照纳税服务内容的不同的侧重点，这些规范和做法在实践中大致可以分为以下三类：

1. 作为税务机关义务和责任的纳税服务

纳税服务作为税务机关及其工作人员为纳税人提供的服务，其中一类在内容上主要表现为税务机关及其工作人员的法定责任和义务。包括宣传服务、咨询服务、预约服务、援助服务、环境

① 参见戚鲁：《"服务型税务"理论体系的构架》，载《中国税务报》2003 年 12 月 15 日第 7 版。

服务、提醒服务和首问责任制服务等。

《纳税服务工作规范（试行）》（国税发〔2005〕165号）第8条规定："税务机关应当广泛、及时、准确地向纳税人宣传税收法律、法规和政策，普及纳税知识。根据纳税人的需求，运用税收信息化手段，提供咨询服务、提醒服务、上门服务等多种服务。"第16条规定："税收管理员应当根据管户责任和管事要求，加强与所负责纳税人的联系与沟通。告知纳税人联系方式、岗位职责、服务事项和监督方法；向纳税人提供提醒告知、宣传咨询、援助服务、预约服务等服务方式；了解纳税人财务管理、会计核算和生产经营情况；征询和反映纳税人的意见、建议；帮助纳税人解决纳税困难。"第27条规定："办税服务厅实行'一站式'服务，全程服务，预约服务，提醒服务和首问责任等制度。'一站式'服务是指集中受理或办理纳税人需要到税务机关办理的各种涉税事项。全程服务是指受理纳税人办税事宜后，通过内部运行机制，为纳税人提供包括受理、承办、回复等环节的服务。预约服务是指根据纳税人需求，在征纳双方约定时间内，为纳税人办理涉税事项的服务。提醒服务是指在纳税人发生纳税义务或履行税收法律责任之前，提醒纳税人及时办理涉税事项的服务。首问责任是指第一个受理纳税人办税事宜的税务人员负责为纳税人答疑或指引，不得以任何借口推诿。"

2. 作为保护纳税人合法权益的纳税服务

纳税人是纳税服务的对象，其权益应该在纳税保护中受到特别的重视，下列服务就突出了对纳税人权益的保护。包括限时服务、公开办税、精简资料和程序、告知权利、多元申报以及自助纳税等。作为纳税服务的对象的纳税人，其权益在纳税服务中也得到重视。

《纳税服务工作规范（试行）》第4条规定："税务机关要坚持公开办税制度。公开内容主要有：纳税人的权利和义务；税收法律、法规和政策；管理服务规范；税务检查程序；税务违法处罚标准；税务干部廉洁自律有关规定；受理纳税人投诉部门和监督举报电话；税务人员违反规定的责任追究；税务行政许可项目和非许可行政审批项目；税务行政收费标准；纳税信用等级评定的程序、标准；实行定期定额征收的纳税人税额核定情况等。”第14条规定：“税务机关要依法设置和规范涉税审批制度，合理精简审批程序和手续，简化纳税人报送的涉税资料，加强涉税审批的事后检查和监督。”第20条规定：“税务机关在行使税收执法权时，应当依法告知纳税人具有申请税务行政复议、提起税务行政诉讼、请求税务行政赔偿和要求举行听证的权利，以及负责税务行政复议、赔偿和组织听证的税务机关。”第28条规定：“税务机关应当从实际出发，提供上门申报、邮寄申报、电话申报、网上申报、银行网点申报等多元化申报纳税方式，由纳税人自愿选择。有条件的地方，应当积极推行纳税人自行选择办税服务厅的方式，办理涉税事项。”国家税务总局在《全国税务系统2010—2012年纳税服务工作规划》还提出“切实保障纳税人税前、税中、税后权益和及时满足纳税人合理需求，保护纳税人权益”。

3. 作为强化征纳双方合作基础的纳税服务

在服务型政府的背景下，纳税服务的关键在于增强征纳双方的良性互动以建立良好的合作基础。在纳税服务的内容设定上还特别体现出对征纳双方合作的要求。包括税务代理、办税辅导以及帮助准确履行纳税义务等。

国税发〔2005〕165号第10条规定：“税务机关应当建立健全办税辅导制度。税收管理员对于设立税务登记、取得涉税认定资格的纳税人，应当及时进行办税辅导。对于纳税信用等级较低的纳税人，给予重点办税辅导。”第11条规定：“税收管理员应当通过开展纳税信用等级评定管理工作，结合纳税评估，帮助纳税人加强财务核算，促进依法诚信纳税。”

（四）纳税服务法治化发展

尽管纳税服务本身在形式上具有一种表面化的倾向，但是其中蕴含的精神则指向了税概念的本源。纳税人将自己劳动创造的财富转移给国家的同时，也获得了来自国家提供的各类公共物品。从本质上来看，这是标准的交易行为。传统税法理论将税收的性质界定为“无偿性”掩盖代理税收的这种交易本质。于是国家征税就被理解为“凭借政治权力的强制分配”，进而造成了代表国家征税的税务机关与纳税人之间的对立关系。因此税法（尤其是税收程序法）一直被视为行政法的分支。在实践中，征税从来都是以“严征管”的面孔出现。在公共治理理论的出现以及现代行政法学的变革之下，“税法的面纱”被揭开，人们从公共财政的视角认识到税收的公共性和平等性，税收法律关系的性质也逐渐地从命令服从转向平等服务。在服务型政府的背景之下，纳税人的地位又被进一步凸显为征税关系的中心：“税收法律关系的权利主体包括代表政府行使职责的税务机关和纳税人。两个权利主体之间的法律地位是平等的。不仅如此，这两个权利主体之间的关系，应该说纳税人主体是基础、前提，是征税人主体存在的根据，因为如果没有纳税人，征税人就没有存在的必要，因此征税人应当为纳税人服务。”① 发端于税收管理领域的纳税服务课题首先关注到了纳税人在税收关系中的这种地位，但其研究更多地导向于提高纳税人的税法遵从度进而保障国家税收收入。在财税法学看来，纳税服务的法律意义主要在于建立税务机关和纳税人之间的合作型税收关系并周到、圆满地保护纳税人权益。

本书通过对纳税服务概念的解析以及将其法律化的必要性与可能性的论证，试图将纳税服务的有关理论引入财税法学研究的视野，并推动其进一步地规范化和制度化。在笔者看来，有关纳税服务的规范不属于严格意义上的“法律规范”，表现在其效力等级较低、可实施性较弱等方面。但这样的规范并非完全没有约束力。它在税务机关和纳税人之间达成了一种关于税收征纳的事实契约，而双方均应本着诚实、善意的态度履行义务。同时，纳

---

① 参见安体富、蒋震：《论为纳税人服务 保护纳税人权益：理论、内容及政策措施》，载《扬州大学税务学院学报》2009 年第 5 期。

税服务法律规范还是一种具有弹性的规则体系，也有助于灵活解决税收实践中的各种问题。

有关纳税服务法律规范的系统性和执行性仍然是需要进一步研究的问题。尽管有关规范和做法已经出现在各级税务机关的文件和工作之中，但是这些规范主要是依靠税务机关自身来执行和监督，对税务机关及其工作人员违反相关义务也往往导致内部责任，其效果如何有待实践的检验和评估。总体上说，纳税服务法律化的程度还有较大的提升空间。

三、纳税人遵从的法律机制

自从税收产生，税收遵从的问题就随之发生。可以说，税收遵从是税收国家的一个基本课题。然而，人们对税收遵从问题的研究却只是最近四五十年的事情。一般认为，20 世纪 70 年代美国对税收遵从问题的关注及其税务机构（美国国内收入局 IRS）推行的“纳税人遵从测度项目”（TCMP）是税收遵从问题进入人们研究视野的标志。这次行动起源于税务机构评估当时的“地下经济”所引发的税收流失问题，发现这些地下经济活动基本不申报纳税，税务机关因此对其信息一无所知。为了扭转这一不利局面，税务机构先后于 1982 年、1985 年和 1988 年实施了上述项目，通过稽查的方式，随机选择纳税人的申报数据进行研究，来衡量纳税人的税收遵从程度。从计划实施的效果来看，其说服力和解释力都获得了相当程度的认可。20 世纪 80 年代以来，对税收遵从机制的系统研究逐渐兴起，其背景是纳税人权利保护受到广泛关注，各国纷纷通过制定纳税人权利宪章，以体现其重视和保护纳税人的合法权益。从最简单的初衷来看，税务机关的任务是确保国家税款“应收尽收，足额入库”。这既是税法的要求，也是税务管理的基本目标。而从实现这个目标的过程和路径来看，则未必遵循那么直接的规律。税收的程序有必要从一维的“征管”向二维的“征纳”乃至更多维度的方向发展。在纳税人权利保护兴起的背景下，税收管理将纳税人权利保护与税款足额征收关联起来，将纳税人的税收遵从与其自身权益联系起来，成为在公平和效率原则指导下实施税收管理的有效途径。

（一）税收遵从的概念剖析

概念是研究的逻辑起点。但是，税收遵从最初进入人们视野的时候，是作为税务管理的一种标准，即税务机构想要知道纳税人在多大程度上是依照税法如实申报其经营状况的。与此相对应，是否存在隐瞒或者不实申报的情形以及程度如何？这时的税收遵从还仅仅是一个“词语”而非“概念”。直到学者们开始关注这个词语并且试图用科学化的思路去建构一个框架的时候，税收遵从才成为一个概念并且逐步地充实起来。最早关注税收遵从的是经济学，通过模型的建立来考查税收中的各种要素，如税率、税制、稽查、处罚等因素对纳税人税收遵从的影响。但是，对于税收遵从这种相对复杂的概念，单一学科的解释力永远是有限的，需要从不同的角度进行概念的剖析，并且最好采用相对多元化的分析方法进行归类研究。只有这样才能尽可能全面地展示税收遵从问题的全貌。

1. 学科视角

一般认为，对税收遵从的研究至少涉及经济学、管理学、心理学以及法学等学科。事实上，随着人们对税收遵从认识的不断深化，对其研究的学科范围会逐渐扩大。原因在于税收遵从问题本身涵摄多种类型的知识，需要从不同的学科视角给予解释和解决。

从经济学的角度看，纳税人的行为与其他经济行为（如消费者行为、企业行为）具有相似性，都属于理性的主体追求自身效用最大化的活动，显示其行为选择的偏好。因此，在经济学领域，关于税收遵从的研究大多是基于理性人的假设来判断纳税人行为的可能性。通过这种研究，在一定程度上形成了关于税收遵从的部分合理性判断。这些判断成为人们进一步研究税收遵从问题的基础。当然，经济学对税收遵从的研究本身也在进步，这不仅体现在所构建的模型获得不断地修正，甚至还包括了超越传统理性人视角的“有限理性”前提下的研究。从总体上看，经济学的研究思路是通过分析影响税收遵从的因素及其相互之间的关系，来解释税收遵从的内在规律。相比经济学研究的规范性，管理学对税收遵从的研究更注重其实证性。在经济学的规范研究模型的基础上，管理学采用了更为务实的做法，如模拟实验、调查问卷等形式展开对税收遵从的研究。由于管理科学所具有的强烈的实践性，它要求研究成果能够直接转化为改进现实的行动方案，通过明确具体的措施来提高税收遵从的水平。可以说，在管理学的研究中，税收遵从主要是一个实践问题而不仅仅是一个理论问题。

心理学对税收遵从的研究具有突出的主观性色彩。学者们认为，税收遵从的程度与纳税人的心理因素有很大的关系，从心理层面了解纳税人对税制和税收管理的看法和反应，可以弥补单纯从经济学理论分析税收遵从的不足。其中较为有名的是“公平理论”，其研究的着眼点是公平感，包括分配公平、程序公平和互动公平。根据该理论，纳税人会比较自己所缴纳税款总额在感觉上是否公平合理，这一结果将会直接影响到他们今后及时足额缴纳税款的积极性。[①]

法学也对税收遵从问题有所关注，其侧重的视角是依法纳税与纳税人权利保护。[②] 由于“遵从”本身就与法学上所讲的“守法”在含义上具有互通性，因此法学对税收遵从的关注原本是再正常不过的事情。但或许是由于研究范式的差异，经济学和管理学对税收遵从的偏重于定量分析，法学的研究很难“站在前人的肩膀上”。这种研究成果不能共享的尴尬使得法学家们似乎对此敬而远之。其实，在税收法治日益被强调的当下，法学对税

① 参见宋良荣、吴圣景：《论税收遵从研究的理论基础》，载《南京财经大学学报》2009 年第 5 期。

② 参见席晓娟：《论法律维度的税收遵从》，载《税务研究》2010 年第 3 期。

收遵从问题的研究应该可以大有作为。

2. 内涵与外延

对税收遵从的研究离不开概念剖析。从一般的逻辑出发，概念有描述性和定义性两种。定义性的概念一般侧重对概念内涵的阐释，着力于解释概念的本质，并将其与类似的事物区分开来；描述性的概念则重在对外延的列举，将具备某种共同特征的事物尽可能吸纳进概念所及的范围。因此，税收遵从的概念就是要解释其所包含的某种特质，同时要尽可能地为其划定一个准确的外延范围。在内涵上，税收遵从的界定首先要从概念的文义出发。“遵从”（compliance），即“遵照服从”，这一表述原本属于社会学上的范畴，是指主体在面对某种规范或要求时的服从性的心理态度、行为倾向和现实状况。这种服从应当是一种主观性与客观性的结合，即主体在主观上是愿意服从，同时在客观上表现出来的行为也是服从。从这个解释出发，我们可以认为，税收遵从就是纳税人从内在心理和外在行为上对税收的服从。不过，由于人的主观心理具有内在性的特点，因此外在的行为往往是判断遵从的一个基本标准。

税收遵从的内涵可以从广义和狭义的层面上来进行分析。在广义上，税收遵从包括对立法机关税收法律意图、立法精神、税收政策以及税务机关的管理措施等全面的遵从。在广义的税收遵从概念下，如果纳税人采取相应的手段设法减轻纳税义务，致使税收收入减少，会被认为是税收的不遵从。因此在广义的税收遵从概念下，避税成为税收不遵从的一种表现。[①] 狭义的税收遵从一般是指纳税人依照税法履行纳税义务。区别税收遵从与不遵从的标准就是纳税人是否依法履行了纳税义务。这里所说的纳税义务是依据税法而产生的，在范围上除了申报纳税、缴纳税款等实体法上的税收债务之外，还包括税收程序法上的接受管理的义

① 参见孙玉霞：《税收遵从：理论与实证》，社会科学文献出版社 2008 年版，第 22～23 页。

务，如进行税务登记、依法设置账簿、使用发票、接受检查等。可见，无论是广义还是狭义的税收遵从都离不开一个基本的判断标准，即税法的规定。同时应该看到，税收遵从从表面上看似乎仅仅是税法的实施的问题，但其实不然。在税法实施的过程中，税务机关作为主导性的主体会自主地设置许多管理措施，这些措施有时会超出税法的范围。这就带来一个问题，税收遵从究竟是遵从税法还是遵从税务管理？这一问题中所隐含的关键在于，在强调税收遵从的问题上，税务机关处于何种地位？与纳税人关系如何？

从外延上来看，税收遵从在广义上包括一切符合税法及其立法精神等的行为，在狭义上则包括履行税法义务的行为。这种列举尽管没有理论上的错误，但是并不利于理解税收遵从的外延。为此，可以借助概念之间的逻辑关系进行适当的转化。从税收遵从的内涵自然可以推演出一个相对的概念——税收不遵从。如果认为税收遵从是一种理想的状态，那么所有偏离这种状态的即为税收不遵从。从行为的角度来看，税收不遵从包括偷漏税、逃避纳税义务、骗税、欠税、抗税、不接受税务管理等。这些表现可以构成税收不遵从的概念外延。提高税收遵从的途径其实就是尽力消除上述税收不遵从的现象。因此，对税收不遵从的研究是一种必要且可行的思维转换。

3. 类型划分

根据不同的标准可以对税收遵从进行不同的分类。对税收遵从进行分类研究的目的在于深入分析税收遵从所需要的各类条件，以尽可能达到一种相对满意的管理状态。基于同样的道理，也有必要对税收不遵从进行类型划分，这同样有助于对问题的全面认识。一般认为，根据税收遵从的表现及其形成原因，可以将其分为防卫性遵从、制度性遵从和忠诚性遵从。[①] 所谓防卫性遵

① 参见马国强：《纳税人行为方式研究》，载《涉外税务》2000 年第 4 期。

从，是纳税人由于害怕受到税法的处罚而履行纳税义务；制度性遵从是指由于税法制度与管理的严密，纳税人因没有能力逃避税法所规定的纳税义务；忠诚性遵从是指纳税人对纳税义务有正确的认识，税务机关为纳税人提供的服务比较完善，纳税人因此而自觉地履行纳税义务。如果严格按照税收遵从的概念来看，其实只有制度性遵从才符合税收遵从的本意。防卫性遵从和制度性遵从都是迫于某种外在强制下的服从，而非“遵从”。但是从税务管理的要求来看，制度的威慑力和严密性，是立法和执法可以掌控的变量，因此对于防卫性遵从和制度性遵从也是可以通过提高税法的威慑力和严密性来提高税收遵从的有效途径。此外，还有学者提出了其他类型的税收遵从，如自我服务性遵从、习惯性遵从、代理性遵从以及懒惰性遵从等。这些划分各侧重于某一方面的原因，也有一定的意义。

从相反的角度来看，同样根据表现形式以及形成原因的不同，税收不遵从可以分为自私性不遵从、无知性不遵从和情感性不遵从。所谓自私性不遵从是指纳税人将自身利益与公共利益对立起来，为了自身利益而逃税；无知性不遵从是指由于纳税人对税法知识不了解，不能准确及时地履行纳税义务；情感性不遵从是指纳税人对政府行为、税收制度、税收管理以及纳税人权利保护中的某些方面不满意而不遵从。这种对税收不遵从的划分的意义在于，通过了解并消除不遵从的原因来达到减少税收不遵从的目的。此外，也有学者将税收不遵从分为程序性不遵从、懒惰性不遵从、象征性不遵从、社会性不遵从以及习惯性不遵从等类型，也有一定的意义。

税收遵从的类型划分既是基于其概念的展开，更是建立在税务管理实践的基础上。尽管理论与实践之间存在着固有的不一致，但是对于税收遵从问题的研究都是必要的。税收遵从的概念与类型是基于逻辑推理的结果提出了一个问题，对于税务管理实践而言更需要的是对问题的深入分析，即税收遵从的影响因素、提高税收遵从的手段等。

（二）预期效用理论下的税收遵从：A－S模型及其发展

如果构建一种因果关系，将税收遵从作为结果，那么与其有关的因素是哪些？这些因素对税收遵从产生何种影响？这些影响的程度如何？对上述问题的回答就不能仅仅通过逻辑上的归纳和推理来得出，而需要凭借更为可靠的研究手段。由于税收遵从涉及人的决策和行为，它包括了内在的主观方面和外在的客观方面。人基于何种判断，做出某一行为，这是典型的经济学研究思路。事实也证明，通过经济学方法来研究税收遵从问题十分有效，并且取得了重大的成果。严格的经济学模型对于揭示影响税收遵从的各种因素，并比较它们之间的相互关系有助于我们对问题更加清晰的认识。

西方经济学从“理性人”的基本假设出发，构建了一系列著名的经济学理论。同样基于这种思路，运用预期效用理论来分析税收遵从问题，也可以获得许多启示。一般认为，对税收遵从问题的理论研究起始于1972年Allingham和Sandmo的《所得税逃税：一种理论分析》。他们在“纳税人都是理性人”的假设基础上建立了预期效用最大化模型（即A－S模型）。他们认为，纳税人作出纳税遵从或不遵从的决策只是为了自身收益的最大化。同时，他们从理论角度论证出罚款率、稽查率与税收遵从之间存在着正相关关系，而税率与逃税之间的关系不能确定。A－S模型是第一个基于新古典经济学理论提出的静态研究模型，为后来的研究提供了基本研究范式和方向。

1. 预期效用理论及其税收遵从上的初步应用

理性人假设是西方经济学最基本的研究前提。古典自由主义经济学鼻祖亚当·斯密提出人类的行为就是追求自身利益的最大化。这种假设不仅能够满足经济学本身的研究，并且发展成为一种颇具工具色彩的分析科学。为了分析相关问题，人们大量地采用理性人假设这一分析工具。预期效用理论（又称期望效用理论）是在理性人假设的基础上，根据一系列公理推导所得出的一种规范性决策理论。当人们面对需要决策的事项时，一般可能有三种不同的决策类型，即确定型、风险型和不确定型。确定型决策是指在环境条件均为确定的情况下的决策；风险型决策是指环境条件不确定，但是风险能以某种确定的概率出现的决策；不确定型是指环境条件不确定，而且风险出现的概率也无法估计的决策。预期效用理论（Expected Utility Theory）是现代经济学的重要理论，其主要解决的问题是行为主体在面临风险和不确定性时如何进行决策。该理论是由冯·纽曼和摩根斯坦（Von Neumann and Morgenstern，1944）以及萨维奇（Savage，1954）等学者在继承18世纪数学家丹尼尔·伯努利（D. Bernoulli）对“圣·彼得堡悖论”（St. Petersburg paradox）进行解答的基础上通过严格的公理化阐述而形成的。它的基本内涵是：在不确定条件下，最终结果的效用水平是通过理性的决策主体对各种可能出现的结果进行加权估价后获得的，决策者追求的是加权估价后形成的预期效用的最大化。该理论表明，如果行为主体的偏好可以满足一系列的原理，如完备性、传递性等，那么偏好便可以作为预期效用的象征，一种不确定的结果 x（其概率为 p）对于决策者的预期效用为 pu（x），其中 u（x）是结果 x 的效用。

预期效用理论下，将纳税人的税收不遵从行为被查获的概率视为外生于决策系统的变量，税收遵从决策便符合“不确定是否会被查获下的风险决策”这一特征。因此，这时的税收遵从决策属于风险型决策。经济学的研究认为，当人们面临不确定的事项进行决策的时候，其最终的选择是由个人偏好决定的。这并非仅仅是逻辑的推理，而是有着函数计算的支持。阿林厄姆（Allingham）和桑德姆（Sandmo）在1972年对税收遵从进行研究的时候就是采用的这种经济学思路，建立了著名的A－S模型。[①] 关于这个模型的表述是，纳税人在申报应纳税收

---

① Allingham M G, A Sandmo. Income Tax Evasion: A Theoretical Analysis, Journal of Public Economics, 1972, 1: 323－338.

入时，可能选择如实申报或者少申报。但是如果少申报的话面临被查处和罚款的可能性。由于信息的不对称，税务机关并不完全掌握纳税人真实的收入信息，那么纳税人被查处和罚款的概率就是不确定的。因此，对纳税人而言，其很有可能选择少申报来追求自身利益的最大化。具体而言，选择如实申报（遵从）和少申报（不遵从）的效用就与税率、被查处的概率、罚款的比例等因素相关。在 A－S 模型下，由于税率的变化可能带来收入效应和替代效应，而这两种效应对于纳税人选择的影响是相反的，因此不能确定纳税人获得最大效用的申报选择。但是可以确定的是，基于普通人的风险厌恶心理，查处概率和罚款比例的提高会抑制纳税人通过少申报获得的效用，有利于提高税收遵从。

因此可以说，A－S 模型得出的初步结论是震慑政策对于提高税收遵从是有确定作用的。这一理论成果经过实证的分析基本获得了肯定。美国国家科学院国家研究所的阿尔弗雷德教授领导的刑罚威慑效应研究小组的实证研究结果表明，制裁有效说的依据比无效说的依据更加可靠，实践证明，支持震慑说的证据多于无震慑说的证据。①

2. A－S 模型的进一步发展

尽管预期效用理论对税收遵从问题具有一定的解释力，但是当其与实际情况相对照的时候就陷入了困境，这种情况甚至学者们直接称之为“税收遵从困境”。有人将现实经济体中的查处概率、税率以及罚款比例带入 A－S 模型的函数中，经过计算所得出的税收遵从度远远低于实际情况。一般认为，这首先可能是由于该模型所设定的自变量与现实生活差距较大。在现实中，除了经济利益之外，人们还受道德、社会舆论、信用等方面的约束。因此仅仅以经济利益来衡量人们对效用的判断，显然会高估人们的税收不遵从水平。例如，由于忠诚性税收遵从的存在，完全可

① 参见［美］罗伯特·考特、托马斯·尤伦：《法和经济学》，上海三联书店 1994 年版，第 726 页。

能有人出于道德动机选择如实申报收入，忽略这一群体的存在，会低估实际的税收遵从。有学者使用澳大利亚、新加坡和美国三个国家纳税遵从的实际情况来测试社会规范在纳税遵从决策中的作用，结果发现纳税人的个人道德信仰及与他亲近的人的信仰和社会公认的正确行为对税收遵从有着不可忽视的影响。这说明社会规范可以帮助解释选择税收遵从的动因以及为什么实际税收遵从度要高于经济学模型中的预测水平。[①] 另外，还有一些与风险偏好等无关的心理因素也会导致税收不遵从的效用发生改变，如犯罪感、责任感、示范心理等。甚至年龄、性别和职业都会对税收遵从产生影响。上述因素都没有纳入 A－S 模型的自变量体系。

由于 A－S 模型的上述局限，学者们进行了大量的补充性研究。包括将道德、情感、心理等因素引入预期效用理论的模型，试图通过这种修正来进一步发展理论对现实的解释能力。为了更加贴近实际，学者与税务机关合作开展了一些现场实验研究。与模拟试验相比，由纳税人和税务机关实施的行为更加符合实践，因而其可靠性也极高。通过不同学者的反复现场检验表明，道德因素对税收遵从的确有影响，但是这种影响是缓慢的、不明显的。特别是一次性的道德教育对税收遵从几乎没有影响。也有研究表明道德水平与税收遵从之间存在正相关关系。此外还有结论表明税收道德与公民对政府的信任、对司法的信仰、对议会的信任之间存在着显著的正相关关系。[②] 例如，对政府支出的评价和对腐败的看法会影响人们的税收遵从度。如果纳税人认为他所缴纳的税款没有被很好地使用，作为交换，他就会拒绝完全履行纳税义务。相反，如果纳税人感到自己从税款所提供的公共产品中

---

① 参见刘华、阳尧、邱伊莎：《国外纳税遵从研究动态》，载《涉外税务》2008 年第 12 期。

② 参见杨得前：《税收遵从的理论研究及其在税收管理中的应用》，中国财政经济出版社 2007 年版，第 24～25 页。

受益时，就会更愿意遵从税法。这一假设被后来的实验研究证明是可能的。[①] 还有研究表明，当纳税人觉得税率公平时，纳税遵从度较高；当认为税率不公平时，纳税遵从度较低。纳税人的税收遵从决策是相互影响的，如果他认为其他人在逃税，那么，他会觉得自己逃税是公平的，因而也就可能逃税。这说明纳税人在做纳税遵从决策时并不是独立的个体，他的决策会受到周围环境因素的影响。此外，还有学者通过加入劳动供给因素使收入内生化，另一些研究者考虑了申报决策的重复性特点，在大多数国家实行年度申报，纳税人在申报时会根据以往申报和稽查的经验以及对未来的预期来决策。[②] 所有这些都进一步发展了 A－S 模型的分析。

3. 预期效用理论下税收遵从模型的局限性

首先，预期效用理论对税收遵从的解释获得了不断的丰富与拓展，并且愈加贴近现实。但是，任何理论都有其自身无法逾越的障碍。预期效用理论的基本前提是纳税人和税务机关都是完全理性的人，这既是该理论的最大特色，同时也构成其最大的困惑。有学者指出 A－S 模型存在的主要缺陷在于：第一，假设纳税人是无道德观念的效用最大化者；第二，假设纳税人和税务机关具有完全理性与完全信息。[③] 如果说前者可以通过模型的修正与补充获得改进的话，那么后者则无法弥补。预期效用理论通过函数模型的建立提出了理性人的风险决策行为准则，该理论形式简洁明了，工具性较强。作为一种研究方法，其应用可以拓展到经济学、社会学、心理学等学科领域。但是作为理论前提的理性人假设在简化问题的同时也偏离了基本的常识性判断。由于纯粹

---

① 参见孙玉霞：《税收遵从：理论与实证》，社会科学文献出版社 2008 年版，第 56 页。

② 参见孙玉霞：《税收遵从：理论与实证》，社会科学文献出版社 2008 年版，第 57 页。

③ 参见杨得前：《税收遵从的理论研究及其在税收管理中的应用》，中国财政经济出版社 2007 年版，第 20 页。

理性的现实不可能性，在决策的场合，决策者会受到信息、情绪等方面的影响，无法满足预期效用理论所要达到的决策能力而偏离最优选择。其次，预期效用理论中所设定的概率均为外生变量，也就是说，这些因素是已经确定并且决策者知道的，不会因决策者心理的变化而发生改变。其实，决策者对概率是有自己主观看法的，这种概率是其内心活动的一部分，因而也会受其影响。即便上述因素是固定不变的，决策者是否有足够的时间和经历来处理这些信息也是一个问题。

在对税收遵从问题的分析上，预期效用理论还存在一个致命的“硬伤”就是无法解释预缴制度对税收遵从的影响。学者发现，申报前预缴数额较少而在申报时需要补缴税款的纳税人，其税收遵从度显著低于预缴额较多而需要退税的纳税人。通过对美国 1982 年 TCMP 的数据进行研究发现，美国纳税人的税收遵从度与期望的退税数量成正比，而与期望补缴的税款额成反比。预缴税款只是改变了纳税人缴纳税款的时间，并不影响纳税人最终的应纳税额，预期效用理论认为决策者的效用主要在于最终的结果。因此，无论是被查处还是未被查处，预缴税款不会影响纳税人的效用。从模型的展示来看，预缴的税款额在等式两边被抵消掉，不会出现在纳税人的效用函数中，也不影响纳税人的税收遵从决策。可见，预期效用理论对这一现象无法解释。

（三）基于前景理论的遵从机制：有限理性的遵从行为特征

对理性人假设的批评引导人们反思个人的决策能力。在现实的决策中，人们对多种备选方案的具体细节和后果并不存在清晰的认识，除非他是一个拥有极强的计算能力并且确保不失误的“超人”。这种假设勾画出的形象简直无法与普通大众联系起来。事实上，经济学要分析的对象恰恰就是普通大众而非“超人”的行为。普通人面临决策，除了必要的计算之外，还会依靠直觉、经验乃至情绪等非完全理性的因素作为选择的依据。例如，在对概率的判断上，人们并非按照博弈论所设计的贝叶斯法则来确定策略，而是赋予最近发生的事件和印象深刻的经验更高的权重。人们对损失的敏感程度要大于对收益的敏感程度。可见，即使拥有充分的理性，这种理性也是“不均匀”的，而是有强有弱。所有这些问题会引导人们向着更完善的方向寻找新的理论替代。从完全理性到有限理性就走过了这样一条“在超越中扬弃”的道路。当纳税人被赋予有限理性时，其税收遵从行为就表现出明显的“非理性”或“弱理性”的特征。这与该理论的前提是一致的：有限理性即是理性能力的发挥受到范围的限制，当理性不能驾驭决策过程时，行为自然就表现出了“非理性”或“弱理性”。

1. 有限理性与前景理论

新制度经济学派代表诺斯对理性人假设有过一段精彩的评论：“人的行为比经济学家模型里的效用函数所蕴含的模式要复杂得多。”这说明人之行为的复杂性是不能够用僵化和机械的计算所把握的，甚至也不能完全依靠逻辑上的推理来判断。预期效用理论是建立在一系列公理基础上的演绎体系，将人做决策时的各种因素选择性纳入并简单化固定。其好处在于“显得”滴水不漏，其实已经在前提的层面上受到束缚。相反，前景理论一改这种公理性的思路，转而通过观察、实验等方法，用描述性的手段来解释决策的过程，是一种内涵更为丰富的理论模型。这一理论的产生和发展与有限理性（Boundary Rationality）理论密不可分。赫伯特·西蒙是有限理性理论的代表人物，他认为完全理性下的认知能力和计算能力与现实中人类的实际行为能力几乎完全不相符，只能在那些仅“看上去很美”的数学模型中起到简化结构和设计前提的作用。理解人的行为的出发点应该是行为本身的过程和必须考虑到的复杂的环境。简而言之，理性尽管存在于人们的决策体系中，但是其仅能在一定的限度内起作用，因此理性的解释效力也是有范围限制的。

在现实的决策面前，作为决策主体的人是有思维、有道德感、有情绪的复杂体，各种能力是不均衡的，并且能力对决策的影响也是不同方向的。这使得决策活动成为一种多种力量作用下的复杂过程，人的理性因素在其中只有一席之地。为了更好地说明有限理性的问题，西蒙将理性分为“实质理性”与“过程理性”两个方面，前者是指在一定的约束条件下，行为人通过决策和行动达到一个最优的目标；后者是指行为人的决策经过细致而深入的考虑。显然，实质理性强调的是结果意义上的理性，而过程理性侧重的是程序意义上的理性。在真实的决策环境中，人们容易错误地把过程理性当作实质理性。正如个体的理性不一定会导向集体理性一样，程序上的理性并不一定带来实体上的理性。因此，有限理性所欲扭转的是人们关于过程理性与实质理性之间的关系，即否定理想的实质理性而向现实的过程理性回归。从心理学的研究来看，有证据表明，一般个体决策考虑的不是事件的最终状态，而是其变化状况。前景理论与预期效用理论的差别主要体现在用价值函数替换了预期效用论中的效用函数，将价值的载体落实到事件的改变而非最终状态上。

自 20 世纪 70 年代开始，卡尼曼（Kahneman）和特维斯基（Tverskey）在有限理性理论的基础上，借助行为经济学，对不确定性风险条件下人的判断和决策做了大量的观察和实验，进行系统地研究。他们将人的心理特征、行为特征等作为决策的内生变量，分析影响判断和决策中的非理性因素的作用。其研究的结果表明，在不确定性情况下，决策者的实际决策行为偏离预期效用理论得出了预测结果，并且这些偏差呈现出一定的规律性。基于对这种规律性的把握，两人于 1979 年提出了前景理论（Prospect Theory）。

2. 前景理论下的税收遵从行为特征

在前景理论看来，纳税人基于有限而非完全理性来进行有关税收遵从与否的决策，其行为因此而表现出不同于预期效用理论下的特征。首先，纳税人对不确定性的估计并不完全符合效用函数的设定。这使得纳税人的行为体现出背离理性决策的趋向，其所选择的行为模式并未给自己带来效用的最大化。因此，纳税人在税收遵从与否的选择上表现出了非理性的特征。其中的原因主要是，纳税人既没有能力也缺乏经验去分析复杂的不确定性结构，只能凭借一种自认为可靠的直觉去做“盲选”。一般而言，效用最大化的决策数量是有限的，偏离了精确计算的选择，就可能获得并非最优的结果。其次，有限理性的纳税人行为在心理上受到“反射效应”的制约，在决策可能带来的收益和造成的风险上体现出区别性的风险偏好。前景理论在实验的基础上从心理因素方面考察人们在面对收益与损失时对待风险的态度，结果表明个体对收益和损失的偏好是相反的，也就是说，个体在面对损失时有风险偏好倾向，而面对收益时则有风险规避的倾向。这种现象被卡尼曼和特维斯基称为反射效应。这表明，收益事项上的风险厌恶伴随着损失事项上的风险寻求。在收益事项上，人们偏好确定性收益而不是仅仅具有可能性的更大收益。在损失事项上，人们偏好可能的较大损失，而非较小的确定性损失。这种在不同事项上对待风险的不同态度是由于人们对确定性的高估这一心理因素引起的。卡尼曼将这种低估只具有可能性的结果而相对高估确定性的结果的现象称之为确定性效应，它直接导致人们面对条件相当的盈利时更倾向于接受确定性的盈利，表现为风险厌恶，而面对条件相当的损失时更倾向于冒险赌博，表现为风险偏好。这种对待风险的心理过程在税收领域中表现为对逃避税收获得的收益和被查处受到损失态度。显然，这种判断本身是不符合理性要求的，这体现出纳税人在税收遵从决策时的“非理性”行为特征。

前景理论在税收遵从上的运用不仅是对预期效用理论的更新，而且还解释了原有的诸多困惑。在税率与税收遵从的关系上，前景理论更好地解释了现实中税率与税收遵从度呈反向运动的关系。伯纳斯科尼（Bernasconi）和扎纳尔迪（Zanardi）运用前景理论中的参考点思想研究了税率与逃税之间的关系。通过任意选择的一个参考点来建立模型，分析了税收不遵从下的两种可能性：被查处和逃过查处。如果将在纳税人逃过查处时设定为收益状态，而被查处时设定为损失状态的情况下，研究结果表明，税率的提高会导致逃税的增加。在此项研究基础上，达米（Dhami）和奥诺怀赫（alNowaihi）以纳税人合法的税后收入作为参考点，建立起纳税人的价值函数和概率权重函数。研究结论是，在前景理论下，税率的增加会降低税收遵从，这与大量的实验结果相一致。前景理论对此的解释是，在面对损失时，纳税人会表现出风险寻求。税率的提高导致纳税人可支配的财产减少，相应地损失更多。因此，纳税人更倾向于风险寻求，通过冒险逃税来满足其心理效用，这导致税收遵从度降低。哈欣扎德（Hashimzade）等人也在前景理论的基础上建立了纳税人的价值函数，假设稽查率会随着纳税人申报的收入而变化，并分析得出结论认为，税率的提高会降低纳税人的税收遵从水平。这些研究成果建立在纳税人有限理性的基础上，从更加现实的层面分析了税收遵从行为的具体特征及其原因，揭示出纳税人在实践中税收遵从决策的真实心理过程，考虑了纳税人理性能力的限制，具有独特的理论和实践价值。

3. 基于前景理论的税收遵从模型

运用前景理论对税收遵从进行分析解释了传统的预期效用理论所不能解释的问题，但是这一成果仍然是初步的。原因在于前景理论本身属于描述性的决策理论，其研究的性质多为定性研究。相比传统的 A－S 模型，前景理论更注重观察与实验，缺乏严密的数理推导。但是，学者认为，这是前景理论在技术上的特点，通过建立相应的模型，前景理论同样可以用函数与模型的方法来进行论证。

亚尼夫（Yaniv）在 1999 年建立的避税模型就是前景理论在税收遵从方面的应用。该模型假设了纳税人扣除可列支的项目后的真实应税所得额及其适用的比例税率。根据税法规定，其在一定的时间点将应税所得和扣除项目进行申报。由于纳税人已经预缴了一部分税款，在申报时会对预缴额进行清算。同时对纳税人的申报额、逃税的查处概率和处罚比例分别进行设定，形成一个纳税人最优选择的函数。这一模型很好地解释了预缴税款制度对纳税人税收遵从有正向的促进作用。只要预缴的税款额高到一定程度，可以使税收遵从度接近100%。即使将税务机关在现实中的查处概率降到一个很低的水平，只要采取措施让纳税人高估这个查处概率，那么在需要补税的情形下，纳税人依然会选择税收遵从。

在亚尼夫模型的基础上，可以通过恰当地选择参考点来进一步研究纳税人在面对收益和损失时的决策过程。就我国的具体情况而言，纳税人在申报决策过程中更看重当前资产位置，这比期望资产位置更符合其心理态度。因此，可以考虑选择预缴税款之后申报之前的所得状况来确定其资产位置。假设纳税人在某一时期内取得一定的应税所得，适用某一固定的税率。根据税法规定或当地税务机关确认的预缴方法，纳税人预缴一定额度的税款。在实行期末汇算清缴的时候多退少补。在此模型之下可以得出的结论包括：

第一，如果税款预缴制度不够完善，那么税收遵从将会受到严重的影响。如果在申报之前纳税人的预缴税款额为零，那么他很有可能选择不申报收入。这与我们现实生活的经验是符合的。如我国的个人所得税法规定的十一种应税所得中，主要的纳税方式是代扣代缴和自行申报。只有对采掘业、远洋运输业等一些特殊行业和实行年薪制的工资薪金所得、个体工商户生产经营所得、对企事业单位的承包承租经营所得以及个人独资企业和合伙企业所得明确规定了预缴方式，其他收入类型，如劳务报酬等，只是在取得所得时由支付人代扣代缴或者自行申报。当个人取得此类收入时，如果付款人没有代扣代缴，那么个人一般不会选择申报收入。相反，如果个人已经就此预缴了一笔税款，那么他很可能会选择申报收入。可见预缴税制度对提高税收遵从的作用。

第二，如果纳税人预缴的税款低于其应纳税额，并且罚款的比例较高时，预缴额、罚款比例与税收遵从度呈正相关，税率与税收遵从呈负相关。这说明，纳税人在申报之前预缴的税款额度会影响其对税收遵从或不遵从的选择。并且当面临补缴的时候，对逃税的罚款越重，预缴税款越多（即需要补缴的金额越少），纳税人的税收遵从度就越高。同时，在面临补缴税款和罚款倍数较高的情形下，税率越高纳税人的税收遵从度越低。原因在于税率的提高对纳税人的申报策略产生收入效应和替代效应，其中收入效应对抑制税收不遵从的作用是有限的，而在替代效应方面，税率越高纳税人隐瞒收入所获取的收益也就越大。这时税收遵从的成本便会提高，纳税人更加倾向于选择税收不遵从。

第三，如果纳税人预缴的税额高于其应纳税额，同时罚款倍数较高，那么纳税人可能会选择完全遵从。这说明纳税人在申报时如果知道面临退税，收益的驱动将使不遵从行为消失。原因在于人们在面对收益的时候偏好是对风险的规避，那么纳税人就不会冒着不申报被处罚的风险而失去退税的收益。此时如果再加上严厉的罚款，那么将有可能完全消除税收不遵从行为。

（四）税收遵从机制的构建：纳税人遵从行为和税务组织遵从行为

从系统论的角度来看，税收管理是一系列因素相互作用的有机整体，其中又可以划分为若干彼此独立又相互影响的子系统结构，如动力系统、过程系统和目标系统。在目标系统中，税务管理的一个主要方面是尽可能地提高税收遵从度，减少税收流失，保障国家的税收权益。为了实现这一目标，应当通过机制构建的思路和方法促进纳税人和税务组织在税收管理中的合作，围绕税收促进税收遵从配置各方在其中的权利和义务。《现代汉语词典》将“机制”一次解释为：“泛指在一个系统中，各元素之间的相互作用的过程和功能。在社会科学中，可以理解为机构和制度。”简单地说，机制就是制度加方法，或者制度化了的方法。在机制构建的思维框架下，可以将税收遵从作为一个主要的观察指标，通过分析影响税收遵从的因素来构建税收遵从的机制。从法律的层面来看，税收遵从机制其实是税收法律关系的动态过程，主要包括税收遵从机制中的主体、行为及其变动之间的相互关系。

1. 影响税收遵从的因素

在动态的税收法律关系中，税收遵从是其运行的基本目标，税收遵从度是判断这一目标实现程度的基本标准。如果通过一个法律函数来表示其中的因果关系，那么税收遵从度是作为一个函数因变量存在的，它受到诸多自变量因素的影响。在前文所述的经典税收遵从理论（包括预期效用理论和前景理论）中，税率、税制、查处概率、罚款比例等因素都是作为自变量存在于这个函数中的，它们对税收遵从度发生着不同方向的影响。除此以外，税收遵从度还受其他因素的影响，具体包括：

第一，遵从成本。纳税人为了依照税法履行其纳税义务，在办理有关纳税申报事务时，还会发生一些额外的成本和费用。例如对税法的学习了解、与税务机关的交易成本等。所有这些都是在税款和税收影响下的经济变动成本之外产生的。基于税收中性原则，税收在税款之外应当尽可能少地影响纳税人的利益，否则不仅带来过度的“税收干预”还可能降低税收遵从度。

第二，税收道德。纳税人作为社会主体，除了受到税法等法律制度的约束外，还受到税收道德约束。税收道德是关于纳税的社会舆论评价标准，包括税收公德和税收私德。相比作为外在性约束的税收法律而言，税收道德是作为一种具有内在性约束的社会规范存在的，它对纳税人的作用在一定条件下是超越法律的。因此，税收遵从不仅仅是经济利益的函数，税收道德在其中发挥着重要的作用。

第三，政府威信。马克思形容“税收是喂养政府的奶娘”，政府既是征税的代表也是管税和用税的主体。在公共财政理论看来，政府应当通过税收来为社会提供公共物品。如果政府不能做到让纳税人信任，或者不具有一定的权威（并非权力与威慑），那么纳税人则会产生对税收的抵触情绪，进而影响税收遵从度。

第四，个性特征。尽管税收面对的是不特定的社会群体，但是这种抽象的方式最终还得依靠具体的纳税人来完成，每一分钱的税款都来自具有个性的纳税人。因此，提高税收遵从度就不得不考虑个性化的因素。纳税人对税收的独特理解影响着其决策时的心理。例如，对于个体的纳税人来说，年龄、性别、受教育程度、职业等都构成影响其税收遵从决策的特征；对于作为组织的纳税人来说，管理水平、规模、规范化程度等也是影响其决策的因素。

除此以外，社会环境、历史传统、文化差异等都可能对税收遵从度带来或多或少的影响。如果将所有这些因素都纳入税收遵从管理的考虑，可谓是最优的方案。但是，受研究视角和资料的限制，只能将其中与税收管理最密切的因素提炼出来加以分析，构建相对合理的税收遵从管理模型。

2. 税收遵从机制的运行基础：涉税信息管理

从税收征管程序上看，税务管理是其中的第一个环节，目的在于实现对税源的控制，这是提高税收遵从度的基础。作为税源的载体，纳税人应当成为税收遵从机制中的一个基本主体。在上述诸多影响税收遵从的因素中，可以提炼出一个与纳税人关系最密切的范畴，即纳税人信息。税务机关只有全面和深入地掌握了相关的纳税人信息，才能建立科学可靠的税收遵从机制。由于征纳双方的信息不对称，税务机关在税收管理中往往面临信息偏在的困境，即其不能完全掌握纳税人的涉税信息。要提高税收遵从度，必须从制度上保证税务机关对纳税人信息的管理。

一般而言，税务机关对纳税人的信息获取主要来自三个方面：首先是纳税人的税务登记以及在此基础上的发票、凭证和账簿管理；其次是税务机关通过接受举报、日常检查等途径获取的纳税人信息；最后是通过第三方（如银行等）获取的纳税人信息。上述三个方面的信息渠道构成税收管理信息化的基础。我国现行的《税收征收管理法》对前两个方面的规定相对比较完善，而对第三方提供涉税信息的规定有所缺失。这导致税务机关在征管实践中面临不能完整获取纳税人信息的困境。从现实方面来看，在“信息管税”的理念之下，税务机关应当充分利用现代信息技术手段，以征纳双方信息不对称（尤其是税务机关对纳税人的信息缺失）问题为重点，通过对涉税信息的采集、分析和利用来实现税收管理专业化与信息技术的融合，健全税收管理体系，优化税收管理手段，进而达到提高税收遵从度的目标。从未来的发展趋势看，信息管税是税收征管工作思路的重大变革，将会对税收管理的思想观念、制度运行、业务流程和组织机构等产生重大影响。信息管理在税收管理中的位置将愈发凸显，这不仅是对现行税收管理框架进行的一种适应性调整，而且是对包括税务管理理念、管理制度、管理方式、管理手段和管理机制在内的现行税务管理整体框架进行创新，逐步建立适应信息化要求、符合实际的新型税务管理框架。因此，作为理论框架的税收遵从机制在构思上也应当充分考虑信息管理带来的影响。虽然这需要耗费较大的人力和物力，依靠庞大的网络来支持运行，但是却可能推动税收管理的整体转型，即从当前的专管员模式向专业化模式进化。从制度建设的角度看，应当进一步完善《税收征收管理法》，对税务机关获取纳税人信息的规定进行必要的完善，主要包括以下几个方面：

第一，税务登记管理制度的完善。税务登记是税源管理的基础，应当扩大税务登记管理的范围。在实践中，一些组织逃避纳税义务的基本方式就是不进行税务登记，导致税务机关不掌握其经营活动而无法开展税务管理。还有一些非营利性组织认为自己符合免税的条件而不进行税务登记，导致其活动不符合免税条件时也无法对其征税，造成国家税款的流失。因此，应当建立全面的税收登记制度，对拒不登记的组织除了做出处罚之外，还应当进行强制登记，具体的方法可以考虑税务机关与工商行政管理部门、民政部门等进行工作协调，获取有关涉税信息。

第二，建立信息交换制度。税务机关应当与有关部门建立网络化的信息交换与共享制度。主要包括工商、质检、财政、海关、外汇管理、公安、统计、劳动和社会保障、民政、国土管理、房产管理、法院等部门。上述机构在工作中掌握和使用大量的单位信息，其中也包括涉税信息，税务机关有必要与其建立信息共享机制，同时，这些部门也是税务机关在税务执法中需要进行工作协调的部门，加强信息互通也有利于税务执法工作的开展。

第三，规定第三方的涉税信息提供义务。银行、邮政、电信等单位也掌握一定的纳税人信息，但是这些单位不同于国家机关，其往往从客户利益出发对其有关信息进行保密，税务机关在获取信息时也存在一定的障碍。对此的解决办法是在《税收征收管理法》中明确规定第三方负有向税务机关提供涉及纳税人信息的义务，并规定相应的法律责任。这样，税务机关就可以建立比较完善的涉税信息网络，这有利于提高纳税人的税收遵从度。

3. 税收遵从机制的运行过程：纳税人与税务组织的博弈

在税收管理中，尽管税务机关处于主导者的地位，掌握国家权力，但是作为相对方的纳税人并非完全处于受制地位，征纳双方所形成的是一种互动的博弈状态。从概念的解释上来看，税收遵从包含纳税遵从和征税遵从，它要求征纳双方都自觉遵守税法，履行其相应的义务。在以往的讨论中，我们比较注重的是纳税人的遵从，对于税务机关的遵从则有所忽视。其实，在管理学理论中，管理者本身也是过程的参与者，也需要依循其中的规律，受到相应的约束。可见，在税收管理中，税务机关与纳税人存在着二重的互动关系：首先是一种博弈关系，即税务机关作为管理者与纳税人就税收遵从与查处的决策选择；其次是一种合作关系，即在税法的框架下履行各自的职责（义务）。

在经典博弈论下，纳税人选择税收遵从时，税务机关的最优战略是不进行查处；当纳税人选择税收不遵从时，税务机关的最优战略是进行查处；当税务机关选择查处时，纳税人的最优战略是税收遵从；当税务机关选择不查处时，纳税人的最优战略是税收不遵从。在这样的一个矩阵中，不存在占优策略均衡或重复剔除的占优均衡。由于在一个有限博弈中一定存在至少一个纳什均衡（包括纯战略和混合战略），而上述博弈不存在纯战略均衡，只能寻求混合战略均衡。因此而得出的结论就是，社会中存在两种纳税人，有的选择税收遵从，有的选择税收不遵从。但是税务机关并不知道一个具体纳税人属于哪一种，只知道两种纳税人的概率分别是多少。也就是说，税务机关面对的是选择混合战略的纳税人，那么其最优策略也应该是混合战略。①

在进化博弈论下，我们就会发现一些更有价值的问题。由于进化博弈论不要求参与人具有完全的理性，这更加符合现实的情况。在现实中，纳税人不具备完全理性，税务机关同样不具备完全理性。税收不遵从可能是纳税人的不遵从，也可能是税务机关的征税不遵从。并且这也是可能影响税收遵从度的变量。如果仅仅认为依靠加大查处概率和罚款比例就可以提高税收遵从度，那么至少忽略了一个方面，那就是改进税务机关的征税遵从也是有利于提高税收遵从的手段。由于税法自身的局限性，需要依靠一个额外的执行机制来保障其目标，这就是税务机关的执法活动。这种额外机制的运行也是需要花费巨大成本的，并且可能带来比税款流失更高的成本。因此必须将足够的注意力转移到作为执法者的税务机关身上，通过提高其执法水平和业务素质来确保征税遵从，更可以通过优化纳税服务来促进整个税收遵从度的提高。

（五）税收管理战略目标：促进税收遵从，实现税收法治

当所有的讨论都围绕着税收遵从展开的时候，我们可以发现一个宏观层面的框架，这就是以纳税人、税务组织作为双方主体，以信息化和风险控制为核心内涵而形成的税收管理体系。在这个体系中，纳税人和税务组织双方都受到税收法律制度的约束，都在制度和现实条件约束下实施税收征纳的有关行为，这种行为都基于双方对彼此地位认可而进行的理性选择。对于纳税人而言，在其自身内部存在一个关于税收遵从的心理机制和行为过程；从税务组织的角度来看，则形成一个战略层面上的税收管理

① 参见杨得前：《税收遵从的理论研究及其在税收管理中的应用》，中国财政经济出版社2007年版，第42页。

机制，以税收专业化管理为依托，有理性的征纳双方参与，以促进税收遵从为目标的税收管理战略。尽管“税收管理战略”的概念是从税务机关的立场提出的，但是其中所包含的目标却是对征纳双方的要求，即税收遵从既包括纳税人的纳税遵从，也包括税务机关的征税遵从。因此，税收管理战略的实施需要税务机关和纳税人的合作，通过发挥有利于税收遵从因素的作用，限制或消除不利于税收遵从因素的作用来实现促进遵从的目标。

1. 税收管理战略的提出

在21世纪初就有学者提出了我国税收管理战略目标和框架体系的构想。[①] 但在当时，我国税收管理还处于起步阶段，主要集中于对税务机构设置以及职权分配的讨论，并没有深入到税收管理专业化的程度，信息管理和风险控制还仅仅停留在比较初步的层次上。在此之后的近10年时间里，我国税收管理实践不断发展，税收管理信息一体化系统建设开始进入实际操作的阶段，以整合应用为核心内容的“金税”工程三期开始实施启动。信息技术的迅猛发展推动着我国税收管理向信息化和专业化的方向进步。与此相伴的是税务机关的管理水平和技术也在不断提升，并逐步形成了信息技术与业务相结合的“双轮驱动”效应。

在这一背景下，必须从宏观上来重新思考税收管理的格局，充分利用税务机关现有的人力和信息等资源，通过优化管理水平、提高管理效益，将税收的职能发挥到最佳。《2002—2006年中国税收征收管理战略规划纲要》提出税收征管的管理理念是“科技加管理”，重点是加速税收信息征管化进程，同时不能忽视人的因素，管理机制的改革、管理水平的提高与信息化进程是相互依存、互为前提的系统工程。按照这一要求，税收管理战略的概念就包含了税收遵从、税收专业化管理、组织税收收入、税务机关执法以及服务纳税人等若干要素及其相互之间的关系。

---

① 曾国祥：《对我国税收管理战略目标和框架的构想》，载《税务研究》2002年第6期。

2. 税收管理战略的目标导向：税收遵从与税收法治

在税收管理战略体系中，税收遵从是一个基本的目标，它导向的是税法制度获得征纳双方的共同遵守和服从。如果从更加具体的方面来看，税收遵从其实是对税法的遵从。因为税法的含义比税收更加确定而周延。这意味着，纳税人不仅仅是在服从税务机关的行政管理，而是在服从具有一般规范意义的国家法律。同时，税务机关所实施的税收管理也并非是出于自身目的或者单纯为了组织收入，而是为了实现税收法治的目标。征纳双方可能存在的对立性和矛盾被统一到税法的权威性上来。这有利于整个税收管理战略的法治化，也充分体现了税收法治的价值。税法本身既是税收遵从的轨道，也是影响税收遵从的目标。为了实现税收遵从的战略目标，应当加强税收法律制度的建设。在制度经济学看来，制度不仅是一种社会规范，同时也是人与人之间的基本结构。任何领域要想获得基本的秩序维持，就必须依赖制度的约束。从这个意义上说，制度创新和制度供给是一个社会向前发展的重要动力。税收法律制度的建设主要包括三个方面的内容：首先是建设科学规范的税收法律制度体系；其次是有效地执行税收法律制度；最后是改革和完善税收法律制度。[①] 概括来说，就是税收立法和执法。只有当税法本身及其运行获得正当性，那么对税法的遵从才能获得预期的价值。就税收立法而言，应当强调的是科学立法和民主立法，这是确保立法符合客观规律并获得权威性的必要条件。就税收执法而言，税务机关应当做到规范执法，加强税收执法内控机制，这有利于有效地防止税收流失并保护纳税人权利。[②] 除了理念层面上的税收法律制度建设，税收法治的实现还必须考虑诸多技术性的因素。如前所论，税制的合理化对

① 参见安福仁：《税收管理理论与管理战略》，东北财经大学出版社 2006 年版，第 152 页。

② 参见刘剑文：《走向财税法治——信念与追求》，法律出版社 2009 年版，第 314 页。

促进税收遵从有显著的作用。在税收立法中，要注重税制的改进。一般认为过于复杂的税制会刺激纳税人的逃税心理，而相对简明的税制则有利于税收遵从。税率（尤其是边际税率）也会对税收遵从带来影响，一般认为较高的税率容易诱发纳税人逃避纳税义务。适度的税收优惠政策有利于优化税制，但是如果过度将使税制复杂化，不利于税收遵从。因此，要实现促进税收遵从和税收法治的目标，就需要建立合理的税制，并且通过税法将这种税制体现出来。

3. 税收管理战略的实施机制：税收专业化管理

税收管理战略的实施离不开具体的机制，而税收专业化管理正是其基本的依托。税收专业化管理要求税务机关在区分纳税人的实际情况和不同特点的基础上对其实施分类化和规模化相结合的管理模式。在现代市场经济条件下，产业链条的划分愈加细致，行业分工进一步深化，由此产生出不同类型的企业和各类组织。传统的税收管理模式已经不能适应现代化背景下的管理需求，税收专业化管理是大势所趋。2009 年的全国税务工作会议提出，要大力推行税收科学化、专业化、精细化管理，其核心就在于税收专业化管理。值得指出的是，税收专业化管理作为一种技术上的管理理念还需要与税收服务的提供结合起来。只有这样才是完整的税收专业化管理实施机制，才能更好地促进税收遵从。

首先，在税收服务方面，税务机关应当尽可能地为纳税人提供良好的纳税服务。这有助于建立征纳之间的信任关系，通过提高服务质量来激励纳税人提供真实的涉税信息，从而提高税收遵从度。新公共服务理论认为，维护纳税人的利益是税收工作的根本目标，税务机关应当从纳税人的需求出发为其提供纳税服务，并更多地注重保护纳税人权利。顾客理论则把纳税人视为顾客，确立纳税人的中心地位，以纳税人的满意作为税收管理工作的重要标准。从实践来看，注重纳税服务有利于营造良好的纳税环境与和谐的征纳关系，有利于提高税收遵从。其次，在税收管理方面，尽管税务机关拥有强制性的权力，但是必须对这种权力加以控制，尤其是税务机关的自由裁量权。这既是税务机关规范执法的要求，同时也是降低税收遵从成本的需要。因为权力行使的不规范导致的征管成本过高，同时也带来税收遵从成本的升高，这不利于促进税收遵从。此外，研究显示，对政府的满意程度也会影响税收遵从度。税务机关是代表国家征税的机构，是纳税人直接面对的政府机关，一定程度上说，纳税人对税务机关的满意程度就代表着对整个政府的满意度。因此，完善税务机关的管理方式也有助于税收遵从。

4. 税收管理战略的主体依赖：有理性的征纳双方

税收管理战略通过税收法律制度来实施，其最终的主体依赖还是纳税人与税务机关。一直以来，我们关注的重点始终是二者之间的互动关系。从传统的以行政管理为特征的对立到现代的以平等关系为特征的合作。税务机关通过执行税法来组织财政收入，既是代表国家履行税收职能，同时也是依法执行税法所赋予的权限。纳税人以依法缴纳税款来体现遵从税法，既是履行法定义务，也是接受税务管理。但是应该注意到，无论是对立还是合作，税务机关和纳税人都具有基本的理性，都不可能完全不考虑对方的利益。如果没有纳税人内心的税收遵从意愿，税务机关不可能持续地通过强制的手段进行征税。反之，如果没有税务机关的服务、引导与管理，纳税人也不可能完全依照税法履行义务。因此，税收管理战略的重点在于，使纳税人和征税机关都充分意识到自身的理性，通过改进和优化纳税服务，为自愿遵从的纳税人提供充分的便利，帮助努力遵从的纳税人正确了解依法纳税的要求，从而提升整体自愿遵从的水平。税收征管将重点放在更加有效地发现、阻止不愿意遵从的纳税人上，并且有力打击不遵从的纳税人。这一战略的实施将有效提升未来我国税务机关的纳税服务水平、遵从度管理能力，并促成税收成本的降低，最终确保税务机关的职责得到有效履行，社会的满意程度不断提高。[①]

四、非营利组织涉税的法律监管

随着经济与社会的发展，非营利组织问题成为当今世界上备受关注的一个焦点。对于非营利组织的概念，学术界与法律实务界并未形成统一的界定。非营利组织发源自一个由美国流向世界的新名词 NPO（Non - Profit Organization），原意指的是由私人为实现自己的某种非经济性愿望或目标而发起的各种各样的社会机构或组织。

由于非营利组织在我国逐步壮大，其活动所带来的影响也日益深远。从本质上说，非营利组织主要是通过一定的经济结构来实现其特定的公益目的。税法理论认为，经济活动带来财产的交易，这是课税的前提条件，有财产（包括流转、所得或者保有的各个环节）即有税基。从表面来看，非营利组织及其活动完全具备上述课税的要件。然而，由于公益目的限制，非营利组织的活动大多不具有企业那样的营利性质。基于鼓励公益事业的发展和调整收入分配的目的，税法对于非营利组织采取免税政策。这既是税法理论中可税性原则的要求，也是世界各国的通行做法，构成了非营利组织税收政策的基本方面。

与此同时，一国对非营利组织的税收政策的考量还涉及另外一个重要的因素，即保障国家财政收入，其中特别是要防止“借公益之名行营利之实”来逃避纳税义务、侵害国家税收利益。这一点在我国当前非营利组织及其活动还不够规范的情况下显得尤为重要。对于试图通过非营利组织的名义来达到逃避纳税义务的主体，法律应该做到既有事前的防范机制也有事后的补救和惩戒机制，并且能够在税务管理的实践中收到良好的效果。其实，诸如“滥用税收优惠”等行为不仅造成国家税收的流失，

① 参见刘军主编：《税收管理战略转型：国际经验与中国借鉴》，中国税务出版社 2009 年版，第 41 页。

而且会引发社会公众对非营利组织信誉的怀疑与信任危机，这也不利于非营利组织本身的健康发展。

应当承认，公益事业的发展（特别是在初期）有时往往需要通过一定程度和范围内的非公益活动获得更多的资源支持。因此，非营利组织适度从事营利性活动也属必要。在这种情况下，对非营利组织的税收政策需要体现出一定的区别性和灵活性。尤其在我国当前，公益事业的发展尚处在幼年时期，非营利组织及其活动也具有多元、复杂的特点，这给税收政策的制定提出很高的要求。因此，表现在现行税收实体法律制度中，针对非营利组织的税收政策往往出现各种各样的问题，表现出不同程度的不适应性。更为困难的是，作为税务管理重要工具的税收征管法在具体落实这些不成熟的政策时，则面临更大的挑战。从立法的层面上看，我国当前还不具备制定全面规范非营利组织专门性立法的条件，因此，对于非营利组织的涉税监管问题，只能在伴随其逐步发展的过程中立足于现有规范的基础上进行渐进式的税法改革。

（一）法律实施环境的优化与构建

法律制度的实施效果并非完全符合立法者当初的构想，这是从理念到实践的一次飞跃。从宏观上说，由于法律的运行环境是社会实践的开放空间，不可避免地会与政治、经济、文化、社会心理等各种因素发生碰撞，这些因素会对法律实施的效果产生真实、具体的影响。从微观来看，一项具体法律制度的实施还受到与之相关的规范的制约。换言之，法律制度之间的协调性与相互关照是影响其实施效果的一个重要因素。对非营利组织涉税行为监管要取得良好的效果同样依赖宏观和微观环境的支持。其中，宏观环境由于涉及范围十分广泛，非单纯的立法所能解决；微观环境的优化与构建则可以通过立法的努力得以解决。

非营利组织涉税监管的微观法律实施环境是以“非营利组织”概念为核心的一套法律规范体系。在一个科学界定的非营利组织概念的统帅之下，对非营利组织的涉税监管才能够取得良好的效果。根据我国税收征管法的现行规定来看，非营利组织涉税监管的前提是对“非营利组织”概念的界定。从其他国家及地区的做法来看，比较先进的做法是在税法典中对其进行列举式定义并区分不同类型（如美国），或者进行非营利组织的专门立法。其次是在民法典中规定非营利组织的概念或条件，税法在此基础上再进行税务管理方面的特殊要求（如法国、日本、韩国和我国台湾地区）。

从我国目前的情况来看，由于非营利组织尚处于早期发展阶段，并且形式复杂而不够稳定，难以进行穷尽的列举。除了《社会团体登记管理条例》规定不需要登记的人民团体以及经国务院批准免于登记的社会团体外，根据我国的社会团体管理规定，非营利组织首先要在主管机关（民政部门）依法进行登记。因此，非营利组织的概念界定需要在社团管理立法和税收征管立法之间进行协调。目前，我国的社团管理法并没有提出“非营利组织”的法律概念也没有类似的概念和界定。从实践的做法来看，往往是由税务部门（以及财政部门）和民政部门，而且是以前者为主，以“通知”的形式来进行非营利组织的条件设定。这一做法具有不规范和临时性的特点，应该进行改革。

具体而言，从专业管理分工的层面上，应该把非营利组织概念的界定由财税部门主导的税收立法逐步转移到民政部门主导的社团管理立法。原因在于，对非营利组织的管理是一项综合性的工作，涉税监管只是其中的一个部分。由税务部门来界定非营利组织的概念仅仅满足了税务管理的要求而不能符合综合管理的宗旨。民政部门作为非营利组织的主管部门和首要的登记部门可以综合考量各类专业管理的需求，通过社团管理立法对非营利组织做出基础性的规定。当然，从立法的层次上来说，至少应该是行政法规级别，时机成熟时可以制定法律。在界定方式上，本着因循立法传统和考虑非营利组织发展状况的原则，可以考虑采用概括式定义并结合不完全列举的方法。这样做的好处在于：第一，可以防止发生遗漏；第二，便于今后做出相关的解释来对概念进行完善。

（二）税法主体资格制度

作为法学基本范畴之一的法律主体，是立法者首先关注的对象。主体与资格（或称能力）紧密联系，具备法定资格的社会实体即可成为法律上的主体。从理论上说，法律的效力范围包括时间效力、空间效力和对人的效力，法律主体是法律效力范围的一个重要维度。从实践上看，法律主体决定一部法律的适用范围。如果某一社会实体不是某部法律的主体，那么该法的全部规则都不得适用于该实体。要实现对非营利组织涉税的法治化监管，首先，必须满足"非营利组织属于税法主体"这一前提性条件。其次，由于非营利组织要求获得税收优惠待遇，那么它还应该具备税法规定的减免税资格。立法者应当考虑到以上两个方面，才能够为非营利组织税务管理提供全面的制度依据。值得注意的是，上述两方面的要求属于不同的层次。其中，"税法主体"是前提性要求，要通过税务登记制度来解决；减免税资格是在前者基础之上进行的特别处理。

作为税务管理的基础，税务登记制度的目的在于对税源的掌控。由于历史和制度的原因，在我国，纳税人的纳税意识比较淡薄，自行纳税申报还在税务管理实践中还存在不少问题。在这种情况下，税务登记就成为税务管理中的关键性环节。我们认为，税收征管法及其实施细则应当对非营利组织的税务登记进行明确的规定。同时，建议对非营利组织的财务会计制度作出要求，并与会计制度做好衔接，而且可以把非营利组织的税务登记与财会制度要求结合起来。[①] 具体包括以下原则与措施：

第一，普遍登记原则，即要求所有的非营利组织在成立之后的一定期间内全部进行税务登记，将其普遍纳入税务管理的范围。第二，区分登记原则，即从登记目的和实质条件上要充分考

① 税务登记要区别于民政部门的登记，不应该只是一种重复，而要体现税务登记的特殊要求。参见李青：《非营利组织所得税免税政策》，载《税务研究》2010 年第 5 期。

虑税务登记为税务管理服务的需要，将税务登记与行政登记区分开来。由于行政登记和税务登记的目的不同，对非营利组织税务登记所应提供材料、进行审核的重点也不相同。建议将其财务会计制度作为税务登记的重点内容，这样可以有效区分其营利行为与非营利行为，为审核其减免税资格打下基础。第三，独立登记原则，为非营利组织设置单独的税务登记规范，在登记内容、登记程序、提交材料等方面独立于企业的税务登记。例如，可以借鉴国外的做法，从程序上规定非营利组织获得税务登记所需要通过的评审或测试。由于登记为非营利组织的纳税人往往会启动税收优惠申请程序，那么就必须在登记时对其进行一定的分类和筛选，确保非营利组织的目标和运行符合非营利的宗旨，同时也为税收优惠申请和认定程序做好铺垫。第四，强制登记原则，要合理设置违反税务登记管理规定的法律后果。对于成立后在规定期间内未进行税务登记的非营利组织可采取行政处罚、暂停接受享受税收优惠申请等；对于拒不办理税务登记的，税务机关责令限期改正；逾期不改正的，进行强制登记。强制登记的方法可以考虑与非营利组织的主管机关或登记机关进行工作协调，获取非营利组织的有关资料。在具体的条文设计上，可以吸收已有的关于非营利组织税务管理规定的成果，以列举的方式提出非营利组织的范围，并规定登记的要求。

（三）税收优惠待遇获得程序

如果把税收法律关系看作一种公法上的债权债务关系，那么税收优惠则属于公法上的债务免除。债务免除是债权人对债务的事后解除。就税收之债而言，税收优惠的法理在于纳税人在发生纳税义务之后获得了作为税收债权人的国家所给予的纳税义务的部分或全部免除。我国《税收征管法实施细则》第 32 条第 2 款规定："纳税人享受减税、免税待遇的，在减税、免税期间应当按照规定办理纳税申报。"可见，税收优惠待遇的取得是建立在已经发生纳税义务的基础之上的，不能认为纳税人享受税收优惠即不发生纳税义务，这也是减免税与不征税的重要区别。由此可见，税收优惠待遇并非当然取得，而是需要通过申请、审查等有关程序。非营利组织进行税务登记之后，具备了获得税收优惠的程序可能性。在取得纳税人主体资格后，需要审查非营利组织及其行为是否符合税收实体法规定的条件，才能决定其是否享受税收优惠待遇。

从实体法上看，由于税务机关本身并非税收之债的债权人，而只是代表国家行使税收管理权的机关，其不具有直接免除税收之债的权利。按照税收法定主义的原理，税务机关的职责在于依法征税。只有法律或行政授权立法允许减免税时，才能进行税收债务的免除。[①] 我国《税收征管法》第 3 条第 1 款规定："税收的开征、停征以及减税、免税、退税、补税，依照法律的规定执行；法律授权国务院规定的，依照国务院制定的行政法规的规定执行。"

从税务管理的角度来看，税务机关只是税收优惠法定程序的执行人。税收征管法应当规定非营利组织获得税收优惠的法定程序，从而为非营利组织税务管理提供充分的法律依据。从国际经验来看，非营利组织享受税收优惠主要有两种程序，一是审核制，二是备案制。无论哪种方式，都强调对非营利组织及其活动性质的判断，即非营利组织不能从事谋取利益的活动。我国《关于非营利组织免税资格认定管理有关问题的通知》（财税〔2009〕123 号）也是从这一角度出发对非营利组织免税资格进行判断的，所采用的是审核的方法，即符合条件的非营利组织向税务机关提出免税资格申请，由财政、税务部门按照管理权限，对非营利组织享受免税的资格联合审核确认，并定期予以公布。这一做法基本能够满足我国当前非营利组织税务管理的需要，应当予以延续。需要注意的是，这一做法是以财政部和国家税务总局的联合通知作为依据的，缺少上位法的授权与支持。同时，这里的免税范围也仅仅限于企业所得税，而不包括其他税种，不能

① 刘剑文、熊伟：《税法基础理论》，北京大学出版社 2004 年版，第 244 页。

涵盖非营利组织的全部涉税行为。我们认为，应当在税收征管法的层面上对非营利组织获得免税资格程序设定进行授权性规定，以体现税务机关对非营利组织税务管理的程序合法性。由于现行税收征管法没规定减免税的程序和职权，而《税收征管法实施细则》第34条规定："法律、行政法规规定或者经法定的审批机关批准减税、免税的纳税人，应当持有关文件到主管税务机关办理减税、免税手续。减税、免税期满，应当自期满次日起恢复纳税。"为达到法律和行政法规的有效衔接，建议在税收征管法中明确相关的规定。

（四）接受捐赠的税前扣除制度

非营利组织的涉税行为可以分为直接涉税与间接涉税两类。所谓直接涉税是指非营利组织作为纳税人发生的涉税行为，间接涉税是指非营利组织不作为纳税人，而是作为与纳税人有关联关系的主体发生的涉税行为。企业、个人或其他组织向非营利组织进行公益性捐赠，如果接受捐赠的非营利组织获得捐赠税前扣除资格，那么纳税人即可将其捐赠支出在税前依法进行扣除。对于非营利组织而言，能否获得捐赠税前扣除资格，影响其获得捐赠收入的多少，决定着非营利组织的生存与发展。从国家的角度来看，捐赠税前扣除政策是一把"双刃剑"，它可以用来鼓励捐赠，促进公益事业的发展，但如果监管失范，也可能成为不法企业、组织或个人逃避纳税义务的通道。因此，必须对非营利组织的此类间接涉税行为进行监管。

根据《中华人民共和国企业所得税法》和《中华人民共和国个人所得税法》的规定，财政部、国家税务总局以及民政部联合制定了《关于公益性捐赠税前扣除有关问题的通知》（财税〔2008〕160号）、《关于通过公益性群众团体的公益性捐赠税前扣除有关问题的通知》（财税〔2009〕124号）。上述两个文件采用了审核制的方法来赋予非营利组织公益性捐赠税前扣除资格。从实践的情况来看，这一政策门槛较高，监督管理很严格，致使获得资格的非营利组织数量也比较少。但是这一做法总的来说建立起了符合我国国情的、比较合理的公益性捐赠税前扣除政策。在具体的管理层面还存在一些操作性的问题，比如审批的时间、如何与评估、年检、登记、审计等相关制度配套等。由于公益性捐赠税前扣除问题涉及的仅仅是所得税的问题，税务管理所需要的依据也主要来源于企业所得税法、个人所得税法等税收实体法。从税收征管法的层面来看，需要为这两个文件提供的支持主要是权限授予和制度配套。为此，我们建议：第一，赋予财政、税务部门设定公益性捐赠税前扣除资格审核程序的权限；第二，在公益性捐赠税前扣除问题上，赋予非营利组织适当的身份，建议为涉税当事人；第三，将“按照国务院财政、税务主管部门规定的期限保管账簿、会计凭证、完税凭证及其他有关资料”的义务主体扩大到非营利组织；第四，将“接受捐赠”明确纳入涉税信息管理的范围，从而加强公益性捐赠场合下的涉税凭证监管。因为只有建立严格的资料采集和录入考核办法，才能为税收征管和稽查选案提供真实可靠的资料来源。[①]

五、税收核定权的裁量属性及其法律控制

税务行政裁量是行政裁量在税收领域的具体化。在行使征税权的过程中，税务机关常常面临需要作出裁量的场合。由于法律概念的不确定性，如何掌握税务性裁量的尺度是一个很有挑战性的课题。在征税过程中，税收核定权具有较明显的裁量权性质，规范税收核定权、保障纳税人私人财产权对于存进和谐的税收关系意义重大。2017 年 6 月 13 日，最高人民法院公布了行政审判十大典型案例，其中，广州德发房地产建设有限公司诉广东省广州市地方税务局第一稽查局税务处理决定案（以下简称“德发案”）经最高人民法院再审并作出判决。该案的一审、二审在税法理论和实务界就引起较多关注，再审判决引发了关于此案新一

① 袁力田、王春耘：《从一起偷税案件看非营利组织的税收征管问题》，载《税务研究》2007 年第 9 期。

轮的热烈讨论。案件所涉及的法律问题包含税务局稽查局是否具有独立的执法主体资格以及是否超越职权、纳税人申报的计税依据是否存在“明显偏低又无正当理由”的情形以及加征滞纳金是否合法等。该案的核心问题在于广州德发房地产建设有限公司（以下简称“德发公司”）将 2004 年 12 月 19 日出售房产的成交价格 1.38255 亿元作为计税依据申报缴纳营业税是否属于《税收征管法》第 35 条第 6 项所规定的“纳税人申报的计税依据明显偏低，又无正当理由的”。这涉及税务机关行使税收核定权是否符合法律规定的条件。从行政裁量的视角观察税收核定权的内涵，可以发现税收核定权所具有的裁量属性，在论证税收核定权性质的基础上有助于探求对其进行法律控制的有效路径。

（一）税收核定权的法律性质

目前学界对于税收核定的概念及其范围的认识并不一致，尤其是关于税收核定与推定课税、纳税评估和税务调查之间的关系尚未完全厘清。[①] 从客观问题定位出发，为了使讨论更为集中，这里对税收核定的研究仅以《税收征管法》第 35 条的规定为中心展开。根据一般的理解，税收核定权是法律赋予税务机关在法定情形下对应纳税额进行确定的权力。在现代税法学的观念中，税收从法律上已由传统的权力关系转型为债务关系，由此所确立的税收法定原则已经成为普遍共识。税收核定将特定情形下确定应纳税额的权力交由税务机关行使，而非由法律规定，在某种程度上与税收法定原则之间存在紧张关系，需要从理论和实践的角度加以论证。

1. 行政裁量的一般原理

国内学界关于行政裁量的研究呈现多元化的面貌，包含了行

---

① 参见聂淼、熊伟：《重塑税收核定：我国税收行政确定的建构路径》，载《税务研究》2015 年第 12 期。

政裁量的基准研究、司法审查研究、自我规制研究、软法研究等。[①] 不过关于行政裁量的概念及其范围却存在较大争议。有学者将关于法律要件和法律后果的判断均纳入行政裁量的范围，认为无论从要件的认定上探讨是否存在裁量的余地还是在其要件得以满足的情况下探讨相关的法律后果都具有重要的实践价值和理论意义。[②] 也有学者认为行政裁量是指在法律授权的情况下，行政机关对同一实施要件的处理方式根据具体情况进行选择的权力，并不包括对该事实要件的评价判断。[③] 形成上述分歧的一个重要原因是英美法系和大陆法系对行政裁量概念在认识上的不一致。英美法系对行政裁量的认识比较宽泛，而大陆法系（主要是德国法）把事实要件和法律后果严格区分开来，仅将行政裁量限定在法律后果的范围内，否认行政机关对事实要件进行裁量的权力。[④] 笔者认为，以上观点均有一定的道理。需要注意的是，行政裁量这一概念尽管十分重要，但毕竟属于"舶来品"，将其引入我国行政法学理论和实务中进行研究时必须充分考虑概念的本土化。由于我国的行政法学理论和实践并不发达，对如此精细的概念尚不宜做出过于严格和一致的界定，而是需要在具体的行政法治实践中发现对这一概念进行修正和改造的可能性，进而使行政裁量这一概念具有中国化的特色。唯有如此，才可能使得法学概念与我国法学理论与法治实践紧密结合，发挥出其应有的作用。

---

① 参见周佑勇：《裁量基准的技术构造》，载《中外法学》2014 年第 5 期；王贵松：《论行政裁量的司法审查强度》，载《法商研究》2012 年第 7 期；姜明安：《论行政裁量的自我规制》，载《行政法学研究》2012 年第 1 期。

② 参见杨建顺：《论行政裁量与司法审查——兼及行政自我拘束原则的理论根据》，载《法商研究》2003 年第 1 期。

③ 参见周佑勇：《行政裁量概念的比较观察》，载《环球法律评论》2006 年第 4 期。

④ 参见周佑勇：《裁量基准的技术构造》，载《中外法学》2014 年第 5 期。

2. 税收核定权的裁量属性

根据《税收征管法》第 35 条的规定，税务机关行使税收核定权的情形包括六项。在法律上，“情形”属于对事实的一种高度抽象概括。从逻辑上看，在某种情形下产生相应的法律效果，这是一种条件关系。换言之，如果案件事实不符合此种情形则不能发生相应的法律效果。就本案而言，如果不存在“计税依据明显偏低，又无正当理由”的情形，行使税收核定权就不具备法定条件。如果我们把这里的“情形”理解为事实要件的话，那么对这六种情形的判断则构成了所谓事实要件的判断。从体系化的角度来看，这六种情形所具有的共同客观性特征是确定应纳税额的事实依据不存在或者不真实，因此无法判断纳税人应纳税额是否准确。① 只有在符合这一条件的基础上，税务机关才能启动税收核定权，否则税务机关无权对应纳税额进行核定。从主观上来看，上述规定对确定应纳税额的事实依据不存在或者不真实的主观因素规定并不完全一致。其中，在第 2、3、4、5 项情形中，纳税人显然存在着主观上的过错。而在第 1、6 项情形中，纳税人并不存在主观上的过错。因此，税收核定权的行使具有中立性的特征，它并非是对纳税人的一种惩罚，而仅仅是为了合理确定应纳税额。税收核定的法律要件所具有的这种客观性特征，使其成为一种纯粹的外观事实判断。有学者指出，由于实践中税务机关的行政资源有限，必须对其内部资源进行整合，以发挥最大的效用。因此，对于税收核定权力的运用，应赋予税务机关裁量的空间。② 结合最高人民法院的判决来看，笔者认为，《税收

① 有学者认为税收核定是指税务机关在无账可查或难以查账的情况下，依照税法的规定，运用各种间接资料合理确定纳税人应纳税额并据以征收税款的制度。这一认识与《税收征管法》第 35 条的规定并不符合。因为该条文第 6 项“纳税人申报的计税依据明显偏低，又无正当理由的。”显然既不属于“无账可查”也不属于“难以查账”。

② 参见熊伟：《重塑税收核定：我国税收行政确定的建构路径》，载《税务研究》2015 年第 12 期。

征管法》第 35 条所指的税收核定显然包含着行政裁量的空间，理由是：第一，在“德发案”再审判决书中，最高人民法院指出，“‘计税基于明显偏低，又无正当理由’的判断具有较强的裁量性”，[①] 这说明在司法实践中，法院认为判断该项事实是否符合法律所规定的要件的行为，属于税务机关的职权，并因此而“尊重税务机关基于法定调查程序作出的专业认定”。显然这里存在着裁量的空间。第二，从反面来看，如果要否认税务机关的该项判断，必须存在“明显不合理或者滥用职权”。这与税务行政裁量权行使的基本原则和要求是一致的。[②] 综合而言，《税收征管法》第 35 条所规定的税收核定，无论从条文的涵义还是其在税务执法以及司法中的适用来看，其具有裁量属性，将其认定为是一种具体的行政裁量是符合理论和实践的。

3. 税法基本原则约束下的税收核定权

作为行政裁量的一种具体表现形式，税收核定具有独立的特征，其表现为税收核定应当受到税法基本原则的制约。税收核定的行使要件及其法律后果都应当接受税法基本原则的考验。具体而言，首先，税收核定应当符合税收法定原则。概言之，税收核定最为明显的表现就是其与税收法定原则之间的关系。税收法定原则要求课税要素法定，其结果是应纳税额的法定化。也就是说，纳税人所应承担的纳税义务是基于法律规定的应税事实而非税务机关的认定产生。这里所体现的是课税权的法律保留。但是不能排除在特定情况下，法律所规定的应税事实无法真实准确地表征税收构成要件，从而必须给行政机关留下必要的决断空间。基于这种原因，有些学者把税收核定理解为一种推定课税，而非法定课税。同时指出，立法粗陋导致推定课税制度带有极大的任

① 参见中华人民共和国最高人民法院行政判决书（2015）行提字第 13 号。

② 税务行政裁量权行使的基本原则是正当合理原则。参见李登喜：《论税务行政裁量权行使原则》，载《税务研究》2012 年第 3 期。

意性、不确定性和不可预期性，造成许多负面影响。[①] 笔者认为，这种负面影响并非完全来自税收核定或推定课税制度本身，而是由于我们没有通过法治的方式对其进行必要的约束。换言之，是缺乏对税收核定这种税收裁量权的法律控制。其次，税收核定应当符合税收公平原则。一般对税收公平的理解是指纳税人之间在税收负担上的平等，即纳税能力强者多纳税，能力弱者少纳税，无能力者不纳税。需要注意的是，税收公平不仅包括纳税人之间的公平，同时还包括纳税人与国家之间的公平。这一点在税收核定的场合表现得尤为明显。由于应税事实的不明确存在不可归责于纳税人的可能性，税务机关在核定应纳税额时不能完全从国家立场出发对纳税人实施具有责难性的课税，而必须兼顾和平衡国家征税权与纳税人财产权。有学者提出，税收实践中税务机关为达成特定的征税目标，基于预先假设而对特定或不特定纳税人进行检查和稽查，此种所谓"税捐稽征经济"考虑的行为是否违反了税收法定主义和法治精神，是学界关注的一个焦点问题。[②] 因此，税务机关在税收执法和出路具体案件中应当保护纳税人的诚实推定权，即税务机关不得在没有证据的前提下进行在先推定，同时在税收司法中承担更多的举证责任。[③] 税收核定权的行使只有符合上述原则的要求才有可能做到正当合理，进而满足对行政裁量进行法律控制的基本要求。

（二）作为不确定法律概念的"明显偏低，又无正当理由"

在《税收征管法》第35条中，前5项所描述的情形通常比较明确，而第6项所述情形则较为抽象，是实践中产生争议较多的地方。"德发案"再一次展示了作为不确定法律概念的"明显

① 参见刘继虎：《论推定课税的法律规制》，载《中国法学》2008年第1期。

② 参见黄茂荣：《税法总论：法学方法与现代税法》（增订3版），台湾植根法律出版公司2012年版。

③ 参见王桦宇：《论税法上的纳税人诚实推定权》，载《税务研究》2014年第1期。

偏低，又无正当理由”所带来的法律解释上的困惑。尽管一些学者认为应当将不确定法律概念与行政裁量之间进行本质性的区分，但是不得不承认，在一些具体的领域和场合，如果将不确定法律概念所描述的事实要件完全弃之不顾，则无益于对行政裁量的正当性与合理性进行清晰的判断。笔者认为，如果在抽象意义上区分不确定法律概念的构成要件和行政裁量的法律后果或许具有一定的逻辑合理性的话，那么在具体行政裁量的分析中，则必须将不确定法律概念所要求的构成要件与行政裁量一并加以分析。

1. 计税依据与交易价格的关系

根据《中华人民共和国营业税暂行条例》第 4 条的规定，营业税的计税依据为营业额。在“德发案”中，营业额为其销售不动产的价格，即拍卖价格 1.38255 亿元。税务机关认为该销售价格不能作为营业税的计税依据，于是将其调整为 3.11678775 亿元。在此引发的一个争议是，税务机关在确定计税依据时，是否有权对当事人经由市场交易形成的价格进行调整。就概念本身而言，交易价格与计税依据分别属于私法和税法两类不同性质的法律制度，其逻辑出发点和目标均各异其趣。但是，在一个具体的交易行为中，二者往往表现出“一体两面”的特征。那么交易价格与计税依据究竟是何种关系？从税法理论上说，这里涉及的问题是税法与私法的关系问题。由于二者分属公私两域，就法域属性而言，完全不同。但是从具体的法律事实来看，税法与司法之间存在着紧密的承接关系，法律规则及其效力之间必然发生交错。因此，不能简单地以法域属性不同来否认税法与私法之间的联系。从法律规范调整的角度而言，私人财产权从权利归属、转让到收益的取得，首先应当受到私法规范的调整和评价，私法规范本身足以使财产权主体的经济活动过程与成果得以正确的反应和衡量。[①] 这说明私法对当事人的规范效力具有先在的正当

① 参见刘剑文：《私人财产权的双重保障——兼论税法与私法的承接与调整》，载《河北法学》2008 年第 12 期。

性，而不宜随意被否定，否则当事人对其行为在税法上将失去稳定的预期，可能扰乱法律秩序，也破坏了法的安定性，甚至可能成为当事人自由行权时的阻力。[①] 因此，原则上应从税收概念和私法概念相一致的立场解释税法。

私法与税法的一致性要求在客观上为通过私法规避税法创造了条件。德国税法所确立的“避税行为的否认原则”即是为了防止当事人以私法自治来规避税法规范。但是这里面临一个制度上的限制就是税收法定原则。在没有法律根据的情况下，将当事人选择的法律形式恢复为通常使用的法律形式，进而予以课税，税务机关在实践中难以操作。[②] 但是需要看到，操作性不是否认税法对私法行为进行调整的充分理由，从法律上说，税务机关在此环节上必须严格遵守法律的明确和具体的规定，其裁量性原本是不存在的。从我国《税收征管法》第 35 条的规定来看，前五项均为明确而具体的法律规定，未给税务机关留下裁量的空间。但是第 6 项“纳税人申报的计税依据明显偏低，又无正当理由的”的规定却属于非具体规定，显然在此法律给税务机关留下了较大的裁量空间。因此，这里论及的“税收核定权的裁量属性”之制度依据基于该项条款的规定。由于立法已经明确规定在这种条件下税务机关有权对当事人自由交易形成的价格进行调整，进而确认该交易行为的计税依据。那么需要探讨的焦点就集中在税务机关的裁量是否符合法律规定的条件。

2. “明显偏低”的标准及其证明责任

“明显偏低”是一个典型的不确定法律概念。尽管税务机关在征管过程中有权判定纳税人申报的计税依据是否属于“明显偏低”，但是这一法律概念同时必须接受司法的审查和监督。这就意味着，税务机关在行政程序中的判断在进入司法程序后需要

---

① 参见刘剑文：《私人财产权的双重保障——兼论税法与私法的承接与调整》，载《河北法学》2008 年第 12 期。

② 参见杨小强：《论税法与私法的联系》，载《法学评论》1999 年第 6 期。

按照一定的标准进行论证并承担相应的证明责任。在行政诉讼中，行政机关的证明责任是一个极为关键的问题，证明责任的范围不仅直接指向案件事实同时也隐含着对法律概念的明确。有学者指出，行政机关应在法律框架内追加价值判断（履行个别情况考虑义务），来决定是否将该概念适用于个案事实。[①] 笔者认为，税务机关在对"明显偏低"这一要件进行判断时在事实层面上需要加入对该项交易的个别性的考量，在价值层面上需要加入"市场化价格"的因素。在"德发案"中，法院确认的税务机关判断"明显偏低"的过程是"德发公司委托拍卖的涉案房产包括写字楼、商铺和车位面积共计63244.7944m^2，成交面积为59907.0921m^2，拍卖实际成交价格1.3亿港元，明显低于德发公司委托拍卖时的5.3亿港元估值；涉案房产2300元/m^2的平均成交单价，也明显低于广州税稽一局对涉案房产周边的写字楼、商铺和车库等与涉案房产相同或类似房产抽样后确定的最低交易价格标准，即写字楼5000元/m^2、商铺10500元/m^2、停车场车位85000元/个；更低于德发公司委托的广州东方会计师事务所有限公司对涉案房产项目审计后确认的7123.95元/m^2的成本价。"进而得出"广州税稽一局认定涉案房产的拍卖价格明显偏低并无不当"的结论。作为一个比较性的判断，税务机关列举了三个对比性的参照价格：一是德发公司委托拍卖时的5.3亿港元估值；二是广州税稽一局对涉案房产周边的写字楼、商铺和车库等与涉案房产相同或类似房产抽样后确定的最低交易价格标准；三是德发公司委托的广州东方会计师事务所有限公司对涉案房产项目审计后确认的7123.95元/m^2的成本价。其中，第一、三个参照价格来自于德发公司和估价和委托审计，而这两者均与试产成交价格无关，仅仅是一种当事人及其委托的专业机构根据某种方式计算出来的价格，完全不具有参考价值；第二个参照价

① 参见王天华：《行政法上的不确定法律概念》，载《中国法学》2016年第3期。

格是对周边类似房产的抽样后确定的价格，同样也不是在真实交易环境中产生的价格。因此，三个参照价格都是基于非市场化的行为产生的。在没有进一步的证据事实的情况下，将其作为判断“明显偏低”的标准缺乏事实依据。

3. “正当理由”的涵义

根据《税收征管法》第35条的规定，“正当理由”是作为一个行使税收核定权的消极要件存在的。也就是说，如果纳税人有正当理由，那么税务机关就不得行使税收核定权。那么应当如何理解和适用这里的“正当理由”呢？有学者认为这里的“正当理由”主要是纳税人自身的不违反法律和道德底线的主观性原因。此外，如果发现当事人有避税目的，则排除其理由的正当性。[①] 可见，这里的所谓“正当”主要是从纳税人主观层面上说的。法律对行政裁量所要求的正当合理原则在此也构成了统一的逻辑。如果当事人具有正当的理由，那么税务机关就不可能再“正当”地进行裁量了，也就排除了行政裁量的可能性。如果当事人的理由不具有正当性或者根本就没有任何理由，那么税务机关才有可能进行裁量。在“德发案”中，纳税人所提出的理由其中包括偿还债务。由于拍卖遵循的是市场规律，成交价的高低完全不是再审申请人所能控制，本案拍卖成交价虽不尽如人意，但不影响拍卖效力，再审申请人只能也只应以拍卖成交价作为应纳税额申报缴纳税款。[②] 偿还债务是否可以作为一个正当理由来排除税务机关核定权，这在税法上并没有明确的规定。不过，我们可以尝试从类似的法律制度中寻找答案。根据《反不正当竞争法》第11条的规定，因清偿债务以低于成本的价格销售商品

① 参见翟继光：《论“计税依据明显偏低又无正当理由”的判断标准》，载《税务研究》2016年第8期。

② 拍卖前，德发公司的银行债务1.3亿港元已全部到期，银行已多次发出律师函追收，拍卖是再审申请人为挽救公司而不得已采取的措施。参见袁森庚：《最高人民法院提审的德发公司案分析》，载《税务研究》2017年第6期。

不属于不正当竞争行为。尽管竞争法与税法具有不同的规制目的，但是二者在此的逻辑是一样的。具体而言，市场主体在销售商品的过程中均需要遵守市场化原则，不得基于某种不正当的目的（在竞争法是排挤竞争对手，在税法则是规避纳税义务）以低价进行交易。显然，清偿债务可以构成一个正当理由来排除法律的规制。德发公司清偿债务的需求未被采纳作为“正当理由”，使得司法机关失去了一个将不确定法律概念具体化的机会。

（三）税收核定权的法律控制

行政法学界关于行政裁量权的滥用及其法律控制已有较多论述，其中最为核心的是正当合理原则。但是该原则本身即是行政法的基本原则之一，是一个非常抽象的概念。在具体的税务行政裁量中，必须将这种抽象的原则尽可能地与税法的理论和实践相结合，进而发展出一套具有操作性的方法。笔者认为，法学意义上的“正当合理”应当是一个被赋予了多方面、多层次的规定性或涵义的范畴。[①] 在一个具体的行政裁量场合，必须将所裁量事项所处的领域和其所具有的一些特征综合考虑，方可得到一个具体而正当合理的结果。近年来，学者提出财税法的公共财产法性质以及财税法学所具有的领域法学属性，[②] 揭示了税法这一具体的行政管理领域的特征，即财产性。税务行政裁量直接关涉纳税人的私人财产权，而对财产权利裁量的标准往往表现为交易价格（流传税）、所得额（所得税）、财产价值（财产税）等。如何科学合理地判断和确定上述标准就成为法律控制行政裁量权的重要内容。就“德发案”而言，税收核定的直接对象是计税依据，在私法上它表现为交易价格。那么私法上的交易价格与税法

① 参见李登喜：《论行政裁量权行使的原则》，载《河北法学》2011 年第7 期。

② 参见刘剑文：《论财税体制改革的正当性——公共财产法预警下的治理逻辑》，载《清华法学》2014 年第 5 期；《论领域法学：一种立足新兴交叉领域的法学研究范式》，载《政法论丛》2016 年第 5 期。

上的计税依据如何实现合理的沟通？首先，这应当诉诸于不同的理性。私法上成交价格是一种私人交易理性，即当事人认可这一价格表明其认为自己的权利得到了尊重，于是发生相应的私法效力。而税法上的计税依据所体现的是一种公共交易理性，是国家课税权与私人财产权平衡的理性。具体而言，我们可以将国家也视为经济交易的一个主体，国家以私人交易的价格为基础（仅仅是基础而非完全等同）以法定的比例（即税率）参与交易获取利益。国家的税收利益是附着于私人利益之上的，因此这种利益不能超越私人利益。在“德发案”中，德发公司不存在避税或者其他不正当目的，其将房产“贱卖”的行为在私法上表面看来是一种非理性行为，甚至可能已经遭受了财产上的不利益，但是在私法上我们仍然认为德发公司在这一交易中的判断是理性的。因此，国家课税权也应当保持充分理性，认可其交易价格作为计税依据，除非税务机关能够举证证明德发公司的行为具有避税或者其他不正当目的。其次，计税依据作为法定课税要素从原则上说不能由税务机关通过行政权来予以确定。从《税收征管法》第 35 条的规定来看，前五项所指的均为客观上无法确定应纳税额的情形，唯有第 6 项“纳税人申报的计税依据明显偏低，又无正当理由的”指向并包含着纳税人主观心态。显然该项具有反避税意图的条款与前五项的规范意旨完全不同。因此需要将该项规定从中予以分离，建立规范、科学的反避税制度，即对于一般反避税制度更应当实施严格法律控制。从这个意义上说，反避税作为税收核定的一种形式也应当受到法律的控制。

从行政裁量法律控制的角度而言，对税收核定权的进行控制的方法是建立行政裁量基准制度。税务行政裁量基准制度的设立，旨在限制税务行政执法机关滥用行政裁量权，以达到规范税务行政行为、实现税收法治的最终目的。制定和执行税务行政裁量基准制度的重要意义在于：第一，有利于推进依法行政，保障纳税人合法权益；第二，有利于提高执法效能，提升执法水平；第三，有利于减少裁量权滥用，遏制权力寻租；第四，有利于加强执法监督，优化部门形象。具体而言对税收核定权的裁量基准主要应当包括以下几个方面：首先，完善税收核定行政裁量基准的设定技术。这需要对税收核定权行使的条件、场合类型等进行精致化的区分，确保核定权力行使的准确性，避免法律条文中的不确定概念可能导致实践中执法的随意性。例如可以强化对纳税人程序性权利的维护，体现其在行政裁量过程中的参与性等。其次，健全税收核定行政裁量基准的运行机制。这需要对税收核定行政裁量的程序进行合理划分并进行有机衔接，在不同的阶段上对不同的价值取向分别予以侧重，体现多元化的裁量基准目标，对于重大裁量事项应当建立集体讨论和特例逸脱制度。再次，应当强化税收核定行政裁量基准的绩效管理。这需要从绩效计划、绩效实施、绩效考评和绩效结果等方面注重执法规范性、过程监控和奖优罚劣等相关机制。最后，应当加强税收核定行政裁量基准制度的内外部监督。这需要建立税收核定行政裁量基准的行政备案制度，做到基准的客观化和规范化，同时引入第三方评估机制对基准的科学性进行评价。建立相对完善的行政裁量基准司法审查制度，确保税收核定的裁量基准处于法律的监督之下。综合而言，对税收核定行政裁量的法律控制既要坚持一般的行政法治原则，同时也要根据此类裁量的特征来制定更为具体的措施。从更为本质的层面来看，注重和强化对纳税人权利保护的质量和力度是一个根本的思路，而这最终依赖对税收核定行政裁量的司法审查。在以司法为中心的法治体系中，对行政行为进行法律控制的精髓便在于此。在反避税的情景下，税收核定权的形式当然也应当遵循这一规律。

“德发案”所引发的争议表面上是关于《税收征管法》第35条第6项“纳税人申报的计税依据明显偏低，又无正当理由的”的法律解释，其实背后所隐含的是纳税人对税务机关行使税收核定权不受法律控制的质疑。应当承认，最高人民法院的判决在现行税法规范下已经表现出维护纳税人财产权的努力，应当进一步反思的是税收核定权与反避税制度的体系化构建。笔者认为，税收核定权具有裁量的属性，无论是对事实要件还是法律效果均可贯彻行政裁量法律控制的一般原理予以实施，关键在于如何将一般性的规制思路具体化并妥帖地适用于特定的税收征管案件。“德发案”典型性在于它触及了计税依据这一课税要素，让税收所要求的法定性与征管所具有的裁量性发生了碰撞，由此引发的争论将有助于我们进一步调适现行税收核定以及反避税规范的合理性，创新税法制度，推进我国纳税人权利保护和税收法治完善。

第四章　财政监督的法理与制度研究

财政权属于国家权力的一种，其运行的过程与其他权力一样都需要以权力设定、执行和监督等一系列具体的环节来构成。从权力设定来看，宪法、国家机构组织法等制度规定了国家以及有关机关享有决定征税、编制和批准预算、决定财政支出等诸多权力。就公法的特质而言，有“授权即限权”的理念，因此这种设权或者授权从另一个角度来看也是对权力的限制。此外，对财政权的限制还包括了税收法定、预算法定以及支出法定等一系列基本原则，主要是从立法的角度对财政权的运行过程进行最为基本的限制。从权力的执行来看，国家的财政、税务机关是最主要的财政权执行部门，但是所有的国家机关都存在着与财政权执行相关的工作程序和职责，这构成了对财政权在动态上的限制；从权力的监督来看，需要不同的主体对财政权运行的过程进行控制，包括行政、司法以及审计等多角度的法律监控。把权力监督当作权力运行的一个具体环节，有助于我们理解监督对于权力存在的重要意义。从法理上说，权力本身不具有天然的正当性，它必须受到来自实体和程序上的限制。只有受到约束的权力才是规范的权力，而法律的规范性与规范权力的需求是相契合的。立法上的设权、授权必须与限权和监督紧密结合起来才能保证权力的规范性及其实施的正当性。监督是确保权力规范的基本途径，财政监督则是确保财政权正当性的关键所在。而财政监督的本质则在于通过法律对财政权力进行必要的控制。因此，对财政监督而言，需要从财税法治的角度来探究如何构建财政权的法律控制机制。在通过财税立法来实现财政监督的过程中，需要从理念的层面来反思财政权的基本属性，寻找控制财政权的特殊性法律途径，尤其是要从财政民主、财政绩效以及财政法治的理念出发来研究财政监督的制度结构。

本章将从权力监督、财政权及其法律控制的概念和相互关系入手，为财政监督搭建基本的法治化理论平台，进而从财政权的特性来分析财政权力监督的特殊规则及其问题，并着力从财政民主、财政平等、财政绩效以及财政法治的角度来论证财政监督的法治意义和价值。最后将从在控权理论和法治理念的角度，探讨不同的机构设置、制度规则和运作实践在中国实施的可行性及正当性。具体包括在行政审计监督基础上加强财政行政问责，推进立法代议监督的主导性和终极性以及完善社会监督的正当性和必要性。

一、财政监督与财政权的法律控制

一般而言，财政监督可以包括两种涵义，传统的财政监督是指财政部门监督管理财政行为；而财政法治下的公共财政监督则是通过法律实现对财政行为的全面监督，通过规范财政行为来实现对国家权力运行的监督并最终保障纳税人基本权利，即以“限财”来“限权”。本书研究对象所选取的实施财政监督的后一种涵义。与传统的财政监督涵义相比，这是一种更为明确、具体和务实的概念，其意义和价值也都更为广泛。应当看到，国家的所有行为都离不开公共财政的支持，而公共财政的本质是一种政府的理财行为，通过理财来实现治国的目标，即学者所提出的“理财治国”的财税法理论。[1] 政府所有的权力行为归根结底是财政权力的运行。对财政权的控制可以实现对政府整体权力进行约束的效果。因此，对财政活动本身的监督，其意义绝不仅限于财政领域，而是会扩及到整个政府行为的全部。正是从这个意义

① 参见北京大学财经法研究中心编：《税醒了的法治：刘剑文教授访谈录》，北京大学出版社 2014 年版，第 167 页。

上，我们可以说，通过规范的财政行为可以对权力运行有效的监督。

尽管学界关于权力监督已经有了为数不少的研究成果，不过针对一种具体的权力类型的研究仍属稀缺。我们认为，对权力监督泛泛而谈的意义是有限的，它可以为我们提供一些基本的理念，但缺乏理论的系统性和实践的有效性。在认可和继受现有研究的基础上，从财政权力的特质出发，仍然需要对下列关于权力监督的基本课题发问：权力监督的必要性与可能性是什么？它要达到的效果是什么？权力监督是否在权力的法律控制之外构成一种独立的控权机制？监督所包含的内在机制和原理是什么？在对上述问题进行探究的基础上，需要通过对财政权这种特殊的权力类型的分析来研究财政监督的具体问题。

（一）权力监督与权力的法律控制

从历史的发展来看，权力的存在方式及其形态在不同时代有着极大的差异。在前资本主义社会，权力是以专制的方式存在于君主及其利益集团的意志之中，这是一种专制的权力形态，在当今时代已经日渐式微乃至完全消失。在专制的权力形态中，权力在本质上是完全集中的，不存在通过分权、制衡等方式限制权力的可能性，当然也就没有权力监督的问题。如果说存在一种形式上的监督，那也是君主（上级）个人的思想开明或者是其考验大臣（下级）是否忠诚的政治伎俩，与权力是否规范运行无关。在资本主义建立之后，权力存在的方式开始转变为民主制下的权力形态。这种权力存在形态所强调的是权力来自于国民的授权，国家只是受托人民主权。它要求的是权力的分立和制衡。正如孟德斯鸠所指出的：“当立法权和行政权集中在同一个人或同一个机关之手，自由便不复存在了；因为人们将要害怕这个国王或议会制定暴虐的法律，并暴虐地执行这些法律……如果司法权同立法权合而为一，则将对公民的生命和自由施以专断的权力，因为法官就是立法者。……如果司法权同行政权合而为一，法官便将握有压迫者的力量。”[①] 值得注意的是，在民主制的权力形态下，权力分立还远远不够，必须采取必要的措施对权力进行制衡，而能够制衡权力的仍然是权力本身。于是现代政治制度通过议会制度、违宪审查制度等来实现权力制衡的效果。我们可以看出，民主制的权力形态与专制权力形态的一个基础性差异在于前者的权力体系存在一个“权力配置”的问题。也就是说，民主制下的权力配置与专制的权力形态不同，它必须通过法律作为权力配置的载体。权力需要通过包含公意的法律所具有的权威来获得民众的认可以确保执行的效果。如果权力失去了法律载体，那么权力就形同虚设。[②] 同样，马克思主义关于权力存在的思想也是以法律作为载体的。尽管由于马克思主义法律观通常是以国家和法律消亡为终极解释，它强调权力对社会的回归，这样可以从根本上解决权力压迫的问题，但是马克思主义法学同样承认法律对权力的规范，并且非常重视这种规范的意义。马克思和恩格斯都认为，国家权力理论本身不是自足的，权力只是一个工具，国家的存在只能维护个人权利而不能牺牲甚至侵犯个人权利，这构成了国家权力存在的基本前提。[③] 出于对国家机关工具性和自利性的认识，要保障公民自由就必须对权力进行规范。从终极的意义上说，要确保权力规范运行的实际效果，就不许设置权力监督的环节和程序。

1. 权力监督的法理

通过法律来控制权力以达到权力法治化是公法的一个基本目标。所有的公权从设立开始就产生了如何限制和规范的问题。或者说，在公法上，“授权”与“限权”在程序上具有同一性。因

---

① 参见［法］孟德斯鸠：《论法的精神》，严复译，上海三联书店 2009 年版，第 125 页。

② 参见周永坤：《规范权力——权力的法理研究》，法律出版社 2006 年版，第 50 页。

③ 参见恩格斯：《集权和自由》，载《马克思恩格斯全集》（第 41 卷），第 394 页。

此，权力产生的同时就产生了权力的法律控制问题。依法对权力进行监督本身也属于权力法律控制的范畴。从一般意义上，我们可以说，权力监督属于权力法律控制的一种形式。然而，从另一个角度看，权力的控制是公法设权的初始过程，是否达到理想的效果则需要在权力运行的过程中加以评估。这就需要在设权与限权的基础上施以效果检验机制。权力监督原本是对权力规范化效果的检验，同时它可以反过来构成对权力主体的约束。通过权力监督这种效果检验的过程可以发现权力行使中的问题，进而引发纠正和问责机制，达到回归公权本位并藉以震慑潜在的违法者。在前述逻辑中，监督与法律控制具有一定的区别，前者是在后者基础上建立的效果检验机制。从广义来看，法律控制可以包括监督这一特殊形式，也就是说，监督是法律控制的形式之一。不过，如果单纯就监督这一特殊范畴而言，其中所包含的要素则比一般意义上的法律控制更加复杂。因此，我们倾向于认为监督是超越于一般法律控制意义之上的权力约束模式，它较之于禁止、命令以及责任性的法律规范而言具有更加深入的意义，将其作为一个特定的领域展开研究也具有独特的意义。需要申明的是，将监督作为一个独立的范畴展开研究并不是排斥法治在监督中的作用。监督本身的确需要在法治的框架内展开，超越法治的监督不仅难以发挥功效，反而可能造就一个不受约束的“特权监督”。这既然是一个理论上的误区，也将对监督实践产生危害。政治学上的研究结果显示，为了控制官员的权力，通过施加“政治化”因素来实现控权目标的效果远逊于以政治责任等具有法治因素的方法。①

2. 以权力制约权力：内部监督与外部监督

权力规范包含丰富和复杂的内容。如果将权力规范理解为一种状态的话，那么这种近乎理想的状态需要通过一系列的措施来

① 参见［英］安德鲁·海伍德：《政治学》（第三版），张立鹏译，中国人民大学出版社 2013 年版，第 283～285 页。

达到。从法治运行的环节来看，在立法上，授权与限权是对权力的规范；在行政上，对权力运行的程序控制是对权力的规范；在司法上，通过审查行政行为的合法性也是对权力的规范。需要特别注意的是，权力监督既是法治的基本范畴，同时也是超乎于法治运行环节的课题，它既存在于立法中，也存在于行政过程，同时也体现在司法程序中。因此，我们可以把监督理解为对权力运行的全方位控制。从行为主义的视角出发，监督是一种行为实施过程，它所涉及的是监督行为在实施过程中所发生的各种关系。一般认为，监督在模式上包括内部（自我）监督和外部监督。前者是指权力主体自己（或者其内部机构）对自己的行为进行检查，评估其合法性。就个人而言，内部（自我）监督实际上是一种权力主体的自我道德反省，这不属于法律层面的问题；就组织而言，内部（自我）监督是受到权力主体（被监督者）制约的，其中存在着难以克服的矛盾。在这种监督模式之下，监督关系被内化为一种自我关系，其有效性是值得怀疑的。在外部监督的情形之下，又包括两种不同的形式，一种是单向监督，另一种是互相监督。在单向监督中，存在着“谁来监督监督者”的理论难题，因为监督本身也是一种权力形态，监督者的行为也需要受到制约，于是单向监督可能陷入无限循环的死结，仍然无法解决对权力终极监督的问题，甚至有可能催生出不受制约的特权，带来更大的副效应。在互相监督的场合下，所存在的困境是监督者与被监督者发生勾结，这会导致监督失效。可以说，以上两类监督模式在现实中都广泛存在，都有其合理性，同时也有弊端和不够完善之处。从结果上看，权力规范化的效果是最终的目标，无论采取何种方式，只要能够达到这一目标，那么就实现了法律对权力的控制。

3. 以权利制约权力：权力公开与社会监督

对于监督的理解不仅可以从行为的视角展开，同时也包含一种效果意义上的视角。从行为视角来看，权力监督是指对权力的运行过程施以外在的控制行为；而从效果的视角来看，权力监督则是指权力处于一种受到监督的状态，实现了权力因受监督而无法恣意而为的效果。换言之，除了将监督作为必须以特定方式实施的行为来看待之外，还可以将其作为一种可能的状态和结果，通过更为有效的方式来实现具有监督效能的目标。效果视角下的权力监督超越前述内部监督和外部监督两种监督模式，通过将权力及其行使过程公开来实现整个社会对权力的监督，可以称之为社会监督或者公众监督。社会监督并不具有直接的行为意义，监督不是以外在的特定行为的方式发挥作用，而是保持权力及其运行的公共性的状态，它建构起的是公众可以随时介入以查验和评估行为是否正当的可能性。可能性意味着对行为查验和评估的不确定性，这种不确定性会带来权力主体在心理上的不确定和压力，使其感受到权力的行使时刻处于公开状态，且受制于公众约束的境地。尽管权力主体可能会存在侥幸心理的而仍然实施滥权行为，但是其被发现的可能性在公开的社会监督模式下会增大许多，也就是说，这种侥幸心理也受制于权力公开的现实。效果视角下的权力监督在本质上是权力的公开，权力公开与权力监督存在逻辑和实践上的统一。通过权力公开实现权力监督的原理在于权力本身与公众利益（权利）直接相关，即以公众权利来制约权力。通过权力公开来实现对权力的监督具有较为理想的效果，然而权力公开本身却需要更多的力量来推动和维持。权力主体往往不愿权力运行受到公开的社会监督，这成为权力公开以实现监督的一个难题。

通过对监督内涵的挖掘，我们认为，行为视角下的内部监督与外部监督以及效果视角下的社会监督都各具优势也各有难题存在。现实中的各种权力监督往往也采取综合主义的路线，这样有利于取长补短，发挥各自的优势同时克服弊端。两种视角下的监督原理都具有各自的逻辑，并且也具备实践的可能性。中共十八届三中全会通过的《中共中央关于全面深化改革若干重大问题的决定》提出“坚持用制度管权管事管人，让人民监督权力，让权力在阳光下运行，是把权力关进制度笼子的根本之策”。很显然，执政党的政策意图也体现出权力监督的两个基本面相：其一是要通过法律控制来实现对权力主体行为的监督，即以法控权；其二是通过将权力运行公开化，促进全面而充分的社会监督，方能达到约束权力的效果。需要注意的是，无论哪种意义上的监督，都不应该脱离法律的范围。因为监督的本意在于将权力运行纳入法治化的轨道，监督本身构成了法律控制的一个重要环节。从这个意义上说，权力监督也是对权力进行法律控制的一种方式。

（二）财政权的属性及其监督原理

权力监督是一个具有一般意义的法律问题。然而，对权力监督的研究不能止步于抽象的层面，必须深入到具体的权力类型及其属性中去发现其中的特殊规律，唯有如此，权力监督才具有了客体上的针对性，也才有可能发挥最基本的效应。由于权力本身的类型是多样化的，不同的权力在基本属性和运行程序上具有一定的差异。笼统的权力监督理论不仅无益于保障监督实效，反而可能产生出更为恶劣的特权，甚至摧毁权力运行的基本逻辑体系。权力监督作为一种法律控制权力的治理模式也需要进行具体化的分析和探讨，从权力本身的属性和特征出发来研究权力监督的具体方式。因此，对权力监督的研究首先应当着眼于被监督的权力本身，从客体自身内在的属性来发现和寻找制约权力的规律，对不同类型权力的监督也需要有差异化的选择和制度设计。这应当是权力监督的基本思路。

1. 财政权的属性

财政监督是对财政权力运行的一种法律控制机制，是对财政权进行规范的有效手段。财政权属于公权，从更为本质的意义上来说，财政权是公共财产权。在传统的行政法理念中，财政被当作一种行政性权力来看待，看到了其中的管理性因素而忽视了更为重要的财产性内容。我们认为，应当重申财政权的财产属性，强化财产权为权利主体服务并实现其物质价值的特点。财政权回归财产权是我们认识财政权特征的一个重要过程。同时应当注意的是，财政权的公共财产权属性与私人财产权的属性具有很大的区别。后者是一种私权，利益有私人享有且权能为私人行使，即便存在代为行使的情况，代理人与本人以及第三人的关系也受到代理制度的规范和制约。公共财产权主要是指对公共财产的取得、管理以及利用的有关权力。由于公共财产权在主体上的特殊性，不能简单地以私人财产权的规律来理解。首先，不存在一个具体的公共财产权主体。在传统观念上，我们习惯于将公共财政称之为国家财政，这样，国家便成为财政的主体。但是这种观点将公共财产与私人财产在法律属性上混淆了。因为国家是虚位主体，无法出于其自身的目的享受财产带来的利益。公共财产权的受益主体只能是私人主体而不能是公共主体。其次，公共财产权所满足的是公众的需要。财政是“举众人之财，办众人之事”，它是在国家层面上统筹分配和利用财富，最终的受益者应当是具体的主体，但是它代表了一般的公众来承受公共财产带来的利益。最后，公共财产权的外在表现形式是管理性的财政权力，它体现为国家有关部门对公共资金的汲取、管理和使用。尽管从宗旨上说财政活动必须服从于公共利益的需要，但是在上述过程中有关机关享有直接的决定权。总而言之，财政权具有财产性、公共性和管理性的综合属性，其中财产性体现的是财政权的物质属性；公共性体现的是财政权的主体属性；管理性体现的是财政权的执行属性。只有全面和完整地认识财政权的上述性质，才能寻找到对财政权进行有效监督的制度路径。

2. 财政权力监督原理

美国学者艾伦·鲁宾指出，公共预算的主要特征之一就是支付费用的人不是那些决定怎么花钱的人，因为民选官员有可能把钱花在与纳税人愿望不同的地方。[①] 这一观点指出了公共财产权

① 参见［美］艾伦·鲁宾：《公共预算中的政治：收入与支出，借贷与平衡》，叶娟丽等译，中国人民大学出版社2001年版，第17页。

中所存在的特殊问题。决定和实施财产权的主体被局限在一个有限的范围之内，如果不透过充分的民主机制则无法确保公共财产的受益主体符合纳税人的愿望。然而，出于财政资金运行的效率要求，行政权往往在财政权的行使中占有很高的比重。这就是上述艾伦所指出的在现代市场经济国家中公共财政体制所蕴含着的深刻的内在矛盾。从根本上说，这是国家与社会的分立而导致的政府与人民之间的矛盾。政府理财具有一种“替代性”的特点，其中包含着委托代理关系下的机会主义风险。公共财政在实质上演变为政府代替公众理财的活动，而政府是由官员组成的，他们并不具有特别的道德品质和管理技能，完全可能由于理性缺失或者自利动机等而引发滥用公权随意处分公共财产的可能。公共财产与私人财产存在着“零和博弈”的关系，也就是说，公共财产每增加一分，私人财产就减损一分，其中所包含的价值冲突只有通过规范的权力运行方能得到缓和，财政体制也才可能具有基本的理性。就此而言，财政权所具有的公共财产权属性是研究财政监督必须考虑的重要因素。

从财政权的结构来看，它包括了财政收入权、管理（预算）权以及支出权等各项具体的权力内容，对财政权的监督也必然是对上述各项权力进行监督。财政收入的范围包括了税收、行政性收费、政府性基金等诸多类型，从税收法定原则的一般性要求来看，所有的政府收入都应当以法律为依据，可称之为收入法定原则。对财政收入权的监督即主要体现在对财政收入是否具有法律依据的监督，法律之外的所有政府收入均被认为违法而不具有正当性。预算是整个政府财政活动的枢纽，它连接着收入和支出，控制着资金的分配和流动。预算权的运行本身即具有财政监督的功能，通过程序理性来确保整个财政活动的实质理性。不过预算权是以后总复合性权力，它包含着预算编制权、审查权、批准权、执行权等不同内容。大致上可以将预算权划分为预算决策权、预算执行权和预算监督权。在上述权力中，批准权、否决权和调整权是具有决策意义的权力，必须掌握在权力机关的手中；

编制权和执行权属于行政性的权力，可由政府享有；审查权属于事前监督权由立法机关享有，监督权一般在事中或事后实施，由审计部门享有。（审计部门要想更好地行使监督权应当考虑改变其隶属关系，将目前的行政型监督提升为立法型监督，即审计机关独立于政府，直接向人大负责。）只有这样才能形成预算权配置的合理结构，确保各预算主体在法治的框架下行使权力。财政支出是体现整个财政活动价值并实现其功能的核心部分，财政收入和财政管理（预算）在某种意义上都是为财政支出服务的。因此，财政支出权是关于财政支出事项的决定权，其规范性如何往往决定着整个财政权力的规范程度。财政支出一般包括政府采购、财政投资、财政拨款和财政贷款等，从支出法定的原则出发，不同的支出类型都需要相应的监督，以确保其实质上的合法性。

就形式层面而言，国家通过宪法所建立的法律体系是确保权力规范化运行的基本保证，按照宪法制度的逻辑逐步建立合理与完备的财政法律制度体系方能实现对财政权的有效规范。因此，财政权力监督的一个重要的方面是通过宪法的实施来促进财政法制度的有效运转，从而实现对财政权在法律层面的控制。概言之，对财政权力的监督在最为基本的方面应当依赖整个财政法制度体系的作用，只有法律框架下的财政权力监督财政确保财政运行的正当秩序。任何试图创设具有超越性的高权来实现财政监督的设想或许同时会产生更多的问题。

（三）财政监督与财政权法律控制的关系

就表面而言，财政监督是对财政活动合法性的监督，而财政活动具体体现为财政行为及其过程。财政行为具有实体意义，它影响着公共财产的支配以及相关主体的受益性。财政过程则具有程序意义，它制约着财政权力运行的各个环节。财政行为和财政过程在法律上的表现就是财政权的运行程序。从财政行为的基本过程来看，包括财政收入、财政支出和财政管理三个主要方面，对应于法律上的财政收入权、财政支出权和财政管理权。财政权法律控制可以看作是对前述三类权力的控制，财政监督也就是对上述三类权力的监督。因此，我们可以说，财政监督从本质上说是对财政权的三种动态形式进行监督，构成对财政权运行的法律控制。在此认识的基础上，我们仍然需要辨析财政监督是否具有相对独立的法律价值。

1. 独立于财政管理的财政监督

就财政监督的地位而言，是否构成一种独立的过程则是存在疑问的。学者有时将财政监督纳入财政管理的范围，有时则将其作为一个相对独立的部分。[①] 从财政管理和财政监督的关系来说，前者是一个更为宽泛的概念，财政管理可以包容财政监督。这样一来，监督就成为管理的一种具体方式，即“通过监督的方式进行管理”。这种理解更倾向于前述行为视角的管理，是一种单项的监督存在着“谁来监督监督者”难题。即便是由议会这样的最高权力机构来做监督者，也存在很高的监督成本，监督的效果也难以保证。如果我们转换思路，赋予财政监督以独立于财政管理的意义，则使得财政监督更倾向于前述效果视角下的公开性监督，这有利于为财政监督开放更多的路径和可能性，实现良好的监督效果。

如同权力监督与权力法律控制的关系一样，我们认为财政监督本身应当属于法治的范畴，因而可以说财政监督是对财政权法律控制的一种形式。或者说，财政权的法律控制包含了通过法治方式对财政权进行监督的含义。不过，为了对财政监督进行更为细致的分析，我们仍然有必要从理论上将法律对财政权的授予和规范视为一重法律控制，将对财政权的监督视为与之相对的二重控制。简言之，财政监督是对财政权的再规范，是对一重法律控

① 例如在财政关系的划分上，认为财政管理关系主要包括财政预算关系、国库经理关系和审计监督关系；而在财政法体系的划分上又将财政监督法与财政预算法、财政支出法以及财政收入法相并列。参见刘剑文、熊伟：《财政税收法》（第五版），法律出版社 2009 年版，第 9～13 页。

制下的效果检验。之所以做出上述理论建构，是基于对财政监督的特殊认识。与一般的权力监督相比，财政监督的特殊之处在于监督的客体是对公共财产的支配行为。因为财政权从财产属性上看是对公共财产的支配的权力，包括收入权、支出权和管理权。

如前所述，对权力进行监督或者控制的方式有很多，法律控制是一种较为可靠和有效的方式。以法控权的优点在于能够将监督者与被监督者都约束在法治的框架内，实现权力之间的分立与制衡。在以法律控制权力的具体方式上，对权力监督的模式应当是多样化的，不仅可以从行为视角来设计内部监督和外部监督的各种机制，同样应当从效果的视角出发，考虑采取公开化和保证透明度的方式来实现对权力的控制。就财政监督而言，可以从传统的立法、执法等法治运行层面实现对财政权力的监督，也可以从预算、决算等财政特有的程序进行监督。除此以外，通过信息公开、审计以及监察等方式来对财政权力进行监督也是必不可少的控制机制。

2. 财政监督的法律体系

尽管具有独立的价值和意义，财政监督无法脱离财政权法律控制的性质约束。财政监督本身也需要经受合法性的考验。换言之，财政监督必须是在法律之下的“依法监督”，而非超越法律之上的“特权监督”。既然如此，财政监督也需要遵循法治的逻辑，具备合乎法律理性的监督主体、监督权、监督程序以及相应的监督责任等要素。财政监督的法律要素存在于财政监督法律体系之中。其中，监督主体包括权力机关、行政机关和司法机关，监督权可以由上述监督主体分别行使，不过在权力的性质、内容和程序上则有所区别。一般而言，权力机关的监督权是最为根本的，行政机关的监督权限于执行层面，而司法机关的监督权则具有相对独立的价值。上述财政监督的法治要素共同构成财政法律监督体系，形成由宪法统帅的制度结构。

在现代国家，宪法是国家权力的法律来源，它制约着全部国家权力的内容及其运行。财政权首先应当处于宪法的监督之下，因此财政权的法律控制首先表现为财政权的宪法控制。宪法在国家中处于根本法的地位，具有最高的法律效力。然而宪法具有概括性，其对财政权的控制体现为最基本的原则控制。与宪法监督紧密相关的是在宪法之下需要通过具体的财政基本法、违宪审查机制等一系列宪法性法律的制度来构成完整的财政监督法律体系，以实现对财政权最为根本的监督。

从财政法体系的内部结构来看，财政监督法是与财政基本法、财政平衡法、财政预算法、财政收入法、财政支出法相并列的财政法制度。这种划分是按照财政运行的基本环节，结合法学上的效力要求和功能定位所形成的层次结构。[①] 如果从财政监督与财政权法律控制的关系来看，在上述各个制度中都存在着财政监督的问题。首先，在财政基本法中，应当规定体现其重要性和普适性的财政监督基本原则和基本制度；其次，在财政预算法中应当包含预算监督和国库经理规则的内容，它们都具有财政监督的重要功能；最后，在财政收入法和财政支出法中，对收入和支出的实体性规定（如税收法定原则、支出法定原则等）所体现的是对私有财产的保护，这也构成财政监督的重要内容。

二、财政监督与财政民主理念

财政民主是财政法的基本原则之一，是政治上的民主原则转化为法律要求进而在财政领域的延伸和体现。现代各国的宪法无不确立了民主原则的基础性地位。民主不仅作为一项静态的制度凝结在法律条文之中，同时还具备丰富和动态的过程。在财政领域，民主制度的贯彻要求一国的重大财政事项必须经过议会的同意财政付诸实施，否则即属于违法。从财税法制度的体系化出发，财政民主的理念当然包含了对财政权进行法律控制的要求。财政监督具有保障民主视野下的财政权法律控制的实际效果的

① 参见刘剑文、熊伟：《财政税收法》（第五版），法律出版社 2009 年版，第 10 ~ 11 页。

功能。

（一）财政民主的理念与内涵

我国《宪法》第2条规定："中华人民共和国的一切权力属于人民。人民行使国家权力的机关是全国人民代表大会和地方各级人民代表大会。人民依照法律规定，通过各种途径和形式，管理国家事务，管理经济和文化事业，管理社会事务。"该条文是我国民主实行制度的基本依据。它不仅宣示和确认了国家权力属于人民的态度，同时指出了人民行使权力的具体路径和范围。从该条文的涵义出发，财政民主所要求的是财政事项经由全国人民代表大会和地方各级人民代表大会审议决定。因此民主原则又被称为财政议会原则。议会对财政事项具有审议和决定的权力，为了保障议会的财政权力，法律必须设计出相应的机制予以检验。财政监督作为对财政民主原则落实的检验和保障机制成为重要的财政法制度。

1. 财政民主与公共财政

从表面来看，国家的历史类型主导着财政的本质。在更深的层次上，社会发展所蕴含的民主性因素是推动财政发生质变的重要力量。近代以来，财政的功能随着社会变迁而逐步演进。在经历了奴隶与封建时代的家计财政、计划经济体制下的国家财政之后，现代国家普遍认同公共财政的理念，即财政是为满足社会公共需要而存在。这一过程伴随的是财政民主理念的深入。公共财政是"为市场提供公共服务的政府分配行为，是社会公众的财政，是与市场经济相适应的财政类型"。[①] 从家计财政到国家财政，再到公共财政的演变，既是财政本质的进化，也是财政功能逐渐具备公共性的过程。财政功能的这种民主化转型，反映出社会发展的趋势，是民主制度生命力的体现。公共财政的核心在于财政为满足公共需要的目的而存在，公共性成为财政的突出属

① 参见张馨：《财政公共化改革》，中国财政经济出版社2004年版，第29页。

性。民主同样是具有公共性的制度，是现代国家制度基础。需要加以强调的是，公共财政不仅具有经济、政治和社会性的职能，同时也具有法律价值。正如学者所看到的那样，财政在社会中的作用不断突破原有的范围，在更广泛的领域中发挥作用。“财政，作为一个学术分支，作为一门科学，处于狭义经济学和政治科学的分界线上，可称为政治的经济学。”① 实际上，不仅如此，财政能够实现经济上的资源分配和政治上的保持稳定之外，还具有法律的制度属性。换言之，财政不仅具有经济功能和政治功能还具有法律功能。那么，财政的法律功能如何体现？在现代市场经济的条件下，国家与企业、公民等纳税人之间通过财政和税收来维系的财产关系要求对私有财产和公共财产进行明确的法律界分，划定各自的权利边界。同时，对于通过主要以税收形成的公共财产的管理和支配来实现国家的各项职能。在上述过程中，财政运行的过程必须经由议会以民主的方式推进，财政法治的目标才能够实现，财政民主在此意义上构成了一项法律原则。可见，公共财政的属性决定了财政民主的本质，而财政民主的法律原则确保财政的公共性。现代财税法以市场经济、民主政治和法治社会为基本背景，财政民主与公共财政的良性互动由此形成。

2. 财政民主与财政权的法律控制

财政民主作为法律原则既具有一定的抽象性，同时也必须落实为具体和可操作的制度。财政权受制于法律从根本上说就是受制于民主的约束。洛克指出，“政府没有巨大的经费就不能维持，凡享受保护的人都应该从他的产业中支出他的一份来维持政府。但是这仍须得到他自己的同意，即由他们自己或他们所选出的代表所表示的大多数的同意。因为如果任何人凭着自己的权势，主张有权向人民征课赋税而无须取得人民的那种同意，他就

① 参见［美］詹姆斯·M. 布坎南：《民主财政论》，穆怀朋译，商务印书馆 1993 年版，第 180 ~ 181 页。

侵犯了有关财产权的基本规定，破坏了政府的目的”。[1] 可见，对政府财政权的限制来源于人民的财产权如前所述，财政民主体现为议会在财政活动中的作为。议会对财政的控制主要体现在以下两个基本的方面：第一，对预算进行审查、批准并监督其执行；第二，通过财政立法来规范财政权力的运行。这样，财政民主就具体化为财政权的民主化法律控制。通过预算对财政权的法律控制是一种程序控制，即以程序制约实体的控权思路。在预算过程中，又分为不同类型的权力行使，如预算编制权、审查权、批准权等。我们习惯于将上述过程称为预算监督。而在立法层面上，以设权、授权和限权为特征的公法制度也同样发挥着对财政权监督的作用，可称之为立法监督。由于预算和立法都经由立法机构审议通过，都具有法律效力，因此可以认为议会的预算监督和立法监督构成了财政权法律控制的基本结构。

财政民主要求财政权力在民主的框架内规范运行。但是这种规范性的实效如何则需要检验和进一步的确认。财政监督包含对财政民主程度的检验。如前所述，权力监督属于权力法律控制的一种方式，这是从监督的法定性和法治化角度出发得出的结论，其要义在于将监督权作为法治的一个环节而非超越于法律之上的特权。简言之，监督本身也需要在法治的框架内进行。但是监督又与一般的法律控制不同。其特殊之处在于，监督是在权力已有规范的基础上在此发起的一种规范（或称权力的再规范）。它的独立意义和价值在于对权力规范的效果进行检验和保障。从这个意义上，我们可以说，监督是权力规范效果的检验和保障机制。就财政权而言，在财政民主原则之下所实施的财政权法律控制是财政权的基本规范，而财政监督则构成了对财政权力的再规范，是对财政权力规范效果的检验和保障。鉴于监督的法定性和法治化要求，财政监督仍然是源于财政民主这一基本原则展开的。

---

① 参见［英］洛克：《论政府》（下篇），叶启芳、瞿菊农译，商务印书馆1964年版，第89页。

3. 财政民主理念的终极实现

财政民主不仅仅是财政法的原则和理念，更是一种需要实现的理想。从财政法治的角度出发，财政民主的理想实现必须依赖财政法律规范发挥作用。然而规范是否具有实效以及能否在实践中发挥作用则是一个充满不确定性的问题。凯尔森在研究中指出，法律规范只能在属于一个整体上有实效的规范体系的条件下才被认为是有效力的。因此，法律规范的实效是其具有效力的一个必要条件。[①] 从法律实效的角度来观察财政权的法律控制，可以拓展我们对财政法治认识的视野。如同学者指出的，法律规范与法律的实施往往存在一定的差异。法律规范不能获得实际效果，则成为“具文”。[②] 当然，法律规范的实效不仅依赖于法律本身，还需要社会经济、政治以及文化等多种因素的配合才能确保持续的法律实效。不过，对于法律实效的保障，法律本身也需要相应的制度设计。有关设权和授权的法律规范要想发挥实效，则需要依赖监督，而监督本身也存在于法律规范之中，是确保法律规范实效的机制和对权力的再规范。财政民主作为财政法的一项基本原则，其实现过程一般包括两个层次。一是被写入相应的制度文本，表明其获得了社会的价值认可；另一个是在实践中得以体现，表明其获得了社会的行动支持。从终极意义上说，财政民主原则的落地还需要实际的社会效果。作为授权和限权的法律规范仅仅在文本层次上实现了财政民主，这是远远不够的。推进行动层面上的财政民主则需要进一步完善财税法的制度规范，在既有的财政授权和限权规范的基础上还需要强化财政监督的特别规范来实现财政理念的终极实现。

在这里，我们仍然需要将作为法律规范的财政监督与一般的财政授权和限权的法律规范区分开来，审视财政监督在规范意义

---

① 参见［奥］凯尔森：《法与国家的一般理论》，沈宗灵译，中国大百科全书出版社 1996 年版，第 44 ~ 45 页。

② 参见瞿同祖：《中国法律与中国社会》，中华书局 1981 年版，第 2 页。

上对于财政民主的独特作用。如同“无救济则无权利”的法理相同，在权力的法律控制领域，我们可以说“无监督则无实效”。财政民主的社会效果必须依赖监督性规范给予保障，这是财政监督独立于一般的财政权法律规范的特殊意义。因此，财政监督之所以必要和重要，全在于其所发挥的是法律规范体系内对财政权进行控制的最后一道屏障。在财税法领域，尤其需要发展出适合财政权力监督的独特性法律规范来实现财政监督的常态化，确保财政权力的法律控制规范具有良好的实效。

（二）财政民主的法治化路径：财政监督的确立与实现

财政民主不仅需要实现，而且要以法治的方式来实现，这就是财政民主的法治化路径。以法治的方式来实现民主，不仅能够确保获得可靠的民主果实，也是进一步巩固民主的必要条件。就公共财政而言，个体与共同体在财产权利配置上所达成的具有公法性质的社会契约，这种公共性决定了其民主性，同时也规定了其实现的方式只能是法治化。我们所关注的财政民主不仅仅是书面上的口号或标志，更是行动中的力量与价值。因此，制度的建立只是财政民主实现的应然判断，更为重要的则是制度实施中的实然后果。从财政民主的终极价值出发，所有公共财产的收入、支出和管理都应当具有合理性、合法性与合宪性，通过公开、公平和公正的途径，实现有规、有序和有责的目标。为此，在一般规范的基础上，需要确立财政监督的特别规范，通过有效的方式增进规范效力，实现财政民主的基本价值。

1. 财政监督的形式

财政监督是在财政领域实施的监督，在具体的形式选择上需要结合财政活动的特点来进行。考察法治成熟国家的经验和国际通行的做法，在财政领域的监督通常依靠两种基本的形式：预算监督和审计监督。预算监督是通过对预算的编制、审查和批准来实现对财政资金收入、管理和使用过程中权力规范性的检验，以确保财政权法律控制规范的有效性。审计监督则是由审计机关通过具有专业性的监督方式实现的财政监督。预算监督和审计监督都是财政领域的专门性监督。预算监督一方面是通过对预算的控制来实现，其要害在于议会预算监督权的行使；另一方面，预算公开和参与式预算也具有财政监督的功能，并且从监督效果上看，后者效果更好，成本也比较低。审计监督是通过审计机构运用审计专业技术对财政活动实施的监督，其关键在于从技术角度发现财政活动可能存在的问题，督促财政权力的规范运行。由于审计活动具有的较强的专业性和技术性，这往往使得人们容易忽视其具有的法治性。其实，审计活动具有极强的法律属性。[①] 从审计本身存在的意义来看，作为一种财政监督机制，它与财政法中的其他制度在目标上是完全一致的，都是为了防止财政权的滥用和失范，是一种督促财政机关依法履行职责的外在机制。[②] 总体而言，预算监督和审计监督构成了我国财政监督的基本方式。

除此之外，在一个国家的权力体系中，议会作为权力和立法机关，也可以通过其他方式来实施财政监督。[③] 在行政体系内部，上级财政机关对下级财政机关、专门的监察机关对其他行政机关也可以实施财政监督。[④] 这些监督往往是作为预算监督和审

① 根据我国《审计法》第 2 条的规定，审计机关对国务院各部门和地方各级人民政府的财政收支的真实、合法和效益，依法进行审计监督。其中，真实性、合法性都是典型的法律范畴，而效益性随着财政绩效理念的引入，也成为法律所关注的内容。

② 参见刘剑文、熊伟：《财政税收法》（第五版），法律出版社 2009 年版，第 25 页。

③ 例如，《中华人民共和国各级人民代表大会常务委员会监督法》中就规定了各级人大常委的监督，除了审查和批准决算、听取预算执行情况的报告以及听取和审议审计情况的报告之外，还可以采取对法律法规实施情况的检查、对规范性文件的备案审查、询问和质询、特定问题调查以及撤职案的审议和决定等方式实施监督。上述各种监督方式中都可能应用于财政领域而形成对财政权的监督。

④ 例如，《中华人民共和国行政监察法》第 18 条规定，监察机关的职责包括“监察国家行政机关在遵守和执行法律、法规和人民政府决定、命令中的问题；受理对国家行政机关及其公务员和国家行政机关任命的其他人员违反行政纪律行为的控告、检举；调查处理国家行政机关及其公务员和国家行政机关任命的其他人员违反行政纪律行为”等。上述职责范围也涵盖了财政领域，构成了财政监督的一部分。

计监督的补充方式存在的。通过上述监督发现的财政违法行为线索，可能启动预算监督和审计监督程序，从而实施更为严格和专业的财政监督。

2. 财政监督的独立性及其再规范效力

从财政法定的角度出发，财政监督本身也属于财政行为的一种，需要以法定的方式来确立和行使有关权力。不过财政监督从功能上可以与一般的财政权力规范相分离。[①] 这就意味着，财政监督作为一项制度具有与一般的财政法律规范所不同的特别意义，它在财政权力运行的环节外部形成对权力的约束机制。

财政监督的这种独立性主要体现在以下几个方面：第一，财政监督在主体上的独立性。尽管财政部门自身可以开展上下级之间的监督活动，但是其可靠性远不如来自其他部门的监督。这种主体上的分立是监督原理自身逻辑的要求。也就是说，在自我监督或者内部监督的环境中，由于监督者和被监督者在主体上的重合所带来的利害关系可能导致监督失效。第二，财政监督在行为上的独立性。一般意义上的财政行为主要包括收入、管理和支出三个方面，而财政监督则是独立于上述行为之外的。因此，从这个角度来看，财政监督本身不属于财政行为，它不是对财政资金直接支配的权力行为，而是对财政收入、管理和支出行为进行监控并督促其依法实施。财政监督行为处于财政收入、支出和管理行为的外部，这样才能保证监督的效果。第三，财政监督在程序上的独立性。财政监督所启动的是监督程序而非一般的财政权力运行程序。即使没监督程序存在，财政活动也可以按照其自身的程序来运行。财政监督是在既有制度基础上为实现财政法律规范的实效而额外设计的外部性制度。财政监督程序与财政程序本身

---

① 财政法的规范功能和监督功能在目标上完全一致，区别在于具体方式上，前者主要通过制定行为准则而实现，后者则有意设置一种外在的强制，督促财政机关切实履行职责。参见刘剑文、熊伟：《财政税收法》（第五版），法律出版社 2009 年版，第 25 页。

应当是有所区别的。

财政监督的独立性决定了其对财政权而言是在基础规范之上的高级规范。从法律规范的层级性来看，财政监督具有对财政权的再规范效力。在一个相对完善的财税法体系中，财政监督制度是必不可少的。首先，就预算本身的性质来看，它既是财政权力运行的基本轨道，同时也构成了独立的预算监督体系。预算法尽管属于财政管理法的范畴，是通过预算这种特定的行使来约束财政权力的运行，但是在客观上具有财政监督的效果。其次，从预算法的程序性相对于财政收入和财政支出所形成的实体利益相对应的角度来看，预算法的程序控制具有对财政实体行为的监督功能。因此，从制度功能的划分而言，预算法既可以被列为财政管理法而成为对财政权力监督的一般性制度，也可以单独划入财政监督法的范畴。从独立财政监督的属性来说，预算法具有对财政权力再规范的效力。从审计监督的性质来看，它完全独立于财政收入、管理和支出等具体环节，而是通过专门途径来实施财政监督。审计机关本身并不作为国家财政管理机关直接参与专门性的财政收入、管理和支出活动，[①] 而是担负着对上述活动监督的职能。这较为明显地体现出审计法律规范相对于一般财政法规范的高级性和再规范的特征。

3. 财政监督的民主性与公开性的实现

预算监督和审计监督作为两种基本的财政监督形式，对于检验和确保财政权力运行具有极其重要的作用。从两种监督形式的

---

① 当然，审计机关本身也是国家机关的组成部分，也依赖财政资金的支持才能开展工作，其所实施的财政行为包括执行预算、财政收支等。此处主要是指审计机关不参与专门性的财政收支、管理等活动。还应注意的是，审计机关自身也面临着被监督的问题。但是对审计机关的监督不能由其自行开展，而是需要由独立的社会审计机构来实施。在我国，为了健全审计署预算执行和其他财政收支情况的外部监督机制，审计署需要聘任特约审计员和专业人员组成检查组，对其预算执行和其他财政收支情况进行检查监督。参见《审计署 2013 年度预算执行情况和其他财政收支情况检查结果》，载《中华人民共和国审计署审计结果公告》2014 年第 21 号，总第 195 号。

差异来看，首先，预算监督贯穿财政过程的始终，可以开展财政监督的空间较为广阔，包括事前监督（预算编制、初审、审议批准等），事中监督（预算执行）以及事后监督（审议和批准预算执行情况报告和决算案）；审计监督则主要是集中在财政活动实施完毕之后，所开展的监督属于事后监督。但是审计监督的专业性和技术性决定了审计是发现财政违纪和违法行为的“利器”，所有财政收支活动的原型都可以透过对票据、凭证、账簿以及报表审核反映出来，使得财政权力运行的轨迹得以显现。其次，预算监督作为一种程序控制，可以影响财政实体行为。未能通过审议和批准的预算草案因不具有法律效力而不得执行，同时预算草案在审议时可能被修改，这都将影响预算的执行和实体性财政收支活动。审计监督不能直接影响财政收支行为，而主要是发现预算执行和其他财政收支过程中的问题。在我国行政型审计体制下，审计机关也无权直接处理这些问题，只能根据权限将问题或者问题线索移交有关部门查处。从上述对比来看，无论是预算监督还是审计监督都体现出较强的“以权力制约权力”的特点，即都是通过在财政过程中设计一种权力机制来预算财政收支和管理权力。这种片面依赖权力机制实施财政监督的思维与财政民主的理念不甚契合，需要推动一种权力公开化的转型。

预算公开是财政民主的应有之义，也是公共财政的基本要求。预算公开不仅能够纠正纳税人相对于政府在公共财产范围内的信息偏在，维护纳税人最为基本的知情权，而且能够有效约束政府的财政活动，进一步形成有力的财政监督。审计公开是审计机关将发现的违纪和违法的财政收支行为以审计结果公告的形式向社会发布，接受人民监督。[①] 从公共财政的经济学理念到财政民主的法律原则，其所包含的核心在于财政的公共性。财政的公

① 中华人民共和国审计署于2002年3月19日发布并实施了《审计署审计结果公告试行办法》，之后其发布的《审计结果公告》被称为“审计风暴”。这从一个侧面说明了审计公开作为财政监督的良好效果。

共性决定了财政公开的基本立场和正当性。作为财政监督形式的预算监督和审计监督，在更为具体的层面上可以创造出更多样的方式来实现其监督职能。除了权力型监督之外，应当从财政民主本身的要求出发，坚持权利型的监督，即以预算公开和审计公开作为财政监督的基本立场。这不仅能够避免权力型监督可能带来的“监督特权”的问题，同时也有利于降低监督成本，提高监督效率。

（三）财政民主理念下的监督机制

从法治自身的逻辑来看，监督作为法治的一环处于法治运行的过程之中，它并非是法治的最终目标。法治指向一个“良法善治”的社会秩序，而监督只是一种促进和保障。监督的效果依赖于监督功能的发挥，而监督功能不仅与静态的制度结构有关，还需要通过动态的运行机制来推行其运转。如同财政活动的动态性一样，财政监督也必须处于动态机制当中方可有效发挥作用。在法治的环境中，监督机制的实现依赖各种制度要素的配合，其中，推动监督机制发挥作用的主要是监督权。

1. 财政监督权及其民主化

从一般意义上说，监督权是监督主体依法享有的对某种行为进行监督的权力。监督权是公权力，目的在于实现特定的公共秩序和公法利益。这种公共性目标的达成，必须通过民主化的路径。从监督权的公法属性出发，监督主体本身也应当具有公共性。这种公共性既可以表现为国家机关以公法主体的身份来实施监督，也可以是不特定的社会公众实施监督，其中，后者更具本质意义。在财政领域，由于财产所具有的公共属性，公共财政在物质层面上表现为公共财产，在权力层面表现为公共财产权，在法律层面表现为公共财产法。这种从公共财政到公共财产的理论深化将财政监督权从抽象监督权中分立出来，并且与人事任免、行政行为等领域的监督权所区分，构成了一种财产支配权力意义上的特定概念。因此，对于财政监督权的认识不仅可以从传统的监督权理论出发，而且可以从更具现代性财产视角展开。监督权具有国家基本权力的性质，因而最先在宪法领域中展开。宪法上的监督权包括了质询、听证、调查以及弹劾等形式，主要是针对行政部门官员的违法或渎职行为。① 其中，财政领域的违法和渎职也可能被包括在内而受到上述监督。这是从宪法监督权角度来认识财政监督。由于财产法在传统上被局限于私法领域，对财产权的保护更多的是运用物权法、合同法以及侵权责任法等私法规范。但是随着社会的进步以及人们权利意识的增长，财产权不再局限于私权的观念约束，而是向公法领域拓展，从消极权利演变为积极权利。尤其是宪法中关于保护私有财产的规范使得人们逐渐意识到财产权还可能来自公权的侵害。与此同时，纳税人权利意识苏醒使得人们开始对税收等公共性收入有了权利上的主张。与私法上的民事法律行为导致的私法关系变动所不同的是，财政行为引发了权利性质的改变，即财产权会由私权转向公权。对于这种具有新特点公共财产权的监督显然不同于以往的宪法监督。公共财产权摆脱过去国家在财政领域的单向和强制的行政性特点，从更为务实的财产属性出发来界定财政权。这一理念转型也为财政监督权注入了新的内涵。财政监督不再局限于以往的权力型监督，而是向更为开放的权利型监督转化，其民主性也得到增强。

2. 预算监督权

预算监督权是一项极其重要的财政监督权，不过相对于直接支配财政资金的财政收入权和财政支出权来说它仍然具有独立性。② 也就是说，议会不能够逾越法律所设定的预算监督权的范围去直接干预和决定财政资金的使用和管理。预算监督权的这种

---

① 参见张千帆：《宪法学导论》，法律出版社 2004 年版，第 301 ~ 303 页。

② 财政收入权和财政支出权是最为直接的财政权力，也是财政监督的主要内容，分别由税法等财政收入法以及财政支出法根据收入法定和支出法定的原则予以明确。

独立性表明，它是一种间接控制财政收支行为的权力。① 也正是在这个意义上，我们说预算监督具有与一般的财政权法律控制不同的一面。

预算监督权是一种主要由议会行使的财政监督权。从历史上看，议会制度在英国最先形成的时候主要就是为了限制国王征税，预算制度即由此逐步建立。在现代社会中，议会的职能在立法领域表现得较为突出，议会因而也被称为立法机关，立法成为议会标志性活动。不过，审议和批准预算一直是世界各国议会最主要的职权。西方国家的民主就是从议会掌握国家的财政收支开始的。可以说，预算监督权是整个民主制度的最早体现。追溯预算制度的起源可以发现，预算制度与税收法定原则几乎同时在英国起步，后者主要意在控制国王和政府的征税权，而前者旨在控制国王和政府的财政支出。英国 13 世纪的“大咨政会”就确立了一个控制君主支出的原则。② 可见预算在当时的主要目的就在于监督君主的支出。到 14 世纪后期，开始出现政府向议会提交预算的做法，一直到 18 世纪初期，英国财政部每年都要向议会提交预算案以供其审查，并且逐渐成为惯例。③ 18 世纪末期，英国首相威廉·皮特在议会通过了一项《统一基金法案》，规定把全部收支统一编制在一个文件中，这是历史上最早的预算文件。19 世纪初，英国财政大臣向议会提出了一份完整的预算报表，标志着现代预算制度在英国基本确立。④ 从现代预算制度的产生过程中可以看出，预算的主要功能就是监督政府的财政收支。从那时起，预算一直是作为财政法律制度的外部机制存在的。随着

---

① 参见刘剑文主编：《民主视野下的财政法治》，北京大学出版社 2006 年版，第 186 ~ 187 页。

② 参见翟继光：《财政法学原理——关于政府和纳税人基本关系的研究》，经济管理出版社 2011 年版，第 45 页。

③ 参见蒋孟引主编：《英国史》，中国社会科学出版社 1988 年版，第 401 页。

④ 参见［美］杰克·瑞宾、托马斯·D. 林奇主编：《国家预算与财政管理》，丁学东等译，中国财政经济出版社 1990 年版，第 490 页。

预算制度的发展，它在财政收支中的作用越来越重要，逐渐从财政的外部走到内部，成为财政法制度不可缺少的组成部分。与之伴随的是预算的监督功能与其收支计划的功能并存，并且后者由于其具有经济上的意义而更为引人注目。预算的监督功能也渐渐从纯粹的外部监督转向财政管理。[①] 不过，从法治的视角来看，预算的监督功能及其重要，它控制着政府的全部收入和支出，既是规范财政权的基础规范，也是监督财政权的高级规范。

预算监督权在范围上贯穿预算过程的始终，包括预算编制监督权、预算审议和批准权以及预算执行监督权。其中，议会主要通过对预算的审议和批准来实现对财政行为的实体性监督。从理论上说，议会在审议预算草案的过程中，可以对预算草案批准通过、提出修改甚至否决预算草案。这就从实体上影响了预算的效力。在预算编制的过程中，议会主要通过其下设的专门委员会从宏观和整体上监督预算是否按照法定的原则、程序和方法编制；在预算的执行过程中，议会主要通过询问、质询或者要求政府部门定期报告预算执行情况，在特定情况下，议会还可以要求政府及其部门就重大事项履行临时报告义务。[②] 议会在预算编制和执行过程中行使的预算监督权主要是一种程序性的权力，但是它可能引发对预算的实体性影响。

一个财政年度的预算执行完毕后，财政部门应当将预算执行情况的报告和决算草案提交议会审议批准，这是整个预算过程的最后一个环节，是一个具有监督管理性质的动态过程。[③] 由于预算执行情况报告和决算案是对年度预算执行情况及其结果的系统和全面总结，因此对决算的审查也构成预算监督的一部分。在决

---

① 这或许也是现代财政法不再把预算法作为单独的财政监督法，而是将其纳入财政管理法的一个原因。参见刘剑文、熊伟：《财政税收法》（第五版），法律出版社 2009 年版，第 13 页。

② 参见刘剑文主编：《民主视野下的财政法治》，北京大学出版社 2006 年版，第 193～195 页、第 204 页。

③ 参见刘剑文主编：《财政法学》，北京大学出版社 2009 年版，第 141 页。

算时，预算的财政资金已经执行完毕，因此如果审查决算时发现存在财政违法行为，议会有权启动质询、调查等程序要求追究违法行为的责任。

3. 审计监督权

审计并不是独立的财政权力，而是存在于财政权力外部的一种监督机制。通过审计监督机制形成的审计监督权在国家权力结构上与财政收支和管理权之间形成分立和制衡。在审计监督的权力安排上，各国做法不完全相同，相通之处在于各国都赋予审计机构以独立的法律地位，尤其是独立于财政部门，同时审计机构应当对议会而不是政府负责。这既是监督权本身应当具有的性质，更是财政民主原则的要求。监督的前提在于独立，审计机关的独立性是其发挥作用的条件。进一步而言，审计机构独立性的程度决定着财政监督的效果。从发达国家的经验来看，审计机构向议会负责意味着审计机构是独立于行政部门的。如美国的联邦审计署对国会直接负责并报告工作。[①] 德国联邦审计院与联邦议院、联邦参议院以及联邦政府处于同等地位。在这种情况下，审计监督具有较强的独立性，属于立法型审计。法国的审计法院依据审判机构法典的规定行使职权，协助议会和政府监督财政法规的执行。日本的会计检察院根据宪法设立，对财政支出方向和效率进行审计，审查支出结构是否符合产业和社会政策，各项预算执行是否经济合理，是否符合法定支出标准。[②] 这种审计机构的设置属于司法型审计，强调司法对于财政监督的作用。可见，审计机构的法律地位决定着审计监督权的性质，立法型和司法型的审计通过审计监督来影响立法和司法，从而达到财政监督的目的。在上述两种情况下，审计机构都独立于行政部门，从独立性的要求上看，都实现了良好的监督效果。如果审计机构仅仅是独

① 参见王名扬：《美国行政法》，中国法制出版社 1995 年版，第 941 ~ 942 页。

② 参见财政部监督检查局课题组：《公共支出治理研究》，载贺靖邦主编：《财政监督文集》，中国财政经济出版社 2007 年版，第 44 ~ 46 页。

立于财政部门而仍然隶属于政府，那么这种行政型审计就具有了一定的局限性。由于政府财政部门本身是预算的编制和执行机构，向政府负责。而审计机构如果也需要对政府负责，那么这种监督则很有可能在政府的“协调”之下被虚化。因此，审计监督权应当尽可能与行政权相分立，而靠向立法权和司法权。

为了实现良好的监督效果，审计监督权在保持必要的独立之外还应当做到公开。公开性的审计监督具有两个层面的价值。首先，审计监督权作为一种公权本身也可能滥用，审计公开有助于避免权力滥用；其次，审计公开如同预算公开一样，将财政收支情况向社会公布，接受社会监督，这有利于更好地发挥监督的效能。从财税法治较为成熟国家的经验来看，无论是立法型还是司法型审计，都应当将审计报告和整改情况通过媒体向社会公开，这不仅构成对财政收支行为的约束，同时对审计人员自身也起到了很大的监督作用。审计公开是增强审计活动透明度的方式，向社会公告审计结果将是审计发展的必然趋势。在不违反有关保密规定的情况下，定期公布重大审计项目的审计结果，既可以用社会舆论督促审计对象纠正问题，同时起到教育和震慑其他单位的作用，又可以因审计结果公开披露而促使审计人员在审计工作中更加严谨和重视审计质量，从而有利于提高审计机关的权威性。审计公开既是财政监督的形式理性逻辑，同时也实现了程序正义，具有财政法治的典型价值。

（四）民主视野下的中国财政监督制度转型

财政民主不仅要求财政财政权力本身的规范化运行，还需要确立有效的财政监督制度。之所以赋予财政监督以独立的制度价值，就在于它能够通过自身的逻辑实现财政权力规范运行的法律实效。在中国当前的财税法治建设中，财政民主的实现主要依靠人大发挥其作为权力机关和监督机关的作用。通过做实人大的预算监督权来实现财政民主的目标，关键是要处理好人大与政府之间的关系。

1. 人大财政监督权的制度基础

在人大财政监督权的制度设计上，我国《宪法》、《监督法》和《预算法》的规定形成了较为完善的监督体系。根据我国《宪法》的规定，全国人大及其常委会的职权包括：监督宪法的实施、审查和批准国家的预算和预算执行情况的报告以及国家预算在执行过程中所必须作的调整的方案。地方人大在本行政区域内，保证宪法、法律和行政法规的遵守和执行；县级以上的地方各级人民代表大会审查和批准本行政区域内的预算及其执行情况的报告。这是《宪法》作为根本法，对财政监督权的顶层设计，确立了人大作为立法机关和权力机关同时也具有监督职能的法律地位。《监督法》是根据《宪法》规定，赋予各级人大常委会专司监督的法律。根据我国《监督法》的规定，各级人大常委会对决算草案和预算执行情况的报告主要审查预算收支平衡情况、重点支出的安排和资金到位情况、预算超收收入使用和安排情况、部门预算制度建立和执行情况、向下级财政转移支付情况以及本级人大关于预算批准的决定的执行情况等。由于人大常委会相对于人大的常设性，具有更加便捷的监督机制，因此在财政监督中能够深入到财政活动的细节之中。

《预算法》对人大财政监督权的规定更为专业，与预算的专门性和技术性相契合。根据我国《预算法》的规定，全国人大常委会监督中央和地方预算的执行；县级以上地方各级人大常委会监督本级总预算的执行全国人大及其常委会对中央和地方预算、决算进行监督；县级以上地方各级人大及其常委会对本级和下级预算、决算进行监督；乡、民族乡、镇人大对本级预算、决算进行监督。在具体的监督方式上，赋予各级人大和县级以上人大常委会就预算、决算中的重大事项或者特定问题组织调查；在人大和县级以上人大常委会会议期间，人大代表或者常委会组成人员可以就预算、决算中的有关问题依法提出询问或者质询。在调查、询问或者质询过程中，有关政府、财政部门和相关人员应当如实反映情况、提供必要材料和答复。

从总体上看，从人大的立法机关和权力机关的法律地位出发，人大享有的财政监督权在监督的层次上较为深入，也具有一定的专业化倾向，这既体现在专门性的预算监督和审计监督，也包括一般财政法立法监督。除此以外，在未来的制度完善过程中，可以考虑赋予人大在预算审议中的修改权、否决权，以及就财政审计提出问责的权力，这样能够进一步强化人大的财政监督权，提升其在财政监督工作中的地位，从而理顺人大与政府在财政监督上的关系。

2. 人大履行监督职能的现状评析

对于现行制度中赋予人大的财政监督权，关键是在实践中“做实”，也就是说，要让人大的财政监督权切实约束政府的财政行为。在实践中，人大财政监督权存在的最大问题是在预算审议和批准过程中过于形式化，没有起到真正的监督作用。尽管《预算法》规定了财政部门在人大会议前需要将预算草案提交人大专门委员会进行初步审查，不过从实践情况来看，这种初步审查一般难以涉及预算草案中关于资金分配等实体性内容，而仅仅是程序性的审查。在正式的人大会议中，审议的时间更加有限，难以保证人大代表对预算草案提出详细的意见。不仅如此，在对预算草案进行表决时，由于实行“一揽子通过”的办法，人大代表无法对单个项目提出独立的意见。这种不科学的表决方式也制约了人大监督权的效果。在有些地方，人大履行预算监督权在实践中有不少在现行制度之外的创新做法，有些取得了较好的效果，但是需要在法治层面上加以评估。例如，在预算编制阶段上，人大通过专门委员会“提前介入”，行使预算编制监督权，固然是一种在财政监督过程中获取信息和沟通的做法，但是否会造成进一步虚化人大对预算的审议批准权，从而在事实上完全架空了人大的预算监督权，是值得反思的。尤其是，人大专门委员会和人大常委会预算工作委员会等机构在性质上与人大是不尽相同的，这种人大及其常委会的具体工作机构在性质上更近似于行政性机构，由其来行使人大的部分监督权需要特别谨慎，要防止人大的预算权被常委会的工作机构代替或超越，从而造成人大财政监督权形式上强化而实质上弱化的结果。①

在审计监督方面，人大还缺乏与审计机构的工作衔接机制。从中央层面来看，自2002年开始实施审计结果公告制度以来，审计署自2004年开始每年均公开中央预算执行和其他财政收支审计公告。对于其中存在的问题和整改情况，审计公告中只是做了简单的说明和建议，缺少明确和彻底的解决手段。由于审计署隶属于国务院，且根据权限其只能出具审计报告、下达审计决定书和提出建议，并没有进一步的处理权限。而全国人大常委会作为中央预算执行监督机构，对审计公告中指出的问题也缺乏有效的问责机制。这导致审计监督只起到了发现问题、建议整改的作用，而不能从根本上杜绝违规和违法现象的产生。从历年的审计结果公告来看，同样问题重复出现的情况很多。② 在地方层面，人大的财政监督与审计监督之间也存在较为明显的脱节，使得财政监督难以发挥整体性的效应。③

从总体上看，人大的财政监督职能在现实中的表现与财税法治的要求上存在较大的距离，集中的表现是过程的形式化和缺乏问责性。这使得财政行为既缺少过程控制也没有效果保障，政府权力在财政运行中往往超越人大，部分财政监督权也仅局限在政府系统内部。这造成了我国财政监督空洞和失效的不良后果。

3. 做实人大财政监督权的制度变革

要做实人大的财政监督权，就要把人大的财政监督从程序性引向实体性，从形式化推进到实质化。作为权力机关，人大的主体是代表，因此做实人大的财政监督权的关键在于强化人大代表

① 关于人大在预算监督中的“提前介入”，参见林慕华、马骏：《中国地方人民代表大会预算监督研究》，载《中国社会会科学》2012年第6期。

② 参见审计署网站“审计结果公告”栏目，载 http：//www. audit. gov. cn/n1992130/n1992150/n1992500/index. html。

③ 参加王波：《地方人大财政监督与地方政府审计机关财政审计相结合的思考》，载《学习与实践》1999年第10期。

审查预算的专业性和实质性。就预算而言，首先需要人大代表具有审议预算的业务素质。在我国，由于人大代表不实行专职化，也欠缺专业化的要求。因此，在审议预算的过程中可能会遇到专业性障碍。为了避免这种障碍所导致的审议过程形式化，应当注重人大代表的专业背景，保证一定数量的具有财政、税收、法律及其管理背景的人大参与预算审议。在我国现行制度下，能够承担这一任务的主要是人大财政经济委员会等专门机构。因此对于专门委员会的成员应当确保其有充分审议预算的权力。我国《预算法》第22条规定的全国人大财政经济委员会和省、自治区、直辖市人大有关专门委员会对预算草案初步方案及上一年预算执行情况、预算调整初步方案和决算草案行使初步审查权，并要求相应的政府财政部门对提出的意见及时反馈，且将反馈意见印发人大代表。上述规定尽管确立了人大与政府在预算草案初步方案上的沟通机制，但并未赋予人大代表对预算草案的修改等具有一定强制性的权力。也就是说，人大代表在财政监督方面还缺少硬性的制度设计，这必然带来权力虚化。因此，做实人大财政监督权的思路是赋予人大对预算提出修改等硬性的权力。由于修改预算可能涉及财政资金的分配，包含着实体性的财政权。修改的前提是了解预算编制的原理和要求。人大做出修改预算的决定也需要经过适当的程序和方式。对此可以考虑从四个方面加以改进。一是在预算编制方面要求财政部门提交详细的预算草案并尽可能保证草案的清晰易懂，从而降低预算审议的专业性障碍，使得人大代表能够参与到预算的编制中；二是在人大代表中组成预算审查的专业小组并设置专门和独立的预算审议程序，对预算草案进行专业化和实质化的审查；三是加大预算公开的力度，将与预算草案向社会公开，接受社会监督；四是在预算审查过程中引入必要的辩论和听证程序，将预算沟通过程公开化和透明化。

人大的财政监督权是代议制民主下的人民财政监督权的受托行使方式。为了督促受托人更好地行使这种权力，应当引导和推动公民参与到财政监督的过程中，建立参与式财政监督。在当前的一些地方，尝试通过公众参与预算监督，建立起参与式预算，这可以引导公民有序参与到预算的编制、审查和执行监督的各个环节，赋予公民个人通过预算对财政活动进行不特定性监督的权力，增加了违法和违纪财政行为被发现的概率，有助于约束政府财政行为。因此，做实人大的财政监督权不仅要从作为“机构”的人大及其常委会、各专门委员会等机构的强制性权力入手，同时还要加强作为个体的人大代表的财政监督权并通过这种个体性的监督带动社会公众监督政府财政行为，真正实现财政民主下的财政监督。

三、财政监督与财政平等理念

平等是人类社会始终追求的美好价值，因其内含着对公平正义的维护，更成为法治的一项基本原则。在私法上，平等强调的主要是当事人的意思之治及其互不强制的法律地位；而公法上的平等则具有更强的实质公平与正义的意味。无论在公法还是私法中，平等都构成现代法律制度所要求的行动底线，是衡量正义的重要指标。在财政法中，平等在制度上主要体现为一种公平的对待。① 在税法中，平等原则广泛适用，既包括征税的平等，如量能课税原则；也应当包括用税平等，即受益原则。在财政平衡法上，平等原则包含了地区间公共服务均等化的目标，它要求中央与地方以及地方之间财政资源的平等分配。现代财政法具有多元的价值维度，从分配正义的角度来看，财政法的公平价值是非常显著的。为了推进财政平等，有必要将该项法律原则与财政监督的机制相结合，探索构建促进财政平等的财政监督法律制度的路径，并结合中国的现实状况推动相应的制度转型。

（一）财政平等理念及其法律原则

平等是近代人类社会追求的基本价值之一。在资产阶级革命

① 参见熊伟：《财政法基本原则论纲》，载《中国法学》2004 年第 4 期。

过程中，平等与自由作为政治诉求被提出之后，随着资本主义国家的建立以及对这一理念的深入认同，“平等”成为了一种法律原则。近代各国宪法，无不将平等作为一项基本原则。如法国1789年《人权宣言》第1条规定“在权利方面，人人与生俱来而且永远自由平等”。宪法上的平等原则所体现的还是一种政治诉求，具体表现在选举等一系列政治性权利和自由之中。在法律的层面上，平等作为基本原则得以确立首先反映在私法领域内。在私法体系中，平等首先是作为一种意思自治的理念和技术被限定在私法的范围内，通过赋予各类主体以法律拟制的统一性人格，主体享有自我处置私权的自由，不受其他任何主体的强制，以便其开展交易活动。同时，法律对于所有参与交易的主体施以平等保护。[①] 与之相对应的是，在公法领域，国家及其政府部门与相对人之间形成管理性的不平等关系。一般认为，在传统的公法关系中，行政机关与相对人之间是不平等的，前者享有强制性权力，而后者需要服从前者的意志。其中的法理基础在于，私法关系中所蕴含的是个体与个体之间的矛盾，为保障私人自由，法律一般不施以强制；而公法则是为了调整个体与共同体之间的关系，为了形成良好的秩序，要求个体应当服从于共同体，因而必须有强制作为保障。从法律制度的性质和分类出发，上述原理有利于区分不同公法和私法两类制度，具有逻辑上的意义。不过，公私二元分立的制度观念制约了平等概念在公法体系中的发展。然而，无论是作为一个法律概念还是法律原则，平等并非仅局限在私法理念和技术的形式层面上，而是同样作为具有实质意义的价值存在于公法之中。

1. 公法中的平等原则

从法律制度的整体视角来看，平等原则不是私法领域中的独

---

① 例如，在民法上，平等的含义是民事主体之间彼此独立，民事主体意思自治，任何一方不得将自己的意志强加于对方。这是一种法律所赋予的地位上的平等，也包括对各类主体给予平等的法律保护。

有概念，公法中同样存在平等原则的空间。不过，公法中的平等原则具有与私法不同的涵义。“私法的精髓在于主体地位的平等，只有地位平等，私法之当事人的任何一方才不得把自己的意志强加于对方。因此平等原则最集中地反映了民事法律所调整的社会关系的本质特征，也是市场经济条件下平权关系当事人的必要前提条件。”[①] 在私法中，平等原则并非是当事人的实际地位平等，而仅指法律地位的平等。这种平等是法律拟制的或者形式上的。公法上的平等原则主要是从精神或者价值层面来展开的。它所要体现的是法律对于所有主体的平等对待。具体而言，平等原则在私法和公法中的区别在于：首先，平等原则在私法中主要侧重形式意义，体现法律的“形式理性”，而在公法中在凸显其实质意义，强调公平正义；其次，私法调整的领域中，由于双方都具有平等的法律地位，平等相对比较容易实现；而在公法的范围内，行政主体与相对人之间存在性质和地位上的差异，并不符合平等的实质要求。[②] 因此，在公法上，平等不再作为一种法律技术赋予公法关系中的当事人以形式上平等的法律地位，而是要求权力与权利之间的互动。在公法的关系中，平等原则的作用主要体现在两个方面：第一，约束和限制公权力一方，要求其按照法定的程序实施而不得滥用；第二，保障和实现私人权利，防止其受到来自公权力的肆意侵犯。

宪法上的权利平等原则是公法平等原则的基础。有学者统计世界上 142 个国家的宪法文本发现，将“法律面前人人平等”或者“平等权利”写入宪法的国家有 117 个，占 80% 以上。[③] 在宪法中，平等既是一种权利，也是一项原则。“平等是一种神圣的法律，一种先于所有法律的法律，一种派生出各种法律的法

① 范进学：《私法理论对法理学的贡献》，载《法学论坛》1997 年第 4 期。

② 参见莫于川、田文利：《公法共同价值论要》，载《法学论坛》2007 年第 4 期。

③ 参见亨利·范·马尔赛文、格尔·范·德·唐：《成文宪法的比较研究》，陈云生译，华夏出版社 1997 年版，第 146 页。

律……由全国人民大声说出的平等这个词就成为一种原则、一种信条、一种信念、一种信仰、一种宗教。”[①] 在行政法中，随着认识的不断深入，学者更倾向于发现行政主体与相对人之间关系的平等性，并指出行政法律关系中的“不平等”是建立在“平等”基础之上的，“不平等”实际是为实现最终的“平等”而使用的手段。不仅如此，这种“不平等”并非普遍存在于行政法律关系中，尚有行政合同、行政许可、行政给付、行政服务等诸多体现“平等”的、契约式的行政手段与之并用。[②] 在财政法上，财政平等原则体现着对正义的追求，它在制度上体现为一种平等的对待，包括财政收入方面纳税人的平等牺牲、财政支出方面权利人的平等受益以及财政程序中的平等处理等。[③]

可见，平等原则在公法上具有广阔的适用空间，它体现着制约公权、保障私权的法治精神，通过公开公平的程序实现个体与共同体在利益上的平衡。值得注意的是，平等原则在公法上具有深奥和丰富的内涵，可以从权利平等、机会平等、保护平等多个角度展开分析。但就财政法而言，平等原则主要体现为两个层面：第一，国家与私人之间的平等，通过财政法定原则来约束国家权力，保障私有财产权；第二，私人之间的平等，通过量能课税、受益者负担、公共服务均等化等原则来确保私人获得平等对待。

2. 财政平等原则的法理基础

财政法具有公法的特质，具有规范和制约财政权力的制度功能。如前所述，公法上的平等原则主要在于制约公权并保障私权，就财政法而言，在公共财产的取得和支配过程中，公权的运

---

① ［法］皮埃尔·勒鲁：《论平等》，王允道译，商务印书馆 1991 年版，第 20 页。

② 参见崔卓兰：《论确立行政法中公民与政府的平等关系》，载《中国法学》1995 年第 4 期。

③ 参见熊伟：《财政法基本问题》，北京大学出版社 2012 年版，第 49 页。

用必须符合财政平等原则。在税收征收方面，税收法定原则居于首要地位，它所体现的是纳税人对国家课税权的同意与认可。这种同意与认可是建立在纳税人与国家平等基础上的。在现代税法学理论中，关于税收法律关系的性质，越来越多的人倾向于“债务关系”而非“权力关系”。[①] 这种认识发生转向的根源之一就在于财政平等原则在财政法上逐渐被接受。通过税收法定原则对征税权的制约，国家和纳税人之间的平等关系得以维系。其次是量能原则的确立，它要求根据纳税人的财产能力来平等地决定税负的轻重。[②] 从国家的角度来说，量能原则表现为量能课税；从纳税人的角度则体现为量能负担。由于直接税具有调节财产和收入分配的功能，因此量能原则所要求的是纳税人之间的平等，具有社会财富平等分配的意义。在财政支出方面，受益原则要求费用的征收与缴费人受益之间的关联关系。换言之，只有享受了特定公共服务或者设施便利的人才负有缴纳费用或者基金的义务，不得要求与此无关的个体承担。在财政程序方面，集中体现财政平等原则的是财政公开和透明原则。无论是征税的程序、公共资金的预算管理还是财政支出，都应当具有公开性，使得公众能够明确感知税收的存在及其负担轻重，通过产生和维系这种敏感的“税意识”，才能有效监督政府的财政行为。[③]

从公共财政的背景出发，财政在满足社会公共需要的过程中，应当为全体社会成员平等地提供公共产品。在财政法中，这体现为政府基本公共服务均等化的法律要求，也是财政平等原则的重要体现。在一国范围内，如果基本公共服务不能做到均等化分配，那么不仅严重制约经济社会的协调发展，而且违背了财政

① 参见刘剑文：《财税法专题研究》（第二版），北京大学出版社 2007 年版，第 162 ~ 168 页。

② David N. Hyman, Public Finance: A Contemporary Application of Theory of Policy, p. 663 (6th ed. 1999).

③ 参见许建标、朱为群：《透明可见：税制构建的基本原则》，载《现代经济探讨》2012 年第 1 期。

平等的基本原则，导致了财富分配的不公平，不利于保障特殊群体的基本人权。[①] 财政平等原则要求实现国家基本公共服务的均等化，从根本上是实现中央与地方财税关系的平等化和法治化。除了构建合理的税制结构之外，完善的财政转移支付制度对于实现这种财政平等的目标也具有直接的作用。对于单一制的大国而言，由于经济发展的不均衡必然带来地区上的贫富差距，而国家政权组织形式将这种矛盾指向了中央与地方在财税问题上的权力配置。因此需要构建财力与事权相匹配、事权与支出责任相适应的制度，通过理顺央地之间的分配关系来实现基本公共服务的均等化，进而满足财政平等的要求。

3. 财政平等原则的法律判准与实现机制

现代财政法不仅具有规范财政权力的功能，同时还具有实现分配正义的价值。财政平等原则在规范财政权力和促进公平分配方面处于极其重要的地位。要在上述两个方面发挥作用，财政平等的理念和精神必须融入到财政法的规则之中发生效力。作为法律原则的财政平等，只有延伸到具体的法律规范中才能具有现实生命力。在财政法的规范结构中，作为公权的财政权力同时具有职责属性，是不可放弃的权力。“财政授权”暗含着财政义务与责任的设定。因此，有关设立财政权力的法律规范对于政府而言在类型上属于义务性规范，具有强制性。财政权力的行使需要遵循法定的程序，通过对财政权力的程序性控制来约束和规范政府收支行为，这在财政法的制度体系中表现为预算权的配置。要实现预算权的合理配置就需要妥善安排预算在编制、审批、修改和执行中的各项权力。这种权力配置规范的属性也具有强制性。可见，从规范财政权力的角度来说，财政平等的原则是通过对财政权的强制性约束实现的，也就是说，政府在财政法规范中不仅享有权力，同时还始终处于义务和责任的约束之中。财政权力本身

---

① 参见阳建勋:《完善基本公共服务均等化的经济法路径》，载《法学》2008年第5期。

不具有至上性，而仅仅是实现保障权利目标的手段。衡量财政权力的运用是否符合财政平等原则的标准就在于人民的需求是否得到平等的满足，财政权力是否保障了人民平等地获得基本的公共服务。

财政平等原则通过具体的财政法律规范所提供的程序和标准来约束财政行为，实现了对财政权力的初次法律规范。但这并不能保证财政权力主体在现实中必然严格按照法律规范的行事。初次规范的作用仅仅在于为财政权力划定了边界，需要在此基础上进一步寻找实现规范效力的途径。正如前文在权力监督与权力一般法律控制的关系中提到的，监督的目的在于确保在实际中遵守法律，增强行为的规范性，避免随意性。因此，财政监督是建立在财政法律初次规范基础上的再规范制度。要落实财政平等原则，需要通过对财政权力运行是否符合初次规范进行严格的监督和效果检验。由于财政法上的平等原则是公法原则，它所强调的既不是法律地位的平等，也不是法律关系在形式上的平等，而是财政权力行使的过程和结果是否符合实质公平。因此，财政监督的着眼点应该是财政运行的程序及其所带来的权利和义务状态。具体而言，包括税收征收程序、预算管理程序、财政支出程序、转移支付程序以及经由上述程序实现的纳税人权利义务状态。如果在财政权力的过程中反了初次规范，或者导致了纳税人未能获得平等对待因而权利受损的法律后果，那么该财政行为就违背了财政平等原则。需要启动财政监督机制来纠正上述违法的财政行为。从更为本质的层次上说，如果财税法的制度设计未能提供有利于财政平等的规则，那么财政立法及其制度本身就违反了财政平等原则。基于此，实现财政平等原则的首要因素是确保立法中的财政平等，也就是要民主立法和科学立法，以落实宪法上的平等原则；其次是在财政执法中的平等对待，即符合平等处理原则。[①] 在财政立法的过程中，需要通过税收法定、预算法定以及支出法定等宪法性原则来约束财政财政立法行为，使其不仅确立财政平等原则还要落实到具体的法律规范之中。这种对立法的监督需要从宪法监督的角度展开，并且应当配合违宪审查的司法程序方能有效实现财政平等原则。

（二）财政平等与财政监督的理论关联

财政平等作为一项财政法的基本原则具有抽象性和概括性。然而，在财政领域的实践中，社会需要的是在个案中“看得见的平等”。从财政权力的角度来看，平等原则主要体现为财政权行使的现实效果符合平等原则的要求。财政平等原则不仅是引导财政法制度建构的重要理念之一，同时也具有指导和补充财政法规则的功能。不过，对于财政平等原则的认可并不意味着其在实践中的落实。因此需要从具体的规则层面保证财政平等原则落地。财政监督具有落实财政法规则效力的作用，构建科学高效的财政监督机制有利于在实践中推进财政平等，实现财政法律制度的实效。在财政法律关系中，从宏观上来看，有三对关系是最为基本的，即国家与纳税人的关系、中央与地方的关系以及立法机关与行政机关的关系。在财政平等原则之下，上述关系都包含着追求平等的要求，也需要构建相应的财政监督制度来促进各类主体之间的平等。

1. 保障基本人权的监督机制：国家与纳税人的关系

国家与纳税人的关系是财政法中最基本的关系。在现代税收国家，财政收入的大部分都来纳税人劳动创造的财富。通过税收积聚形成的公共财产均源自纳税人的私人财产。可以说，国家与纳税人之间的关系是公共财产形成的基础性关系，也是所有财政

① 关于财政平等原则，日本税法学者金子宏通过“税公平主义”来阐述，特别强调了税法上的平等和公平原则与立法和执行的关系，其所谓的“税公平主义”与财政平等原则具有相近的含义。参见［日］金子宏：《日本税法》，战宪斌、郑林根等译，法律出版社2004年版，第64~70页。

法律关系得以建构的前提。从传统的观点来看，国家享有取得财政收入的权力，这种权力具有强制性，是国家以法律及其背后的暴力机制作为后盾来确保其实现。纳税人如果违反这种法律，就会受到国家强制。以此观念为基础来看待国家与纳税人的关系显然是不平等的。然而，在现代国家理论中，国家权力并不具有终极意义，并且既非“天赋”也非“神授”，而是来源于人民。人民主权理论认为人民是国家的主体，是一切国家权力的来源，财政权力也不例外。可见，作为国家权力的财政权来自于人民的授予，其自然也应该服务于人民并且受人民监督。[①] 这种政治性的观念所阐释的原理同样可以适用于财政法学领域。所不同的是，人民的概念与纳税人之间略有差别。如果从宏观意义上来看，二者之间在范围上是相近的，财税法只是为了凸显人民所负担的纳税义务而构成了一个独特的范畴。值得注意的是，财政平等原则并非要求国家与纳税人之间具有平等的法律地位，这在事实上也是不可能的。国家作为共同体其中已经包含了作为纳税人的个体。在国家与纳税人的关系上，财政平等指的是国家的财政收入权力需要经过纳税人的同意，它来源于财政民主原则，但是又与之有所区别。民主原则侧重于人民在国家中的主体性地位，而平等原则强调的是国家财政权与私人财产权的利益平衡。为了实现这种平衡，需要通过财政法定原则来对国家财政权实施控制。根据法治的基本原则，所有的“法定”原则不能来源于法律本身，而需要寻找更高的制度依据。因此，财政法定本身应当属于宪法性原则，通过宪法原则来制约立法。

在国家与纳税人之间，财政平等原则主要是依靠宪法监督的方式来实现的，也就是说，立法机关的财政立法、预算审批等行为应当受到来自财政法定的宪法原则的制约，并且在可能出现违宪的情形下需要建立相应的审查机制。在这种宪法监督机制下，

---

① 参见刘剑文、熊伟：《税法基础理论》，北京大学出版社 2004 年版，第 36 页。

财政法在具体的制度设计上需要保证税制的公平合理、预算资金分配的妥适性等。例如，在税收立法中，要考虑直接税与间接税的比重以及税率选择与确定的合理性；在预算审批中要考虑预算的规模及其项目设置是否恰当等，因为“个人必须‘决定’政府财政预算的适度规模，以及财政预算组成项目”。[①]

2. 保障公共服务均等化的监督：中央与地方的关系

在财政平等原则的含义中，涉及政府间财政关系时，对于联邦制和单一制国家有不同的观念。在联邦制国家，地方与中央之间具有较为松散的关系，各自拥有相对独立的财政权力，因而通过财政分权形成财政法上的“财政联邦主义”；而单一制国家则强调中央对地方的决定权和支配权，形成财政法上的“财政集权主义”。无论是财政联邦主义还是财政集权主义，所要解决的都是中央政府与地方政府之间的财政关系，意图达到财力与事权相匹配、事权与支出责任相适应的均衡状态。中央与地方的财政关系是财政法中的重要方面，数额及财政权力的纵向配置，影响公共产品在不同地域之间的分配，决定着不同地区人民能否平等享受到基本公共服务。在财政联邦主义理念中，税权的分配是一个核心问题。[②] 因此，如何通过税法在中央与地方之间科学划分税权和税收收益是实现财政联邦主义的前提。另外，对于公共产品和服务的提供，财政联邦主义也认为需要区分不同的级次。中央政府一般负担全国普遍性的公共产品和服务，如国防、一般福利、基础教育等，而地方则更具本地经济和社会发展的具体情形在中央级次的公共产品基础上补充提供地方特别的公共产品。在实现政府间纵向财政关系均衡的同时，还需要考虑不同地域间的政府财政关系，即横向的财政均衡，这需要建立完善的转移支付制度。按照财政法定的要求，上述制度均须通过立法的方式，以

① ［美］詹姆斯·M. 布坎南：《民主财政论——财政制度和个人选择》，穆怀鹏译，商务印书馆1993年版，第13页。

② 参见张守文：《财税法疏议》，北京大学出版社2005年版，第67页。

法治化的方式推行财政联邦主义，以体现财政平等原则。

按照重要性原则，政府间财政关系涉及财政权力配置的基本问题，属于财政体制的范畴。在法律渊源的角度来看，应归属于宪法调整较为适当。中央与地方之间的财政关系不仅影响着国家治理的效率，还关系到全体社会成员尤其是贫困地区和弱势群体基本人权的实现程度。在普遍认同财政基本原则的共识之下，应该探究的问题是如何确保财政平等原则，首先在法律的制度设计中得以体现，其次是体现财政公平的制度能够在实践中发生效力。针对这种需要的财政监督机制主要依靠作为立法机关的议会通过监督宪法的实施以及对立法的监督来实现。在公法的视野中，实质意义上的法律治理越来越倚重宪法对立法权的约束，尤其受到基本人权的制约。①

3. 对授权立法的监督：立法与行政的关系

立法与行政的关系直接关系到财政平等原则实现。现代国家一般通过代议制来决定国家重大财政事项。因此财政决定权掌握在议会手中。然而，在现代国家治理中对效率的追求往往导致行政权力的过度膨胀。立法机关与行政机关的这种冲突需要在现实中寻求妥善的平衡之道，既要确保立法机关的权力落实，防止行政机关的肆意侵入，又要满足现代社会对国家治理效率的需求。由此而产生的问题便是如何平衡议会的决定权与政府行政权之间的关系。实践表明，权力越集中越容易导致滥用，因此权力分立成为制度设计的普遍选择。西方国家的三权分立制度是一种典型的权力分立与制衡的制度设计，具有一定的合理性。该体制本身就包含了权力之间相互监督的思路。通过议会享有立法权与决定权，政府享有行政权以及法院享有的司法权来形成权力相互监督与制约的闭环。财政领域的分权也基本套用这种模式。在立法与行政的关系上，最为根本的是要确保议会对立法权的掌握，特别

① 参见黄俊杰：《财政宪法》，翰芦图书出版有限公司 2005 年版，第 285 ~ 287 页。

需要防范行政机关对立法权的僭越。

从19世纪末开始，在财税立法中出现了授权立法的现象。“政府为了应付某种紧急情况或实施某种实现需要保密的政策起见，有时从议会得到用行政管理法规规定租税或变更税率的权力，特别是关于进出口税的征用和税率需要随时调整，往往委托行政机关决定。”① 一般认为，议会授权立法行为要特别谨慎并且对授权立法附带多项严格限制。对于财政基本事项和重大事项，议会一般不得授予行政机关代而为之。从历史的发展来看，税收立法部分采用授权立法的方式既有权力博弈的因素，也是客观上社会变革导致政府职能急剧扩张的产物。在财政决定权方面，一个典型的是预算案的调整。由于客观情事的变化，议会难以立即通过法定程序作出修改预算的决定，而现实需要政府立即作出资金安排。在这种情况下，政府往往只能现行作出不符合原来预算的决定，之后再通过议会完善有关程序。因为“权力分立只是政治智慧的一个规则，当公共政策有坚实的理由要求该规则让路时，它就必须让路”。② 应当承认，授权立法在应急性和临时性的事项上具有积极效果。不过，这种便利性不应当成为随意扩大授权立法的理由。除了必须遵循授权立法的基本规则之外，权力机关应当强化对授权立法过程和内容的监督。这需要在明确立法程序和权限的基础上，强化立法机关的职能，从根本上说需要构建一个强势的议会来监督和约束政府的行为。

（三）促进财政平等的财政监督法律制度构建

无论是财政平等原则还是具体体现这一原则的法律规范都仅仅是对财政权力在文本层面的规范和要求，它不代表财政权力在实践中真正贯彻了平等原则。只有构建并实施有效的财政监督机制，对财政行为及其效果进行监督，评估其对于财政平等所要求

① 王名扬：《英国行政法》，中国政法大学出版社1987年版，第108页。

② 参见邓世豹：《授权立法的法理思考》，中国人民公安大学出版社2002年版，第33页。

的具体标准的符合程度，并在监督过程中引入公众参与，实施公开透明的监督程序，对监督结果开展有效的问责，才能保证财政平等原则的法律实效。具体而言，促进财政平等原则的实现需要从财政监督主体的多元性、程序的公开性以及结果的问责性入手。这几个方面既体现着财政平等原则的精神，也推动着财政平等原则的实现。

1. 监督主体的多元性

通过监督机制而构成的关系中，主体之间往往不是一一对应，而是呈现多元形态。从监督的原理出发，唯有保持这种多元的监督主体结构，被监督主体及其行为才可能保持规范性。就财政监督而言，从理论上说能够处于监督主体地位的包括立法机关、审计机关、司法机关，如果从特殊监督方式上来看，还包括社会公众。① 其中，立法机关和司法机关的监督属于传统的权力式监督，是在权力分立和制约理论框架下的监督机制。社会公众的监督属于现代参与式的监督，是在政务公开、政府职能转型的背景下逐渐形成的监督机制。② 两种不同类型的监督监督体系具有各自的特点，促成了监督主体的多元性。不同监督主体之间的程序转换可以确保监督主体的多元性，增加了发现被监督这违规行为的可能性，有力约束了被监督对象的权力行为。需要注意的是，监督主体的多元性并不仅仅意味着多个监督主体的简单并存，同时还需要它们之间形成合理有效的结构，相互之间能够发

① 社会公众的财政监督既可以从监督主体的角度理解，也可以从监督方式的角度理解。从监督主体的角度而言，基于公共财政理念，任何组织或者个人都可以实施财政监督行为。从监督方式来看，社会公众的监督主要依靠财政公开，包括预算公开、审计结果公开等。

② 在现代国家治理的过程中，政府信息公开、行政过程透明度以及建设服务型政府的观念逐渐取代了传统的封闭型、强制性和管理性的政府管理。在这种趋势下，参与式治理成为一种极具竞争力的国家治理理念。同样，参与式监督也构成了其中的一个重要环节。参见王锡锌、章永乐：《我国行政决策模式之转型——从管理主义模式到参与式治理模式》，载《法商研究》2010 年第 5 期。

生必要的程序转换，以保证整个监督机制处于动态运行的过程中，形成动态的监督过程。这有利于确保监督程序的流畅，避免在个别环节发生阻塞而影响监督的效果。从监督机制的运行过程中出发，不同的监督主体之间还应当存在相互转化的可能性。例如，预算监督中发现的问题可以进入审计监督程序或者在通过审计监督发现的问题可以转化入司法监督程序。如此一来，对于可能存在的财政违法行为至少设置了防范、发现、纠正和查处四个基本的监督节点，大大提升了监督的效率。

在财政监督领域内，基于权力性质及其配置结构，不同的监督主体各具优势和特色，同时也各有局限。立法机关的监督权处于主导地位，能够行使全面和决定性的监督权，但是由于其处于相对远离财政执行程序的位置，因此一般只能通过预算监督来行使其监督权，难以发挥直接和高效的作用。审计机关掌握财政预算与政府会计的专业资源，能够直接切入财政过程，发现其中存在的问题，但是其地位往往与被监督者处于平级，甚至还可能受制于被监督者，因此难以产生有力和彻底的监督效果。司法机关具有权威性和程序终局性，能够通过裁判程序赋予财政监督以确定的效果，不过，出于司法权的被动性，往往需要依赖大量的前期工作和专业资源的支持方能有效配合财政监督。可见，要形成全面有效的财政监督机制，必须依赖多元化和有层次的监督主体相互配合，形成科学合理的监督结构。

2. 监督程序的公开性

监督程序是监督机制的法律过程，对构建有效的监督机制有着直接而重要的影响。在法治化的视野里，程序正义首先表现为程序公开。这不仅是确保实体正义的必要条件，也是程序正义本身的逻辑。就监督而言，它原本属于法治的一个环节，是确保法律实效的重要机制，因此监督必须依法进行，而不可逾越法治的基本框架。监督程序的公开性内含有两个层次公开，第一是监督对象自身程序的公开；第二是监督程序的公开。在财政监督中，监督程序的公开性首先要求一般财政运行程序的公开，其次是对一般财政活动监督过程的公开。由于现代国家对财政的法治化要求，财政活动本身有其法律过程，从最基本的方面来看，包括预算编制、审查和批准以及执行。在执行程序中，有包括各种征收程序、国库管理程序以及财政支出程序等。上述这些程序是确保财政运行的基本需要。对于财政监督而言，首先要求这些程序公开，或者说财政监督本身就包含促成上述财政程序公开的意义。更为明显的是，有些财政监督程序本身就套嵌在财政程序之中。如预算监督就是在预算程序中对财政活动实施监督。预算程序本身就是财政程序，并且是基本的财政程序。没有预算程序，财政是无法运转的。只有财政程序本身做到公开，才有可能建立起有效的监督机制。不仅如此，财政程序公开是成本最低的监督方式。正如“阳光是最好的防腐剂”，财政公开也是最好的财政监督。财政程序公开是相对于纳税人或者全体人民的公开，这种公开直接体现财政平等的原则。它意味着纳税人不再仅仅是财政法上的承担纳税义务的主体，同时也是拥有用税监督权的主体。

财政监督程序公开的第二个层次是指监督本身的公开。相对于财政程序，财政监督具有外部性的特征，在一定程度上独立于财政程序本身，如审计监督和司法监督。就权力型的财政监督而言，监督程序的公开目的在于确保监督权的正当行使，同时防止监督权被收买而与监督对象相勾结所导致的监督失效。这一点在审计监督中体现得尤为明显，“公开既可以有效监督审计对象，也可以有效监督审计机关”。[①] 审计监督的可靠性不仅来源于其专业性，更重要的是其公开性。审计结果公告制度是审计监督程序公开的一个重要内容。由于审计监督和司法监督程序本身有其相应的规范，由审计法和诉讼法等制度加以规定，而非局限于财政法制度之中。因此，在推进财政监督程序公开性的过程中要注

① 袁曙宏：《审计监督的独立性和公开性是关键》，载《审计研究》2004 年第 4 期。

重财政法与其他有关法律的相互配合。[①]

3. 监督后果的问责性

良好的监督效果不仅取决于“谁来行使监督权”以及“如何行使监督权”，还要看对于监督过程中发现的问题如何处理。换言之，在多元性和有层次的监督主体以及公开化的监督程序基础上，还需要确保对监督后果的可问责。法治作为一种治理方式，最基本的原理就在于对违反规则的行为施加不利的法律后果，以达到弥补损失和惩戒的目的。监督机制尽管可以看作是独立于一般法律规范发挥作用的特殊制度，但是评估监督机制的效果仍然需要以监督后果作为基本标准。从监督机制的原理出发，它包含了防范、发现、纠正和查处四个基本的环节。其中，“防范”主要在于建立预防机制或者提前发现并抑制可能出现的违规行为；“发现”的目的在于从证据和事实的角度控制权力；“纠正”主要是使权力回到正常和规范的轨道上；“查处”是对被监督者施以不利后果，以震慑潜在的违规者以及确保权力能够规范运行。公共管理学者认为，“建立一个负责的政府——对公民负责的政府——是现代国家建设的最终目标”。[②] 这里的“负责”首先是财政上的负责。如果一个国家对人民在财政上不能负责，那么就谈不上是一个负责的政府。而“负责”需要靠“问责”予以保障。如果政府行为不能被问责，那么也就谈不上要求政府负责。实际上，问责作为一种机制最早的表现就是财政问责（Financial Accountability）。[③] 可见，在财政问责的概念中，就包含了财政监督的含义。

作为财政监督的一个必要环节，问责不仅是一种政治责任，

---

① 例如有关政府信息公开和司法公开的制度实际上就含有促进预算公开、有关财政案件的审判公开的作用。因此，对于监督程序的公开性不仅要着眼于财政法制度本身，还有其他相关的法律制度建设。

② 马骏：《政治问责研究：新的进展》，载《公共行政评论》2009 年第 4 期。

③ 参见马骏：《政治问责研究：新的进展》，载《公共行政评论》2009 年第 4 期。

同时也是与一种法治要求。“权责一体”是法律在设计和授予权力时遵循的一项原则。掌握财政权力的主体对财政权力的行使及其后果负责，权力的缺位、越位以及错位都可能给权力主体带来责任性的后果。这种后果可以是程序性的，如预算案因被否决而不能获得通过；也可以是实体性的，如某项违规的财政支出被取消；还可能是惩罚性的，如有关官员被遭到处分甚至处罚。在有效的财政监督体系之下，财政权力主体是受到严格监控和约束的，这主要源自问责所带来的强制效果。在公共财政的观念里，政府理财不同于企业和私人理财，它是政府受托代为理财。在这种委托关系中，政府在享有财政权的同时，民众也享有与之对应的监督权，并且这种监督具有制约财政权力的法律效果，它促成了政府和人民在财政事项上的平等关系。因此，有问责机制作为最终的保障，财政监督才可能真正有效和有力推进财政法治。

（四）平等视野下的公共财政监督制度转型

在中国当前的公共财政监督体系中，必须坚持法治化的思维与原则。其中，财政平等的法律原则所蕴含的是通过对权力、义务和责任等法律资源的均衡配置来实现对财政权力的约束，确保财政法律规范的实效性。如果把财政简单地理解为国家或者政府单向度、强制性和封闭化的空间，那么财政监督也就成为政府内部的权力博弈，而不具有公共性的特质了。财政平等所要强调就是讲财政作为一种公共性领域中的话题，向纳税人和全体社会开放。在这种语境中，财政监督所体现的就是均衡的权力配置、开放的公民参与和有效的问责机制。中国的公共财政监督转型以及制度建构必须融入这种背景并且以财政平等作为重要基础。

1. 监督公共财产权的基础性制度

在财政关系中，最为基本的是国家与纳税人之间的关系，财税法的首要目的是保障私人财产权不受国家权力侵犯，是在民法对财产权横向保护基础上进一步对财产权提供纵向保护的制度。其次，财税法是保障公共财产权的制度，它需要确保经由国家权力而征收的财产用于公共目的和满足公共利益。上述两个方面是从财税法的角度拓展财产权保护的视野，是对传统意义上的财产权保护逻辑局限的突破。在传统观点中，人们一般指关注政府对私人财产的征收中的两个问题，一是政府取得财产的程序是否正当，二是给予的补偿是否合理。解决了以上两个问题之后，政府取得的财产则与私人无关，它忽视私人主体在财产领域对政府的有效监督，未能进一步追踪和监督政府使用这些取之于私人主体的财产的过程。[①] 以政府税收为例，这意味着在完成对私人财产的征收之后，所形成的公共财产权完全处于政府的掌控之中。数额庞大的公共财产在使用和分配的过程中缺少了来自纳税人的必要监督，那么税收的公共性何以体现呢？传统的财政法将财政作为行政的附庸，财税法也必然是行政法的分支，公私主体之间的不平等关系也由此得以确认。但是，当我们认识到财政的公共性，确立起公共财政理念的时刻，国家与纳税人之间的关系注定要由不平等转化为平等，纳税人必须在公共财产权保护过程中有一席之地。作为公共财产的贡献者，纳税人对于财产的管理、使用和分配具有当然的监督权。因此，财税法既是对传统民法保护财产权的局限超越，也是对传统的“管理型”行政法的突破。它所要求的不仅是政府对相对人的行政行为应当受到监督，政府的理财行为也应当受到监督。公共财产权是以财产的管理、使用和分配为内容的，然而基于财产权主体的特殊性，它仍然是公权，具有被滥用的可能性，并且这种权力的滥用在很多情况下没有直接的受害人，如公共财产的浪费。因此公共财产的利益相关者只能是财产的初始权利人，由其担任公共财产的监督者具有逻辑上的合理性。财政平等原则在制度上要求财税法首先应当在整体上构架起对公共财产权监督的基础性制度。这在我国目前的法律体系中主要是通过《宪法》《立法法》《监督法》以及相关宪

① 关于财产权保护的传统观点及其逻辑局限，参见刘剑文、王桦宇：《公共财产权的概念及其法治逻辑》，载《中国社会科学》2014年第8期。

法性法律的完善来实现。特别是需要在财税领域中依然缺位的税收基本法、财政基本法以及财政支出法等几个关键性制度上加以补充，形成结构相对完整的财税法律体系。

2. 基本公共服务均等化的监督体系

财政法上平等原则不仅指向国家与整体纳税人的关系，同时也包含纳税人之间的公平。这种财政平等的意义在于缩小人们在基本人权实现程度上的差异，将社会矛盾控制在人们的心理承受能力之内，它有助于创造一种平等和谐的竞争环境，具有非常重要的现实意义。[①] 在财政收入方面，由于税收、费用征收以及政府性基金等具有各自不同的功能，平等原则的体现有所差别。例如，税收主要是通过量能负担原则来体现财政平等原则的，而费用征收和政府性基金则主要通过受益原则来体现。对于不同类型的收入，税法、行政收费法等依照各自的逻辑来贯彻和体现平等原则。不过，从财政支出的角度来看，财政平等原则主要体现为一种受益上平等。例如在地区间财政关系上，应当保证最低限度的财力均衡；在不同的社会阶层之间，应该保障每一个群体具有同等的机会和待遇；在最低人权的保护方面，应当保障每一个公民的生存权、受教育权等基本人权，为弱势群体提供必要的帮助和救济；在财政集中采购方面，必须通过公开透明的标准和程序，保障每一个适格供货商中标机会的平等。[②]

我国当前面临着城乡差距、地区差距和贫富差距不断加大的客观现实。从根本上说，这是由于经济发展不平衡所导致的。政府作为社会整体利益的代表，除了通过必要的经济干预手段确保公平的市场竞争环境之外，还应当以财政手段促成基本公共服务的均等化。从法治的角度观察，基本公共服务属于基本人权所涵盖的范围，是体现一个国家在公平正义方面的基本指标。为解决

---

① 参见刘剑文、熊伟：《财政税收法》（第五版），法律出版社 2009 年版，第 20 页。

② 参见熊伟：《财政法基本问题》，北京大学出版社 2012 年版，第 51 页。

基本公共服务不均等的问题，首先需要有规范的转移支付立法，其中包含着对转移支付的财政监督。我国中央与地方的财税关系缺乏法治化的博弈程序，因此转移支付行为随意性较大。从根本的层面上说，央地之间在财政权力的配置上不尽合理。尤其是对于中央较为强势的权力缺乏制约，地方政府争夺中央资金和项目的手段也缺乏规范。因此，需要从基本制度的层面上规范转移支付中的各种权力，并设置科学有效的监督机制，包括构建全方位多层次的监督体系、健全监督问责制度、完善监督机构的设置以及协调监督信息系统等。①

3. 保障民生的财政监督机制

在财政支出的方向上，民生支出具有普遍受益性而格外受到关注。民生支出一般指向与人民生活直接相关的领域，如教育、医疗卫生、社会保障、就业以及住房等。民生支出与传统的建设性支出对应，构成一个相对独立的观念。通过在绝对数上增加民生支出的总额、在相对数上提高民生支出占据整个财政支出的比重以及明确某项民生支出的具体目标等方法，政府以财政行为实施改善民生的目标。由此而形成的“民生财政”构成了财政法研究中的重要问题。从权利的角度来看，保障民生即是保障全体社会成员的基本人权，“民生财政”意味着基本人权的财政保障，更加直观地体现着财政平等原则，具有宪法层面的价值。“民生财政”来自“民生问题”，表现为看病贵、上学难、房价高、就业不稳定、缺乏基本生活保障以及收入分配差距加大等。解决上述问题除了需要依靠各项具体制度之外，还需要政府施以财力，即通过调整财政政策尤其是改善财政支出的结构来回应社会的民生需求。自20世纪90年代以来，我国财政支出结构一直以经济建设支出为重，民生支出没有受到应有的重视。这固然与“以经济建设为中心”的根本任务相一致。不过，经济建设并非

① 参见陈桂生、田利：《论财政转移支付监督体系的重构》，载《理论导刊》2011年第9期。

社会发展的目标，而是一种手段。归根结底，人的自由和全面发展才具有终极价值。因此，“民生财政”不仅是回应性的，更是根本性的。

在整个财政法体系中，民生财政关涉诸多环节，相应的监督机制也应当从多个方面加以完善。首先，在预算法中通过参与式预算表达民生需求，并将其作为编制和特征预算的依据。参与式预算不仅具有一般的财政监督功能，更有利于将民生保障等带有财政平等的理念注入财政监督体系之中，推进财政平等原则。其次，在转移支付制度中，应当着力构建民生性财政转移支付体系。由于财政转移支付的基本目标是保证在一个主权国家里不同地区人们所享受的公共服务水平大体相当，尤其是能够享受均等化的最低标准的公共服务。这是体现财政平等原则的重要指标。为保证民生性财政转移支付的效果，应当对财政转移支付制度设置相应的评价机制和量化指标。对上级政府而言，主要从过程和效果两个方面来对财政转移支付进行考察，确保真正实现缩小地区公共服务能力差距的目标；接受转移支付的政府要定期公开已接受的财政转移支付款项及其使用情况，同时，可以赋予受益主体（包括公民、法人和组织）针对财政转移支付进行监督，提出意见和建议。[①] 最后，建立民生财政的绩效评价与激励约束制度，通过公众评判等特殊方法来实现对保证民生财政的监督和制约。[②] 在民生财政中，公民的受益性与监督机制能够有效结合，确保了这种财政监督机制的可靠性。

四、财政监督与财政绩效理念

在传统的法学研究中，法律的主要目标和价值被限定为公平

---

① 参见刘剑文：《强国之道——财税法治的破与立》，社会科学文献出版社2013年版，第206页。

② 参见陈治：《构建民生财政的法律思考》，载《上海财经大学学报》2011年第2期。

和正义，因此无论从制度还是行为上来看，绩效都没有成为法律重点关注的因素。① 从财政制度的本位出发，财政运行可能产生的效果具有综合性，至少包括了经济、法律以及管理三个维度。其中，财政的经济效果属于财政学和税收学的研究范畴；财政的管理效果是考评财政行政管理的指标。法律维度上的财政绩效是财政运行的法律效果，换言之财税法律体系一般被认为是以公共财产的取得、分配和使用过程为主要规范对象的制度框架，其关注的核心问题是财政运行的形式和过程的法律效果。此外，财政还可能具有社会效果。财政运行的社会效果是从社会整体出发对财政活动的评价，往往与财政的经济效果与法律效果密切相关。因此，财政绩效是一个具有综合性的概念，不应当将之仅局限于经济或者管理上的效果，而是需要从经济效果、管理效果、法律效果和社会效果相结合的综合视角展开分析。② 不过，从财税法实现分配正义的目标来看，公平正义的资源分配必然导向良好的分配绩效。因此，从财政绩效的角度来审视财政监督的法律问题有利于拓展财政法治的内涵。换言之，财政行为的合法性不仅体现为形式上的“合法（律）性”（legality），更体现为实质上的合法性（或正当性，legitimacy）。在财政法治的视野里，引入财政绩效这一范畴为实质合法性的评估提供了相对合理的标准。财政监督也不仅仅是形式上的监督而更加具有实质意义。

（一）财政绩效的法律涵义

财政绩效是财政行为或制度在实质上达到的效果。这种效果从内容上看具有综合性，同时也是多元视角观察得出的结果。当然，不同角度只是学科划分的相对界限，在实践中，对财政绩效

---

① 不仅如此，在法学研究中对与“绩效”相近的“效率”“效益”等概念也常常被认为主要属于经济学的范畴而很少给予关注。这固然有利于坚持法学研究的基本范畴，突显法学研究的重点，却可能导致与实践的脱节。

② 由于公共财政以满足公共需要为目的，与私人财务活动所不同的是它不得以营利为目的。因此，财政制度的经济效果在财税法的功能上是次要和辅助性的。从这个意义上说，财税法的主要属性是公共性和治理性而非经济性与调控性。

的评估不应当局限于某一种或者某几种特别的角度，而应该尽可能全面地分析。如果从法律所欲实现的正义目标来看，绩效更加注重实质正义，是实质法治的要求。[①] 财政法不仅仅从程序角度规范财政权力，更需要考察其在分配正义与纳税人权利保护过程中的实际效果。分配不仅是一个过程，需要体现程序公正，同时也是一种结果，需要表达实体正义。纳税人权利的实现也不仅止于程序性保护，必须从纳税人获得的实益出发予以评估。在传统上以司法为中心的法治理念中，程序正义受到特别的重视，而在现代社会中，实体正义逐渐成为法律关注的核心。因此，绩效与法治之间的联系也更为紧密。特别是在公共财政的背景下，财政行为其实是对公共财产的取得、管理和支配的行为，对公共财产而言，政府理财的绩效具有特殊的价值，它涉及公共财产是否妥善地被用于公共目的，并达到了满足公共需要的目标。因此，有必要挖掘财政绩效的法律含义，提出财政监督的绩效维度。

1. 绩效与法治的关系

在传统上，法治被认为是调整社会关系的最低限度的规范体系。然而，理想的法治状态所追求的是良法善治。亚里士多德对法治所提出标准是良好的法律获得普遍的服从，可以将之概括为“良法”和“善治”。良法善治不是彼此分割而是相辅相成的。唯有良法才能实现善治，也只有善治才能证明良法的存在。在财政领域，善治具体表现为良好的财政秩序和效果，即以民主政治为基础，实现全民福利和社会发展的财政秩序。这就要求财政法不能仅仅是满足于调整财政关系的法律规范形式，更为本质的内核在于实现社会发展和全民福利的价值。如果财政行为局限于形式上的合法性而忽略了其价值指向，那么财政法也将沦为政府管

① 关于法治的实质和形式问题，学者研究认为，法学研究正在从传统的形式法治向现代的实质法治转型，这一过程具有客观必然性。参见江必新：《论实质法治主义背景下的司法审查》，载《法律科学》2011 年第 6 期。

理人民的工具，而非人民约束政府的手段。因此，衡量一国财政的标准除了形式上的合法性之外，必须拓展到更为本质的价值层面。在推进国家治理体系和治理能力现代化的过程中，全社会对于政府的法治期待不断增加。法治不能仅仅满足于形式意义上的合法性，更需要做到实质意义上的正当性。尤其是在公法领域，行政权力从传统的强制性、管理性逐步转化为契约性、服务性，法治所要求的不仅是表面的合法性，更有实质意义上的合理性。从另一个角度来看，绩效作为一种范畴本身就应当包含在法律制度之中。例如，法律绩效评估通常是在法律实施一段时间之后，对法律本身的质量、社会效果做出评估，发现其中存在的问题，并为法律的立、改、废提供依据。① 因此，绩效与法治并非彼此对立，而是相互融合的关系，绩效评价的内容本身就包括了对法律制度的绩效评价，而法律所欲达到的法治目标则构成了绩效评价的重要标准之一。可以说，法治化的程度越高，法律制度的绩效性就越好。

财政绩效是衡量财政领域是否达到善治的一个重要标准。在我国，财政绩效较多地受到公共管理和经济学的关注。不过，学者们对于财政绩效的理解并不完全相同，选用的评价流程和评价方法有所区别。有的重视管理的效率，有的重视管理过程的规范性，并且都没有把财政绩效评价结果用于预算决定。② 可见，在我们的研究中，绩效性与法治化的关系似乎很远。这也许构成了法学研究中的一个缺失。其实，科学的绩效评价结果对于法治发展具有十分重要的作用。从根源上说，绩效评估的目的就是改善法治的效果。在财政绩效的评估中，绩效预算、绩效审计等都与法治的要求密切相关。绩效较好的预算案和决算案有利于推进预

① 参见汪全胜：《法律绩效评估的“公众参与”模式探讨》，载《法制与社会发展》2008 年第 6 期。

② 参见马志远：《英美财政绩效管理模式选择的实践与借鉴——从组织效率到绩效成果》，载《中国行政管理》2013 年第 9 期。

算法治化；对财政绩效的审计不仅实现了形式上的财政行为合规而且以更高的实质性要求约束了财政权力，避免了法治的“形式主义”问题。总而言之，绩效性与法治化的关系十分密切，绩效性是超越形式法治的具有实质法治重要范畴。

2. 正当性：财政绩效的核心内涵

公共财政的要义在于财政满足公共需要，这是公共财政与私人财务的本质区别。公共财政所欲满足的公共性目标构成了公共财政绩效的重要内涵。从公共财产权的角度来看，权力主体的公共性决定了它与私人财产权之间的差别。私人财产权在绩效上主要表现为私人主体的营利性，而公共财产权的绩效则主要体现在公共需要获得平等的满足。换言之，私人财务的绩效主要以营利性、效率性及其优先满足来实现经济上的目标，而公共财政绩效则需要通过公开性、公平性、公正性来实现法治上的目标。不仅如此，公共财政还区别于国家财政。在计划经济体制下，财政的主要职能是进行以国家为主体的、对包括生产资料和生活资料在内的一切社会资源的分配。在这种以国家财政为经济发展主导力量的经济体制中，人们对财政绩效的关注主要集中在经济效果上，整个国家财政与国有企业的财务混为一体。财政没有自己独立的绩效价值，而是依附于企业的经营性业绩。在这种状况下，财政绩效附属于企业的经济绩效，不具有独特的必要性。公共财政摆脱了国家财政的观念束缚，使得市场经济体制与国家权力相互分离，财政绩效也自然具有了与原来根本不同的性质。在这种变革的背后，是从自产国家向税收国家转型的现代化轨迹。独立于市场经济体制的公共财政在绩效上也显示出其独特的必要性。尽管公共财政仍然是以财产权及其价值作为运行的物质基础，但是公共财政形成了相对独立于经济发展的制度实践。它不再以利润为追求的主要目标，而是从满足公共需要的角度来配置财政资源。在公共性的要求中，分配的正当性逐渐取代利益性，财政绩效也更加注重公平而非效率。由于财政在外观上主要体现为一定数量资金的分配，因此资金的使用效率一直是财政无法回避的话题。公共财政并非完全不考虑效率在绩效中的地位，而是要正确处理公平与效率的关系，达到二者相互平衡的状态。换言之，在公共财政的语境中，公平的位置更加突出。因此，正当性也就构成了公共财政绩效的核心内涵。

3. 分配正义：财政绩效的法治标准

财政绩效不仅是抽象的法律原则，同时也需要化解为具体的目标以获得落实。如前所述，形式法治向实质法治转型具有客观必然性，财政绩效在这一转型过程中所凸显的是作为核心内涵的正当性。然而，在财政领域，正当性如何解释？即使从经济学的立场出发，我们也可以理解财政是一种社会财富分配活动。分配是经济活动的基本环节之一，同时它是经济活动中与法治关系最为密切的一个部分。谈到分配，首先涉及的就是分配依据的选择，即主体凭什么参与分配？不同的主体凭借何种正当的原因取得社会财富？其次，分配秩序如何形成？只有选择社会公认的分配依据才能保证分配活动有良好的秩序，而不至于招致激烈的反对。最后，分配结果是否公平公正？相对公平公正的结果是分配所追求的基本价值。在市场经济体制下，国家放弃了对生产经营活动的直接参与，政府自身也不具有创造物质财富的能力，社会财富完全是通过市场要素的自由流动与结合而产生的。相对于国家的公共性而言，社会财富首先表现为私人主体的财产权。国家通过征税、收费等方式参与上述财富的分配，因此而形成了私人财产与公共财产的界分。财政过程是社会财富分配的过程，财政法则是实现分配正义的制度体系。在分配正义的内涵中，平等、公平、自由和效率均是其构成要素。在最为朴素的观念中，平等是衡量正义的基本标尺，公平是确保人类活动积极性的重要因素。自由则被视为整个法律中正义哲学的中心，而效率则是对财产权利用的重要结果。财政绩效与上述分配绩效在本质上是一致的，因此，可以把分配正义确立为财政绩效的法治标准。

法律是资源配置的手段，具有促进分配正义的功能。“正义是社会制度的首要价值。法律和制度，不管如何有效率和有条理，只要它们不正义，就必须加以改造和废除。”① 分配正义不仅是法律效果，同时也是社会效果。如同形式法治和实质法治的关系一样，法律效果与社会效果似乎也被认为存在着矛盾。其实，形式法治向实质法治转型的必然性是法哲学认识论的判断，而在实践论的层面上，形式法治与实质法治是统一的。② 如此看来，所谓法律效果与社会效果的矛盾其实是一个伪问题。法律效果与社会效果冲突说明正义的标准存在偏差，需要加以调整而不是从效果上寻找差异。分配正义的实现不仅是财政法的观念，更是一种实践。因此从财政绩效作为一种财政实践的效果来看，将分配正义当作财政绩效的法治标准也是恰当的。

（二）预算绩效与财政监督的互动关系

财政法对财政的认识分为三个基本的层次。首先，财政是一种行为，是为了满足公共需要而进行社会财富分配的系列行为，包括财政收入、财政支出和财政管理；其次，财政是一种制度，是财政行为所遵循的规则体系和依赖的主体机构；最后，财政是一个系统，它包括了财政活动中各有关主体之间的关系。财政绩效也可以分别从行为绩效、制度绩效和系统绩效的角度来观察。而财政绩效与财政监督之间形成了一种互动的关系。也就是说，财政绩效需要通过实施财政监督加以促进和保障，同时财政绩效也引导构建有利于财政监督的法律制度。在实践中，无论是哪种意义上的财政绩效，都需要通过具体的财政运行方式来实现。同样的道理，财政监督制度也必须在具体的财政活动场景下加以完善。

预算是财政得以运行的一个基本载体。从某种意义上说预算

---

① 参见［美］罗尔斯：《正义论》，何怀宏等译，中国社会科学出版社 1988 年版，第 3 ~ 4 页。

② 参见陈金钊：《为什么法律的魅力挡不住社会效果的诱惑？——对法律效果与社会效果统一论的反思》，载《杭州师范大学学报（社会科学版）》2012 年第 2 期。

就是财政的全部。[①] 尤其是在全口径预算管理之下，政府的全部收支均来自预算。可以说，预算是财政收支的执行过程，同时也起着财政监督的作用。学者认为，预算涉及的法律问题很多也很复杂，但是归结起来主要呈现为两个方面，即合法性保障和效率性评判。[②] 从绩效的角度考量，以上两个方面都体现着和绩效预算的内涵。从预算绩效与预算监督的辩证关系来看，预算法正是通过推动预算绩效来实现其财政监督功能的。同时，通过构建有效的预算监督来保障预算的绩效。

1. 公共预算如何体现绩效

绩效预算是建立在结果导向之上的预算管理模式，它将预算绩效的评价视为一个关键性要素。需要指出的是，预算的绩效不仅体现在预算资金使用的效率和效果上——这只是绩效的一个方面，如果对预算绩效的关注仅此而已的话，那么公共财政就与私人财务没有区别了。同时，政府收支活动是否遵守了基本的程序和规则也应当是预算绩效的一个体现。换言之，我们不同意将预算绩效简单地理解为预算资金使用的效率、效果，因为这只是经济上的一种考量。公共预算所要满足的公共性需求远远超出这个范围。如果一笔预算支出花在了不应该花的地方，即使它具有很高的经济效益，也是没有绩效的支出。[③] 由于预算具有综合性，政治学认为预算活动是一种政治的产物，主张从预算决策和执行的角度进行研究。例如，瓦尔达沃斯基在经验研究基础上总结出“预算过程实际上是一个政治过程”；经济学更关注公共预算的资源配置方式及其效率，比如科依提出了预算资金分配领域的经

---

① 有学者将预算划分为若干程序，从程序法的角度来研究预算可以发现，其中涵盖了几乎全部财政活动的内容。参见邢会强：《程序法视角下的预算》，载《法商研究》2004 年第 5 期。

② 参见孟庆瑜：《绩效预算法律问题研究》，载《现代法学》2013 年第 1 期。

③ 例如，在市场经济条件下，公共财政不能进入市场竞争性领域“与民争利”。如果一笔财政投资获取了巨额的经济回报，而这本应当是民间投资的领域，那么这种财政的绩效也是不好的。

典课题——“科依问题”：“应该在什么基础上决定将资金分配给活动A而不是活动B?”围绕这个问题，形成了以政治为基础来分配资金的政治预算理论和以经济为基础来分配资金的理性预算理论。[①] 在管理学领域，预算被认为是一个理性的决策过程，包含了控制、管理、规划等因素，重视预算的功能、绩效和计划。综合以上三个学科领域，有学者认为公共预算制度既是政治利益平衡方式，又是政府经济活动计划，同时又是一种行政管理方式。[②] 在法律领域看来，现代公共预算必须是经过法定程序批准的，政府在一定时期的财政收支计划。这个计划由政府首脑准备，然后提交立法机构审查批准。它必须是全面的、清晰分类的、统一的、准确的、严密的、有效的、有约束力的；必须经立法机构批准与授权后方可实施，并公之于众。[③] 有的学者从预算的作用、审议批准过程、效力以及公共财政发展要求的角度研究认为，预算具有法律性质，预算本质上即为法律。[④]

尽管“绩效”概念所表达的思想最早产生于经济和管理科学中的“效率”，但是其发展和演变已经超出原有含义。特别是在与相应主体结合时，绩效所表现的含义具有特定性。[⑤] 在公共财政理念之下，预算必然是公共预算。公共预算的绩效从性质上说属于组织绩效，而且是公法组织绩效。在这种绩效评估的指标

---

① 武玉坤：《预算资金分配的内在逻辑》，载《中山大学学报（社会科学版）》2010年第2期。

② 彭健：《公共预算理论演进与制度创新》，中国财政经济出版社2006年版，第223页。

③ cleveland（1915）转引自王绍光：《从税收国家到预算国家》，载马骏、侯一麟、林尚立主编：《国家治理与公共预算》，中国财政经济出版社2007年版。

④ 李卫民：《试析预算的法律性质》，载《福建政法管理干部学院学报》2009年第2期。

⑤ 例如组织绩效、政府绩效、人大监督绩效等概念中，绩效的含义各不相同。在公法主体的绩效评价体系里，合法性更甚于经济性。参见周长鲜：《人大预算绩效监督考评体制的全方位考察》，载《四川理工学院学报（社会科学版）》2010年第3期。

中，规范性和法治化占有相当重要的位置。可见，对公共预算而言，绩效也许主要不在于资金使用产生的经济效果，而主要是合法性，并且这种合法性需要从实质和形式意义上进行双重评价。也就是说，从预算层面来看，公共财政所涉及的资金收入、管理和支出符合财政法的基本原则，同时在程序上是公开和透明的。

2. 预算绩效塑造财政监督法律制度

在传统的财政法制度结构中，立法试图解决的重点问题是规范财政资金的分配过程，并保证公共财政资金合法合规运行。对于财政运行的目标和是否实现预期的效果以及目标与效果之间的吻合度与偏离度均缺乏必要绩效评价机制，尤其是未能将这种评价结果与预算资金的拨付和财政问责相关联。[①] 在法律运行的程序中，绩效评价的作用不至于对法律制度的质量评价，更为重要的是将这种评价结果作为完善法律实施的科学依据。同时，对相关主体在执法活动中的行为进行回溯审查，并在辨清事实的基础上追究其违法行为的责任。在财政法的体系中，预算的功能是规范政府收支行为，同时通过预算约束政府的行为。预算规范和约束政府行为的能力如何则需要通过预算执行的效果加以评估。因此，预算绩效的评价结果是实施财政监督的基础。如果没有科学的绩效评价，就无从发现政府在编制和执行预算过程中的行为是否有所失当。或者取得了相应的绩效评价而未能将其运用于预算的改进以及对不当行为问责，那么预算绩效的意义将大打折扣。可见，预算绩效对于预算监督具有引导和塑造的功能。科学完善的预算绩效评价机制及其合理运用能够避免预算监督权在实际运行中被架空，有效促进预算监督制度的实际效果。

追求和注重绩效的预算管理方式被称为绩效预算。从发达国

---

① 参见陈治：《构建民生财政的法律思考》，载《上海财经大学学报（哲学社会科学版）》2011 年第 2 期。

家的经验来看，绩效预算通常依赖较好的法治环境方能实施。[①]绩效预算的陷阱支出在于要求各个部门的预算编制和管理重心从资金投入转向资金效果，这种转型使得政府的行为更加规范，并且更加注重资金使用的效率。[②] 预算绩效报告的公开也将使得纳税人有机会监督政府财政行为，从而进一步约束政府理财的行为。因为政府的预算绩效报告构成社会公众监督政府的重要依据。[③] 当然，更为理想的效果是将绩效信息充分运用到预算的编制和决策之中，以绩效导向来强化预算的约束功能。然而从实践来看，这的确需要较高的成本。不过从目前的经验来看，绩效预算仍然是有价值的理性选择，至少可以将其作为未来预算决策的依据，同时可以向纳税人传递预算程序中的信息。

3. 财政监督提升预算绩效

预算绩效具有提高政府预算行为效率的功能，但是这种功能的实施需要以绩效评价结果作为依据来改进现实中的预算安排。如何确保预算绩效评价结果的科学性以及如何将预算绩效评价结果恰当使用则不是预算绩效能够独立解决的问题，需要相关的制度联动。预算绩效与预算的财政监督功能是密切相关的。有学者将其统称为预算绩效监督体制。[④] 从根本上说，无论是预算绩效还是预算监督，目的都是让议会在预算中更好地行使决定性权力。在实践中，现代国家的议会不仅是一个立法机构，同时也是一个政治性主体。在预算决策方面，议会难免会受到政治因素的

---

① 美国之所以能够率先产生绩效预算的理念并加以实施，与其成熟的法治文化有着密切的关系。参见李慧、张志超：《美国绩效预算的经验、困难和启示》，载《华东经济管理》2007 年第 10 期。

② 美国联邦机构在预算请求和预算绩效成果之间建立更为直接的联系，试图利用绩效信息来提高管理效率；澳大利亚将绩效信息广泛应用于预算决策，将评估结果应用于支持新的提案和财政节约等。参见孟庆瑜：《绩效预算法律问题研究》，载《现代法学》2013 年第 1 期。

③ 参见孟庆瑜：《绩效预算法律问题研究》，载《现代法学》2013 年第 1 期。

④ 参见周长鲜：《财政预算绩效监督体制：西方发达国家议会的经验与启示》，载《经济社会体制比较》2010 年第 5 期。

影响。尽管从管理的角度看，议会不可能在预算的所有问题上做到尽善尽美。但是从法治的角度出发，这种做法缺乏规范性。为了维护预算法治的权威性，在每一个具体的预算安排上都应当追求理想的善治目标。为了最大限度地减少预算决策中的非规范性，确保议会切实从维护公共财产利益的角度行使预算权力，有必要赋予议会相应的预算监督能力。除了法律规定的预算审议和批准程序之外，议会行使预算监督权的方式可以更加多样化。在代议制下，议员的监督能力可以通过密切联系选民得到扩展。从根本上看，这是人民监督政府的权力逻辑。以监督权来促进预算绩效的提升就是改善原有的审议程序，通过社会监督的方式发现预算中可能存在的绩效较差的不合理安排，使得这种绩效较低的预算安排进入公共讨论和评价的视野，有利于获得纠正的机会。更为重要的是，财政监督可以对绩效差的预算编制和执行主体及相关责任人实施问责，通过法律责任和政治责任约束来有效改善预算绩效。从预算绩效和预算监督的关系来看，二者之间具有较多的互通性。如果说预算绩效是从政府管理的视角寻求约束和管理政府的新途径，那么预算监督则是在传统的法治道路上坚持限制政府权力的基本目标。预算绩效与预算监督的结合能够有力地将现代预算打造成管理政府的工具。

（三）绩效审计与财政监督的互动关系

绩效审计是指运用审计程序和方法对财政绩效进行评价的活动。财政绩效的实质是财政运行过程与财政运行效果的辩证统一。由于财政是政府一切行为的基础，对财政的评价实际上就是对政府的评价。因此，尽管绩效审计主要针对政府使用财政资金的情况，但实际上反映出的是对政府行为绩效的评价。审计本身具有财政监督的功能，绩效审计将这种功能进一步拓展。绩效审计的出现说明传统的审计已经不能满足社会的需要。“人们对公共受托责任的要求进一步提高，不仅要求取之于民，用之于民，更要关注用之于民的绩效。”① 如前所述，财政绩效实际上包含了法律绩效。绩效审计的目标原本也应该包含对财政法律绩效的评估。绩效审计与财政监督的统一之处在于都将财政法制度的效果作为目标，所不同的是，绩效审计是通过法律以外的专业性方法和手段来实现，而财政监督是在法律自足的框架和范畴来追求上述目标的。在关联性方面，绩效审计与财政监督的关系表现为相互促进，即通过绩效审计实现审计监督的功能，同时完善审计监督来推动绩效审计的开展。

1. 绩效审计的法治意义

财政支出绩效监督已经成为现代公共财政监督的发展方向。②对财政支出的绩效监督是通过绩效审计的方式来实现的。绩效审计是审计活动专业化发展的产物。国家审计作为一种公共财政监督方式受到审计专业化发展的引导，绩效审计也因此成为公共财政监督的重要组成部分。人们一般习惯于把绩效审计与合规性审计对立起来，认为绩效审计是超越合规性审计的一种不同的审计模式，它所追求的是对财政资金使用的经济效益的评价，而合规审计则是对财政资金使用合法性的审查。其实，从绩效概念所蕴含的思想演变历程来看，绩效审计主要是审计目标在范围上的拓展而非范式的转型。也就是说，绩效审计是在原有的合规性审计基础上发展起来的，它并没有抛弃或者改变合规性审计的目标和要求，只是在合规性的基础上增加了对资金使用在经济效果上的要求。更何况法律绩效原本属于绩效的一种，对财政绩效的审计也应该包括了对财政行为是否符合法律的审计。③ 因此，绩效并非是一个纯粹的管理或者经济学上的概念，同时也具有法学的意

---

① 李璐：《新公共管理运动对美国政府绩效审计的影响及其启示》，载《管理世界》2009 年第 10 期。

② 陈少英：《从四万亿投资看“预算法”的缺陷》，载《法学》2011 年第 11 期。

③ 从另一个角度看，这也是在评估财政法律制度的绩效。如果一项法律制度不能得到有效的执行，或许与法律本身的因素有关。所以财政绩效与财政法律制度的绩效是密切相关的。

义。绩效审计首先针对的是财政行为的合规性，也就是形式上的合法性审查。其次是对财政行为的效果审查。这里所说的效果是综合性的，包括了经济效果、管理效果和社会效果等。从公共财政的职能来看，既要满足形式上的合法性，又要从诸多方面进行评价。所以财政绩效是一种综合性绩效。任何一个方面的缺失都会影响对财政绩效的评价。尽管如此，我们还是可以从公共财政最为本质的属性出发来为财政绩效确定一个基本的标准。从法治的角度看，实现社会财富的公正分配是财政最主要的目的，因此分配正义构成了财政绩效的法治标准。分配正义是一种实质化的正义，它不仅是财富分配的基本原则，也是财税法治的核心价值。① 将分配正义作为财政绩效的法治标准有利于说明绩效审计的法治含义。首先，分配正义本身承载了公平与效率为主要矛盾的价值，符合财政绩效的综合性评价特征；其次，分配正义是人类社会追求的基本价值，尤其是在资源配置方面，它有利于实现良好的分配秩序；最后，绩效审计是一种高级化的财政监督方式，它将传统的合规性审计所坚持的形式法治提升到实质法治的层次，将法律绩效作为绩效的一个方面加入评估体系，体现了财政监督制度的进步。

2. 审计监督的绩效目标

审计监督在财政监督中具有特殊的地位。马寅初先生曾经指出："财政之监督，在他国有行政之监督、立法监督与司法监督之分。……但在此三种监督之外，尚有审计监督，而审计监督，是一种独立行使的职权，不受任何机关或任何系统之干涉。不过行使起来，往往渗透立法、行政、司法三种职权之内层。"② 审计监督是在传统分权监督体制之外的一种独立形态，但是审计监督与立法、私法和行政监督之间又存在相互转换的关系。概言

① 参见刘剑文：《收入分配改革与财税法制创新》，载《中国法学》2011 年第 5 期。

② 马寅初：《财政学与中国财政》，商务印书馆 2001 年版，第 120 页。

之，审计监督是一种以专业化的财务管理知识为工具的监督方法。《利马宣言》中指出："公共资金的管理意味着一种委托关系，因此，有公共财务管理就一定要有审计。审计本身不是目的，而是控制体系不可缺少的组成部分。这种控制系统的目的是要及早地揭露背离公认标准、违反原则和法令制度及违背资源管理的效率、效果和经济原则的现象，以便在各种情况下尽可能及早采取改正措施，使当事人承担责任、赔偿经济损失或采取措施防止重犯，至少也要使今后更难发生。"[①] 可见，审计监督与财政的公共性相关，其中蕴含着宪法上的思想，即独立、主动的审计监督不仅是代议机关掌握、控制政府财政的重要手段，也是民众了解政府财务信息的重要途径。从审计制度发源于西方国家的制度历程来看，其中体现出宪法思想的问题包括：审计为谁服务？审计机关如何设置？审计监督谁？审计监督什么？审计工作如何维持等。[②] 其中，对于"审计监督什么"的问题经历了从原来的合法性审计到当前绩效审计的过程，这是审计监督绩效目标的确立，也是国家治理目标所决定的审计发展方向。从西方国家的经验来看，审计监督朝着绩效审计方向的延伸既是法治国家的民主化要求，也是国家治理体系和治理能力现代化的体现。因此，在审计监督中确立绩效目标不仅是提高政府管理水平和管理能力的措施，更是现代法治引领审计制度，将法治目标融入审计监督的结果。

3. 基于国家治理的绩效审计监督

国家治理的核心在于公权力的有效配置和高效运行。在财政领域，公权力不仅包括管理性的行政权力还包括物质性的公共财

---

① The International Organization of Supreme Audit Institutions (INTOSAI): The Lima Declaration of Guidelines on Auditing precepts, http: //www. intosai. org/2 —LIMADe. Html.

② 参见杨肃昌、肖泽忠：《论宪法思想对审计制度的影响》，载《审计研究》2004年第1期。

产权。国家权力的行使在财政领域主要表现为公共财产权的运动，也就是公共财产的取得、管理和支配。这既是一个理财施政的过程，也形成了财政制度的基本方面。在推进国家治理体系和治理能力现代化的过程中，财政是一个重要的基础性制度。财政制度的一个重要内容是保护公共财产权，防止公共财产被挥霍浪费、私人贪占。在传统上，我们习惯于把财政制度在国家治理中的作用局限在经济领域，财政制度因而主要是一种经济制度。在国家治理的视角下，这种认识的局限性是十分明显的。首先，在市场经济体制下，国家在经济发展中的角色应当逐渐从积极的参与者走向专业的管理者和执法者，尤其是财政资金要退出并不再投入竞争性领域。因此，财政制度的经济意义逐渐减弱而法治意义更加凸显。其次，财政是一个国家治理的枢纽，上关国运，下系民生。财政制度是理财治国、实现分配正义、保护纳税人权利的制度体系，与国家的民主法治紧密相连。财政制度中包含的税收、预算以及审计制度都与法治的要求相契合。审计制度作为财政监督制度的一部分，其意义也远远超出经济层面。最后，经济体制的这种转变要求财政制度转型配合，必须立足于国家治理的需要来认识国家审计的本质和定位，来应对国家审计面临的任务和挑战，来指导国家审计的科学发展，这是国家审计理论和实践中一个重要的时代命题。[①] 国家审计的发展源于国家治理的需要，绩效审计作为国家审计发展的制度创新植根于现代国家治理所要求的推进法治、维护民生、推动改革和促进发展的任务。总之，从国家治理的视角来认识绩效审计及其监督作用更加符合财政作为法律制度的属性，对审计制度的本质和定位也更加科学合理。

（四）财政绩效导向下的中国公共财政监督制度转型

十八届四中全会做出的《中共中央关于全面推进依法治国

---

① 参见刘家义：《论国家治理与国家审计》，载《中国社会科学》2012 年第 6 期。

若干重大问题的决定》提出，要“形成完备的法律规范体系、高效的法治实施体系、严密的法治监督体系和有力的法治保障体系”。在强化对行政权力的监督和制约问题上，提出“对财政资金分配使用、国有资产监管、政府投资、政府采购、公共资源转让、公共工程建设等权力集中的部门和岗位实行分事设权、分岗设权、分级授权，定期轮岗，强化内部控制流程，防止权力滥用”。从上述表述中可以看出，法治的高效实施离不开监督机制的严密健全。其中，高效的法治实施体系所体现的是较好的法律实施绩效。在财税法治的进程中，财政绩效也反映了财政法律制度实施的绩效。对财政绩效的关注体现出财政领域法治化趋势是从形式化向实质性转移，这对于中国当下的财政法律制度创新具有特别的意义。法律的规范功能主要是通过形式化的规则体系实现的，而法律的实效则必须依靠有效的监督机制予以保障。我国法治建设的基本背景是民主法治建设进程加快，中国特色社会主义法律体系基本建成，民主政治建设也在快速推进，人民监督与舆论监督成为依法行政、依法治国的重要推动力量。[①] 在这种条件下，纳税人对财政制度的规范化程度和法律实施的质量要求越来越高，这就必须依赖公共财政监督制度的转型。

1. 将财政绩效切实转化为财政法律绩效

财政绩效的概念由于受到财政学以及管理学的垄断性影响而可能形成一种专业上的偏见。事实上，财政绩效至少在形式上表现为财政法律的实施绩效。从财政法定的原则而出发，国家实施财政行为都需要由相应的法律依据。无论是财政收入、财政支出、财政监督还是财政管理都需要依法而为。作为财政效果反映的财政绩效不仅体现政府的主体绩效和行为绩效，同时也是法律的实施绩效。财政绩效首先在形式上表现为财政活动必须符合法律以及具有法律效力的规范性文件。财政部发布的《财政支出

---

① 刘家义：《论国家治理与国家审计》，载《中国社会科学》2012 年第 6 期。

绩效评价管理暂行办法》（财预〔2011〕285号）第6条规定的财政支出绩效评价的依据中包括“国家相关法律、法规和规章制度”、“预算管理制度”以及“人大审查结果报告、审计报告及决定、财政监督检查报告”等。可见，法律以及具有法律效力的文件是财政绩效评价的重要依据。据此而做出的财政绩效评价必然也反映出上述法律文件实施的绩效。其次，财政绩效在实质上体现为增进全民福利和保障基本人权。公共财政的目标在于为全社会提供公共产品和服务。因此，公共财政的效果就应当体现为社会对财政提供的公共产品和服务的满意程度。这其中包含着全民福利和基本人权的保障。民政部与财政部联合发布的《最低生活保障工作绩效评价办法》（民发〔2014〕21号）第1条提出该项绩效评价的宗旨是“提高管理服务水平和资金使用效益，切实维护困难群众基本生活权益”，第2条关于低保工作绩效评价的目标为“规范性、效率性和有效性”，其中包含明显的法律实施绩效所保障的目标。

将有关法律的实施绩效融入财政绩效的评价内容，是对财政绩效法律化的体现。它可以避免在财政绩效上单纯追求经济和管理上的效率而忽略了法治化的要求。同时，财政绩效的法律化将财政绩效的功能与财政监督结合起来，为财政监督提供了更为科学可靠的依据。例如，财政部发布的《财政支出绩效评价管理暂行办法》（财预〔2011〕285号）第33条第1款规定：“财政部门和预算部门应当及时整理、归纳、分析、反馈绩效评价结果，并将其作为改进预算管理和安排以后年度预算的重要依据。”第3款规定：“对绩效评价发现问题、达不到绩效目标或评价结果较差的，财政部门和预算部门可予以通报批评，并责令其限期整改。不进行整改或整改不到位的，应当根据情况调整项目或相应调减项目预算，直至取消该项财政支出。”这些内容体现了财政绩效评价结果与财政监督相结合所产生的制度力量。我国的财政监督制度应当将财政绩效评价结果和有关信息充分吸收到监督机制的运行环节中，形成强大和有效的监督力量。

2. 推进绩效预算监督

实施绩效预算能够采集科学合理的预算信息，并且将预算绩效评价结果应用于预算的调整和改进，同时还能发现预算执行过程中的问题，并将之作为问责的基础。因此，绩效预算具有良好的财政监督功能。我国的预算制度受到传统观念的制约，面临发展性上的诸多瓶颈并且绩效预算所需要的制度环境也尚未建立。[①] 在我国实施绩效预算监督的前提是预算法律制度改革。2014 年 8 月 31 日，十二届全国人大常委会第十次会议通过了关于修改《预算法》的决定，这是我国《预算法》自颁布以来首次修改，且修改幅度很大。首先，在立法宗旨上，修改后的《预算法》第 1 条以“规范政府收支行为”取代了原法中的“加强国家宏观调控”作为立法宗旨。这意味着预算的宏观经济调控功能要让位于限制政府权力的功能。与之相关的是预算的监督功能也被强化了。预算法立法宗旨的修改为预算监督开辟了较大的制度空间，有利于推进预算监督制度的进一步发展。其次，在预算编制上，修改后的《预算法》第 32 条第 1 款特别提出了“参考有关支出绩效评价结果，按照规定的程序征求各方面意见后，进行编制”。该条第 3 款规定“各部门、各单位应当按照国务院财政部门制定的政府收支分类科目、预算支出标准和要求，以及绩效目标管理等预算编制规定，根据其依法履行职能和事业发展的需要以及存量资产情况，编制本部门、本单位预算草案”。实际上，关于预算绩效评价结果的运用一直是我国预算改革的重要方面。在实践中，这种改革在预算法修改之前已经开始推行。例如财政部《关于开展 2008—2011 年中央国有资本经营预算支出项目绩效评价工作的通知》（财企〔2012〕384 号）指出，评价结果将作为研究改进国资预算制度、进一步明确支出方向和重点、加强国资预算管理和以后年度安排国资预算资金的重

① 参见孟庆瑜：《绩效预算法律问题研究》，载《现代法学》2013 年第 1 期。

要参考。

在具体的预算法执行过程中，还需要与预算绩效相关的详细规则来帮助推进绩效预算监督。财政部发布的《预算绩效管理工作规划（2012－2015 年）》（财预〔2012〕396 号）确立了“用钱必问效、无效必问责”的绩效管理理念。这一理念中蕴含的就是绩效预算监督原则。财政部《关于推进预算绩效管理的指导意见》（财预〔2011〕416 号）提出预算绩效“评价结果要依法公开，接受社会监督。”同时要推进预算绩效管理的相关改革，具体包括“完善政府预算体系，研究完善政府会计制度，探索实施中、长期预算管理，编制滚动预算。深化部门预算、国库集中收付等制度改革，将所有政府性收入全部纳入预算管理，加强国有资产管理，促进资产管理与预算管理有机结合。按照《中华人民共和国政府信息公开条例》的要求，积极推进预算公开，接受社会监督”。综合来看，绩效预算与预算监督是互相促进的关系，预算绩效的评价结果构成预算监督的重要依据。

3. 完善绩效审计监督

审计监督是我国宪法规定的一项重要监督制度，是国家监督体系的重要组成部分，是依法监督和制约权力的制度安排。审计机关在履行法定职责的同时，应当把绩效管理作为推动科学履行审计监督职责和提升审计管理水平的重要手段。绩效审计是我国国家审计发展的方向。从财政监督的角度来看，绩效审计进一步提升了审计监督的层次，能够为审计监督提供更加科学可靠的信息。我国《审计法》中没有明确规定绩效审计的内容，这使得绩效审计缺少来自法律的有力支持。而在《审计署“十二五”审计工作发展规划》中提出“全面推进绩效审计”“坚持合法审计与绩效审计相结合”“构建和完善绩效审计评价及方法体系”等内容，说明绩效审计制度已经在审计实践工作推行。结合上述情况，完善绩效审计监督应当更多地从完善审计法律制度的层面展开。具体包括：第一，审计应当为财政监督服务，审计工作的立场应当转向人大财政监督的需要，特别是服务于以纳税人为代表的人大立法机关，满足其监督财政权力的需要；第二，绩效审计结果的合理应用，应当将绩效审计的结果和有关信息充分披露，努力做到信息透明化、程序规范化和问题公开化；第三，绩效审计监督目标应当与预算监督目标相结合，使得绩效审计与绩效预算构成相互贯通的财政绩效监督体制；第四，审计机关的法律地位应当进一步提升，从现行的隶属于国务院的“行政型审计”走向隶属于人大的“立法型审计”，使审计监督与人大的立法监督关系更加紧密，联系更为直接，便于人大运用审计结果行使监督权，同时也解决了审计机关对于财政违法行为执法权薄弱的问题。绩效审计的运用将极大地增强审计制度的财政监督功能，但是更为重要的是应当将审计的“发现”功能转化为“查处”功能，这需要整个审计监督体制的改革。更进一步说，如果能够使得审计监督的结果直接导向司法监督，那么我国财政监督制度的效果将更为明显。

第五章　预算法治的理论与制度研究

一、公共预算的法治维度

自从修改《预算法》被列入本届人大的立法计划，有关问题在法学界开始成为热点话题。很多学者围绕预算民主、预算监督、预算公开等问题进行了广泛探讨。应当看到，预算法的修改处于我国预算改革乃至财政改革的大背景中，对此决不能简单地“就法论法”，甚至认为通过修改预算法就可以解决我国公共预算中的问题。在预算改革乃至财政改革的大课题下，法治化只是其中的一个维度而并非全部。在公共预算的发展过程中，始终存在着这样一种矛盾，即专业化的问题与民主化的诉求。法学研究更应该从制度的层面为其提供可能的协调方案，以推进我国公共预算制度的完善。

（一）公共预算的性质判定：政治、经济、管理还是法律

一般意义上的预算活动原本是指相关主体对其在一定时期内的收入和支出（一般是货币形态）进行安排的经济计划。从内容上来看，预算主体享有预算活动的所有权利。在现代社会，随着从“税收国家”到“预算国家”的治理方式的转变，以国家（或政府）为主体的预算逐渐与一般社会主体如企业、家庭的理财活动区分开来，成为具有特殊性质的政府理财活动，即公共预算。尤其是进入19世纪以来，欧洲各国逐渐确立了按年度编制和批准预算的制度，由财政部门在政府内部集中控制资金分配和使用，同时由议会审批公共预算并监督政府按照批准的用途使用

经费，现代公共预算由此产生。对于公共预算，不同学科有不同视角的研究，也提出了不同的研究课题。

预算活动具有多面性和复杂性，不同学科为其框定了不同的研究范式和研究目标，公共预算活动因此而具有了专业化的色彩，法律只是介入公共预算的路径之一，与其他学科的研究构成一种互相配套的关系。单纯法治基础上的预算程序和规则并不是确保预算过程取得效率的充分条件，因为实现预算资源的营运效率需要赋予管理者以必要的灵活性和某种程度上的自主性。[①] 有鉴于此，对于公共预算问题的研究应该主要从整个预算活动的实质内容出发进行考察，法学的研究必须受到相关学科研究视角的配合与约束。尤其不应忽略的是，公共预算活动的很多方面从实质内容上来看主要是财政资金的管理问题和经济资源的配置问题，许多预算环节不仅仅涉及法律问题，更需要的是经济学上的测度、政治学上的评价和管理学上的考量。法学在其中的作用往往是有限的，其恰当的切入点应该限于程序的法治化。

（二）法治视角下的公共预算民主化与专业化

财政民主是现代国家财政制度的核心价值，而预算民主是财政民主的重要组成部分。预算民主原则主要体现为预算公开透明和公民参与预算两个方面。尤其值得注意的是，预算民主内部包括了代议制民主和直接民主的不同观点。代议制民主认为“财政作用必须受到人民代表的监督，而非人民直接的监督”[②]，直接民主更进一步要求，除了需要通过妥适的代议制制度设计进行预防之外，还需要通过直接民主的适当实践予以弥补和矫正。[③] 在预算公开方面，学者强调更多的是让公民能够对预算发表意见

---

① 参见王雍君：《公共预算管理》，经济科学出版社2010年版，第13页。

② 参见蔡茂寅：《预算法之原理》，（台北）元照出版公司2008年版，第174页。

③ 参见何遐祥：《公民参与预算制度研究》，载《新视野》2010年第3期。

"品头论足"。具体而言，预算公开是指预算的依据以及预算的编制、审批、执行、决算等整个过程都必须依法通过相应方式向社会公开。具体来说，预算公开主要包括四个方面的内容：（1）预算的依据亦即预算所依据的背景材料、说明、解释等必须依法公开；（2）预算编制、审批、执行、变更、决算的过程必须公开；（3）预算的内容即批准的预算内容必须公开；（4）预算监督的过程和结果必须公开。[①] 一般认为，预算公开是预算民主的最低要求，无论是代表还是人民都有权获得公共预算的全部相关信息。

相比之下，公民参与预算则是复杂得多的问题。参与的前提除了获得信息之外还必须理解信息，能够对预算信息进行分析和判断并提出适当的见解。此外还要解决的问题是，公民的范围是什么？以何种形式参与？在参与过程中与政府形成何种权利义务关系？遵循何种程序？分别承担何种责任？等等。如果不能对上述问题形成相对确定性的答案，那么公民参与预算就难以进入追求确定性的法律所能调整的范围。因此，公民参与预算面临的一个障碍就是预算的技术性问题。学者认为，公共预算所具有技术性的特征表现在对支出和收人做出精确估算、对经济形势进行客观评价的基础上依据法定的职权、法定的规则、程序和方法编制收支平衡表，而在预算的执行阶段严格遵循经批准的预算文件确保预算决策的及时完成、防止预算执行机构超额开支、制定措施将足够的资源用于恰当的地方，以保证预算规划的公共管理活动能够完成。[②]

还有学者认为，公共行政的确是一个专业性很强的领域，而且，随着现代社会变得越来越复杂，对于这种专业性的要求也越

① 参见华国庆：《预算法两个基本问题的再探讨》，载《法学杂志》2006 年第 2 期。

② 参见朱大旗：《从国家预算的特质论我国〈预算法〉的修订目的和原则》，载《中国法学》2005 年第 1 期。

来越强烈。这种专业性的要求可能成为公民参与的阻碍。对于公民参与预算更是如此。因为，在许多职业技术精英看来，预算是公共行政中最具专业性的领域，公民无法具备各种必备的知识。① 当然，不同的意见也存在，如有学者认为公共预算的专业性可以被克服，举例指出公众对预算参与的技术性障碍在美国是通过预算教育的实践被削弱的。② 但是预算教育问题恰恰又是法律难以介入的。

尽管有许多反对的声音，但是专业化确实构成了预算民主化的障碍之一。专业化的公共预算既是其科学性的保障，也是导致复杂性的一个主要原因。整个预算活动需要一整套专业的知识理论、技术安排给予支撑。举例来说，单就预算的一般理论就包括新马克思主义、公共选择学派、递增主义、阶层理论等，③ 其构建起来的公共预算活动的专业壁垒，非一般公众所能进入。而且，必须承认这种专业化的趋势在公共预算正在进一步增强。

此外，在在经济学的研究中还发现，由于预算过程的专业化和复杂性会使一般公众产生一种对财政问题的错觉，称为财政制度派生幻觉。这种幻觉不是政府有意创造的，而是财政制度派生的，是财政制度自身演进和优化过程中的附产品。财政制度的设计只会从其主体功能发挥方面考虑，产生幻觉不是政府制度设计的初衷。由于决定财政制度的因素是复杂的，不能因为一味消除财政幻觉，而影响其他政策目标的实现。④

这说明，预算活动专业化所带来的技术性障碍在一般的公众范围内具有普遍性。尽管学者一再呼吁，要增强预算报告的透明度确立预算公开原则，但是却并没有细致地研究预算公开的效果

---

① 参见马骏、罗万平：《公民参与预算：美国地方政府的经验及其借鉴》，载《华中师范大学学报（人文社会科学版）》2006 年第 7 期。

② 参见宋彪：《公众参与预算制度研究》，载《法学家》2009 年第 2 期。

③ 参见刘剑文：《财税法学研究述评》，高等教育出版社 2004 年版，第 122 页。

④ 参见徐诗举：《对西方财政幻觉假说的拓展》，载《财政研究》2009 年第 1 期。

和意义。如学界普遍认为，目前的预算太粗，公开内容不细，预算内容一般只公开到款，没有公开科、目、类，预算是怎样编制的，为什么这样安排，编制过程中存在什么利益博弈，预算资金如何使用，用得合不合理，公务开支情况如何等，都没有具体公开。从学者们对预算的专业性的争论中我们可以看出，大家对公众参与预算如何突破技术壁垒还仅仅停留在一种粗线条的设想，完全没有考虑这一制度在法律关系上的确定性要求。其实，更为折中和务实的做法是把预算民主的不同要求配置给不同类型的"公众"。在预算公开的层面做到"民众看得到，专家看得懂"，即通过公开预算的项目以实现监督上的可能性，做到一种"有据可查"的状态来防范财政资金被滥用。信息的公开化本身就可以起到一种"自动约束"的作用。对于掌握专业知识的专家则可以借助其对预算信息的了解，通过法定的方式参与预算活动。要求公共预算"让人民代表和全体社会成员能够读懂并有效实施监督"① 的观点没有认识到公共预算活动的专业性，不切合实际也没有必要。在我国当前的实践中，人大代表对预算活动的参与仍旧是形式上的，不具有实质的意义。本着从实际出发的原则，预算法所确立的公众参与预算应该先从人大代表的层面开始，因为他们的参与首先代表的就是公众的参与。

（三）公共预算问题的法治配套

在认识到公共预算的民主化与专业化及其蕴含的矛盾之后，我们就可以更加客观地审视法治在公共预算活动中的角色。从本质上说，公共预算活动的目的在于实现公共财政资源不仅合法而且高效合理的配置，从而使政府的财政计划适用于民主治理以及公共利益。可见，公共预算除了要满足法治化的目标之外，还要考虑经济性方面的效率目标、政治上的可行性目标和管理上的绩效目标等。有学者从功能的角度出发，发现公共预算的功能包括

① 参见高培勇：《我们期待一部怎样的预算法?》，载《新理财》2005 年第 10 期。

政治功能、财政功能、财务功能、经济政策功能和计划功能。[①] 站在更高的层面上来看，法治其实是通过为公共预算各类目标的协调与实现提供一种制度上的保障措施，在这个过程中也实现法治自身的目标。因此，判定法治在公共预算中的地位是否可以从这样的角度切入，即除了追求自身所要求的正义目标之外，法治是在为公共预算本身所内涵的多种目标进行一种制度化的协调和促进，以保证各类价值在约束条件下互不冲突并达到最大化。从这个意义上说，法治在整个公共预算中起到的作用是按照一定的结构把通过预算所要实现政治功能、经济功能、管理功能等组合成一个整体，即“配套”的作用。

从渐进预算理论的观点来看，政府预算不仅仅是一个技术问题，也不是一个纯经济问题，而是涉及包括立法机构、预算管理部门、预算资金使用部门、利益集团和社会公众等各预算参与者之间利益的调整。[②] 法律在其中的作用主要是一种程序上的保障而不应涉及实体性的规定。因为财政资金的分配数额、比例等问题是根据具体的经济和社会需要来决定的，法律不可能涉足这类政策性乃至策略性很强的问题。另外，对于一些预算专业领域的概念，法律也尽可能地给专业人士留下操作的空间，不宜盲目地加以倡导甚至强制性地规定。例如有的学者对于“零基预算”格外青睐，认为我国预算法修改应该将其引入。但是零基预算也本身也存在很多缺陷，从理论上说，零基预算与渐进预算理论存在冲突，而后者的可靠性是具有经验性支持的；另外零基预算在美国的实践是失败的原因主要是成本过高、效果可能因政治上的约束而抵消等。因此，不能迷恋于零基预算在理论上的吸引力而忽视其实践效果。

---

① 参见蔡茂寅：《预算的基本原则与法律性质》，载（台湾）月旦法学教室第7期，第122～123页。

② 参见彭健：《公共预算理论演进与制度创新》，中国财政经济出版社2006年版，第337页。

在公共预算领域，法律可以真正发挥作用的舞台是程序性控制。如有的学者提出将预算编制所适用的程序进行归类、整合和提炼，划分为五个阶段、五大类程序，即情报活动阶段的程序、设计方案阶段的程序、抉择阶段的程序、公告阶段的程序和公告后阶段的程序。情报活动阶段的程序一般由负责预算编制的机关自己确定，属于自定程序，设计方案阶段的程序主要是公众参与程序；抉择阶段的程序主要有启动与应急程序、投票表决程序；公告阶段的程序有通知、公布、公告程序；公告后阶段的程序主要有预算的生效、撤销、变更与废止程序、信息反馈、检查总结程序等。在这五个阶段中，法律应分别确定参与主体的程序权利和义务。[①] 通过这种设定每个阶段的权利（力）义务主体及其相应的责任的方式来保证预算过程的法治化，体现法律自身所要求的正义、秩序等价值。这种立法的思路使得法律在公共预算的复杂体系中巧妙地避开了它不能发挥作用的领域，充分体现出法律所强调的“程序理性”优势。

还应着重指出的是，预算的法治配套不能仅仅依赖预算法，还需要其他多种法律制度之间的配合。其中最主要的包括人大监督制度和审计监督制度。人民代表大会作为我国政治体制中的权力机关，在预算法治化的过程中本应发挥决定性作用，却在实践中被架空。在我国现阶段尤其要加强立法监督机构的作用。尽管现代市场经济国家在预算管理上总体的价值取向是政府行政权为主导的现代预算原则，但是由于我国公共预算管理的许多基础性技术手段和支持保障体系的建设刚刚起步，公共预算部门的综合管理水平还有待进一步提高。我国公共预算的法治化改革不应盲目追求现代预算原则所倡导的行政部门自主权，而应重申古典预算原则的宗旨，突出立法监督机构对预算过程的控制，强化各级人大对预算的审查监督职责，发挥好立法机关的制约作用。当然，由于我国人大代表的非专业化，难以胜任预算审议监督的专

① 参见邢会强：《程序视角下的预算法》，载《法商研究》2004 年第 5 期。

业工作，可以考虑实施专家审议制度，由人大聘请相对独立的专业机构对公共预算进行审查。国家审计部门在公共预算监督中发挥的作用已经为历史经验所证实，其专业性的特点具备足够的能力发现政府在预算过程中的问题，需要突破的是责任追究的方式。上述相关法律制度的配合是预算法发挥作用的重要条件，是实现公共预算法治化不可缺少的法治配套。

当然，强调公共预算的法治配套并非认为法治的作用是次要的。相反，正因为有了法治作为配套的程序保障措施，经济上的效率目标、政治上的可行性和管理上的绩效目标才有意义，因为它保证了公共预算的正当性，确保这种利益的主体是社会公众而不是个别的官员及其利益集团，否则引导公共财政资金的高效运营的公共预算将沦为少数人的谋取私益的工具。其实，法治也被有些学者认为是公共预算的根本性质，甚至强调随着市场取向改革的进展，我国公共预算必将产生的变化是弱化其经济性而强化其法治性。[①] 其实公共预算的经济性不会减弱，这是由其本质所决定的。只是由于我国公共预算的法治化程度比较低而凸显出其法治化的提升空间。

（四）我国预算改革背景下的预算法修改

中央政府从2000年开始陆续启动了包括部门预算、《预算法》修改、颁布实施《人大常委会监督法》、预算分类、国有资本经营预算、扩展预算范围、中央预算稳定调节基金以及财政国库改革在内的内容广泛的预算改革。从总体上说，在经济转轨时期对利益的重新整合面临巨大困难的背景下，中国预算的法治化始终处在低水平徘徊状态。这或许是改革者意识到预算改革超乎寻常的难度与复杂性，于是采取“小步慢跑”的谨慎策略。如果说这是一种智慧的话，那么可以理解，在多个项目的改革不能取得实质性突破的情况下，人们把希望转向了法律的进化。预算

---

① 参见张馨：《论公共预算的法治性》，载《财经问题研究》1998年第11期。

法的修改于是成为人们对预算改革再一次期待的理由。

应该认识到，预算改革是国家整个财政体制改革的一部分，而预算法修改只是以法律的形式将预算改革的部分经验成果确认下来。事实上，预算法的修改可能只解决了预算领域中的一些问题，而远非全部。因此不宜把预算法修改等同于预算改革。预算改革是一个持续的过程，在修改预算法之后还需要财税法领域乃至宪法、行政法等其他法律领域的配合与协调才能收到法律实效。在公共预算改革的过程中，要追求的价值是多元化的，而非单一的法治化。法治化只是一种保障公共预算多元价值实现的程序机制，它不应该贸然越界进入其他价值体系的内部进行所谓的“干预”。基于此，法律人对预算法的修改也应秉持适当的理念，既不能高估修改预算法的作用，更不能把预算改革中的所有问题一网打尽。

二、政府间税收利益分配的预算法控制

税收收入的归属包括纵向与横向两种不同的分配模式。在纵向上，中央与地方之间通过事权与财力相匹配的原则划分收入；在横向上，地方政府之间按照属地原则取得收入。无论哪种模式都需要接受法治原则的正当性检验。产业转移是京津冀协同发展国家战略的重要组成部分，其所引发的税收收入分配模式改变值得关注。在地方税收收入归属的重大问题上，现行政策改变了收入分配的传统逻辑，相关主体在税收收入分配中的关系不够清晰，也缺乏必要的民意吸纳机制和透明的决策程序。这说明协调政府间税收利益关系的政策需要通过必要的法律机制来确保其正当性。

（一）问题的提出

政府间财政关系对经济社会的发展具有重要的影响。不仅如此，政府间财政关系的法治化也是我国财税法治建设的重要内容。我国自 1994 年实施分税制以来，政府间财政关系始终是财

税体制改革和财税法治建设的重点。党的十八届三中全会做出的《中共中央关于全面深化改革若干重大问题的决定》提出，建立事权和支出责任相适应的制度，这是对我国当前政府间财政关系进行规范的重要目标。从总体上来说，理想的政府间财政关系应当做到合理划分各级政府的职能，明确各自的收入和支出责任，既让不同层级的政府各司其职，高效提供相应的公共产品和服务，又避免相互之间恶性竞争和推诿。① 唯有形成良性的政府间财政关系，才可能实现国家治理体系和治理能力的现代化。

京津冀三地的关系可以追溯到20世纪80年代开始的区域合作以及21世纪初的“廊坊共识”，但始终局限在地方政府合作的层面上。党的十八届三中全之后，京津冀一体化进入新的阶段，2014年初，在北京召开的专题座谈会上，习近平总书记强调京津冀协同发展是一个重大国家战略。可见，“京津冀协同发展”已经超越传统的“京津冀一体化”的区域政策，需要从国家治理和顶层设计的高度来重新认识其中的意义。因此，京津冀协同发展也不仅局限在经济和社会领域，而必然触及更深层次的财税与法治问题。② 在政府间财政关系方面，由于北京的特殊地位，使得其中涉及的税收利益不再局限于京津冀三个地方之间，而必然会牵涉中央与地方之间的税收关系。

2015年6月3日，财政部、国家税务总局发布《京津冀协同发展产业转移对接企业税收收入分享办法》（财预〔2015〕92号）（以下简称《分享办法》），明确了企业迁入地和迁出地在三大税种上（企业所得税、增值税、营业税），一定时期内实行税收收入“五五分成”以及中央财政对迁出地区给予财政补助的方案。该政策涉及中央财政补助以及京津冀三地地方税收收入的

① 参见楼继伟：《中国政府间财政关系再思考》，中国财政经济出版社2013年版，第23~24页。

② 2014年10月29日，京津冀协同发展税收合作框架协议提出“为三地经济社会发展营造法治、公平、高效、和谐的税收环境”。

分配，目的在于协调京津冀协同发展产业转移中三地税收利益关系。从法治的角度观察，《分享办法》的制定背景不够清晰、立场不够明确、程序上也缺乏必要的透明度，这不仅容易引发地方政府之间税收利益的冲突与失衡，更为严重的是背离了财税法治的基本要求。本书试图以政府间税收利益分配的正当性视角对该项政策进行审视，提出政府间税收利益分配在逻辑、主体以及程序上的法律界限，完善京津冀协同发展产业转移中的税收收入分配规则。

（二）政府间税收利益关系正当化的法律界限

从财政的基本结构来看，政府间财政关系可以分为收入关系、支出关系和管理关系，其中收入关系决定着政府财政的来源，而税收收入在其中无疑占据重要地位。因此，规范政府间的税收收入分配，协调政府间税收利益，确保形成正当合理的分配秩序就成为一个至关重要的问题。政府间的税收利益协调包括纵向和横向两个方面。所谓纵向是指上级政府和下级政府之间的税收利益协调，这在我国主要表现为中央政府与地方政府之间的关系；所谓横向则是指同级政府之间的税收利益协调，这在我国主要表现为省级政府之间的关系。由于我国实行的是单一制的政权组织形式，中央政府在在财政关系中处于主导地位。我国的分税制财政管理体制确立了中央与地方按照税种分享税收收入，地方在税种划分的基础上按照属地原则各自取得税收收入。这为地方政府之间的税收利益归属划出一条较为清晰和明确的界限。然而，在特定的形势之下，地方政府之间的税收利益还是会发生冲突。而且，地方政府之间的税收利益协调从来就不是地方政府可以单独决定的问题，很多时候都会受到中央的干预。因此，在我国，政府间税收利益关系通常不是简单的地方之间的利益协调，而是涉及纵向和横向两个方面、至少三方主体的综合博弈。以京津冀协同发展产业转移为例，《分享办法》中就涉及三个地方之间的税收收入归属以及中央财政补助。

我国现行法律关对政府间财税关系的调整没有直接和明确的

规定，政策性较强。然而无论法律还是政策都应当符合正当性或者基本的公平正义价值。财税是事关一国治理基础的重要事项，法治无论如何不该缺席。财税法治应当遵循的首要原则是财政法定，财政法定原则并不要求对一切财政行为都制定专门的法律，而只是要求财政行为必须具有法律依据，必须得到法律的明确许可或立法机关的专门授权。[①] 财政权力（利）法定的主要目的之一是为了明确财政关系中利益分配的法律界限。[②] 财税法治不仅是形式意义上的，而且同时也是实质意义上的。从实质主义立场来看，合法性不仅是形式上的要求，还必须确保实体权益的正当性。因此，我们评价政府间税收利益的协调是否符合法治精神就不能仅仅从规范的形式上做出简单的判断。尽管这样符合了法律的形式理性，但是不能保证实质正义。财税法治的目标包含了三个最基本的关系，即国家与纳税人的关系、中央与地方的关系以及立法与行政的关系。政府间财政关系的法治化与后面两者直接相关。换言之，要实现政府间税收利益关系的法治化需要从两个方面入手：第一，中央与地方政府之间的税权合理配置；第二，立法与行政在各自范围内分别发挥作用。

从税权的定位来看，国家税权从性质上来说包括税收权力与税收权利，在内容上又可分为税收立法权、税收征管权和税收收益权。[③] 其中税收收益权在实践中表现为税收收入的归属和享有。税收收益权是税权行使的最终结果，它反映出不同主体在税收中的地位及其相互关系。从税收法定的要求来看，税收收益归属的法定也是题中之义。也就是说，未经正当程序，税收收入的归属不得任意变更，否则不仅破坏了既有的收入分配秩序，而且损害了相关主体的财产权益。税收收益从表面来看属于一定层级

① 参见刘剑文主编：《财税法学》（第二版），高等教育出版社 2012 年版，第 21 页。

② 参见刘剑文主编：《财税法学》（第二版），高等教育出版社 2012 年版，第 21 页。

③ 参见张守文：《税权的定位与分配》，载《法商研究》2000 年第 1 期。

的政府，但实际上它关涉一定地域范围内人民的财产利益，属于公共财产利益。因此，税收收入分配政策应当采取必要的方式吸纳民意，以公众参与和预算透明确保其具有正当性。

《分享办法》所提出的方案包括纳入分享范围的税种、纳税人、期限、数额以及中央财政补助等多个要素。从形式上看，上述要素与财政法定原则所要求的内容密切相关，均属于法定的范围。另一方面，《分享办法》中虽未明确京津冀协同发展产业转移的方向，但是从京津冀协同发展的政策导向和实际情况来看，北京无疑主要是产业转移的迁出地，而河北省则主要是产业转移的迁入地。从实质正义的角度看，河北省的财政实力无疑相对较弱的一方，从财政平衡和公共服务均等化的目标来看，应当从中获得更多的支持。这也符合京津冀协同发展的宗旨。从财税法治的目标出发，《分享办法》的程序正当性和实质正义都值得关注。

（三）京津冀协同发展产业转移中税收利益归属的规则构建

根据《分享办法》的规定，涉及税收收入分享的企业范围是“由迁出地区政府主导、符合迁入地区产业布局条件、且迁出前三年内年均缴纳‘三税’大于或等于2000万元的企业”，并且明确“属于市场行为的自由迁移企业，不纳入分享范围”。尽管政府在产业转移中处于主导地位，但是需要明确的是，政府主导企业迁出不等于强制企业搬迁。如果从京津冀协同发展的基本理念出发，所谓政府主导应当是政府通过各项政策来引导和疏解聚集在北京的企业。[①] 这是从京津冀整体立场的宏观视野重新进行资源配置的过程。因此这种产业转移从本质上来看仍然是市场化的。税收政策的制定也应当从市场化的角度来看待这种产业

① 2015年4月30日，中共中央政治局审议通过的《京津冀协同发展规划纲要》指出，推动京津冀协同发展是一个重大国家战略，核心是有序疏解北京非首都功能。北京之所以积聚了各种非首都功能的负担，正是因为资源配置被人为扭曲，需要通过市场化的方式进行矫正。通过产业专业疏解一部分企业的目的是使北京回归首都的定位，这本身就是一个市场化的过程。

转移。因此，需要从税收收入归属的法理、不同主体在税收收益分配重的关系以及公众参与和透明度的基础上考虑京津冀协同发展产业转移的税收收入分配政策。

1. 明确产业转移条件下税收收益归属的法理逻辑

首先，从税种来看，《分享办法》涉及企业所得税和增值税[①]，均属于中央地方共享税。共享税包括中央分成和地方分成两个部分，产业转移仅涉及地方分成部分。根据规定，税收收入的地方分成部分应当按照属地原则由企业所在地地方享有。属地原则确立的依据是，企业在当地享受政府提供的公共产品和公共服务，其缴纳的税收用于支付公共产品和公共服务的开支。在产业转移过程中，企业会面临生产经营的“过渡期”，其所产生的税收（地方分成部分）应当由迁入地和迁出地分享。但是过渡期之后，企业的生产经营回归常态，那么产生的税收（地方分成部分）就应当完全由所在地享有，迁出地不应当分享。原因在于，迁出企业完成工商和税务登记变更并达产，这意味着企业无论在工商税务管理还是生产经营上都完成了产业转移的全部工作，进入正常的运营状态。未来企业所享受的公共服务均由迁入地政府提供，那么企业的税收收益应当归属于企业所在地。可供迁出地与迁入地分享的税收收入应当仅限于企业达产前，企业的生产经营所产生的税收收益可以由双方按比例分享。《分享办法》将迁出地分享税收收入的期限规定为达产后 3 年（最长 5 年），显然缺乏对迁入地税收收益的考虑。其次，从财税制度的科学性出发，应当确立税收归属与税收来源一致性原则。[②] 税收归属与税收来源相一致，要求按照税源贡献大小原则在相关区域政府间公平分配税收利益。根据这一原则，在产业转移过程中，要尽可能确保迁入地获得应有的税收收入，避免出现“有税源

① 2016 年 5 月 1 日之后，营业税全部改为增值税，因此不再涉及营业税。

② 参见王道树：《企业所得税收入归属机制研究》，载《财贸经济》2007 年第 4 期。

无税收，无税源得税收”的情形，损害税源地的税收权益。[①]《分享方案》所确立的税收收入分配规则对迁出地来说享受了税源以外的税收收入，而迁入地却无法享受本地税源创造的税收收入，违反了税收归属与税收来源一致性原则。最后，考虑到三地的实际状况，作为产业转移主要承接地的河北省在环境污染与治理、社会管理等方面将承担更为繁重的任务，必然需要更多的税收收入用于财政支出。河北省本身的财政实力在三地中是最弱的，如果不能获得足够的税收收入，则将使其不堪重负，难以履行地方政府的相应职责。

总之，《分享办法》在税收收入的分配规则上，考虑到产业转移中需要实施特殊的财税政策，但是这一政策没有充分结合三地的实际状况，尤其是是对迁入地的税收收益考虑不够周全。这种税收利益分配的偏差不仅不利于京津冀三地产业的合理转移，而且会对整个京津冀协同发展的大局造成不利影响。

2. 厘清不同主体在制定和实施税收收入分配政策中的关系

在实践层面，京津冀协同发展既是中央的战略决策，同时也直接与三地的区域合作与治理相关。从财税关系来看，需要区分两类不同的关系类型，并厘清各类主体之间的关系。两类不同的主体是中央与地方，即中央财政与京津冀三地地方财政之间的关系，此外还包括立法与行政的关系，也就是人大与政府之间的关系。

从事权和支出责任相适应的要求来看，中央和地方在这一政策制定和实施的过程中都是利益相关主体。其中，中央政府应当处于相对超脱的地位，尤其是要兼顾京津冀三地不同的财政和经济社会发展状况，尽可能平衡三地在产业转移过程中的税收利益。更进一步来看，财政在国家治理和经济社会发展中处于基础性的地位，京津冀协同发展的目标必然要求三地在税收收益上也

① 参见京津冀协同发展税收问题研究课题组（执笔人：牛丽、刘群、王传成）：《京津冀协同发展税收问题研究》，载《天津经济》2015年第7期。

要协同发展。《分享办法》中也规定了中央的主体地位，即迁出地区在5年内未达分享上限，由中央财政一次性给予适当补助。这意味着中央财政要补助的不是财政实力较弱、经济社会发展相对落后的河北省而是较为发达的京津地区。或许有人会认为，京津地区由于企业迁出，导致税收收益减少，理应获得财政补助。但是从京津冀协同发展的核心要求来看，产业转移是疏解非首都功能的一个重要方面，税收利益的转移是附着于产业转移之上的必然的利益让渡。不能把京津冀协同发展和疏解非首都功能异化为“包袱要甩掉，利益要留下”的地方保护主义。尽管中央政府地处北京，但是毕竟是不同层级的权力主体，立场和出发点应当有所区别。

税收利益的分配是税权行使的结果，而税权包括税收立法权、征管权和收益权。我国现行的税法体系中，税收立法权归属于中央权力机关即全国人大，征管权归属于中央与地方各级税务机关，收益权则是按照分税制的财政管理体制分别由中央和地方享有。财税法定原则要求税收收入的分配应当有相应的法律依据或者权力机关的授权。我国《宪法》的规定，人民行使国家权力的机关是全国人民代表大会和地方各级人民代表大会。税收收入的分配所涉及的税权问题不仅是作为行政权力的税收征管权，同时也涉及税收立法权和收益权，是地方财政的重大事项。尽管我国目前还未授予地方税收立法权，但是对于税收收入的分配，则无疑应当由地方权力机关决定，而不能由行政机关任意处置。《分享办法》是由财政部、国家税务总局经国务院批准印发。从制定主体来看，权力机关在其中是缺位的。可以推知的一个背景是京津冀三地政府参与协商，因此地方人大也不在其中。影响三地税收利益的重大决策缺少权力机关及其代表的民主意见不能不说是一个重大缺失。即使国务院可以在全国人大授权的情况下做出有关税收事项的决定，但是对于地方税收收入的分配则无论如何不能越过地方人大。对此，妥善的解决办法是由三地政府将《分享办法》报经本省（市）人大批准后生效，以体现权力机关对税收重大事项的决定权，彰显财政法定原则。

3. 增强税收收入分配规则的公众参与和预算透明度

税收收入的地方归属在实质上是地方财政权力的体现，这种权力理应包含在地方权力体系中。在代议制民主制度下，由权力机关决定税收收入的归属和税收利益的分配是实现民主制度的外在。更为本质的要求是，税收利益的分配应当充分吸纳民众意见，以保证其符合财政民主原则的宗旨。

首先，地方税收收入从根本上说是地方经济发展和纳税人劳动所创造的社会财富。按照“公共财产法”的逻辑，[①] 地方税收收入是地方性的公共财产，政府是这些公共财产的管理者而非所有者。因此，对地方税收利益，地方政府并没有绝对的处分权力，而是应当引入公众参与机制，充分征求公众意见来方能具有可靠的民意基础。《分享办法》是关系京津冀三地公众利益的重要财税政策，我们没有看到在政策出台之前进行充分的详细论证，也没有广泛征求社会公众的意见，无法切实保障公众在重要政策中的知情权和参与权。

其次，从预算法治的角度来看，《分享办法》与我国《预算法》的宗旨和规定不相一致。我国 2014 年修改的《预算法》第 1 条确立了“规范政府收支行为，强化预算约束，加强对预算的管理和监督，建立健全全面规范、公开透明的预算制度”的立法宗旨。从《分享办法》的“财预”文号中可以看出，其中的内容涉及税收收入在预算上的安排，其所确定分配方案也必然会影响京津冀三地的预算编制和执行。但是这一方案没有充分考虑《预算法》所要求的预算管理职权和程序。根据《预算法》第 6 条的规定，以税收为主体的财政收入构成一般公共预算，安排用于保障民生、推动经济社会发展等方面的收支。《分享办法》纳入分享范围的税种均为地方税收的主体性收入，这种利益分配的

① 参见刘剑文、王桦宇：《公共财产权的概念及其法治逻辑》，载《中国社会科学》2014 年第 8 期。

变化必然会对地方政府保障民生和推动经济社会发展等产生重大影响，理应通过公开透明的方式吸收公众意见并制定政策措施。

学者普遍认为，中国的财政分权改革必须由行政式分权模式向法治化分权模式转型。[①] 在此判断之下，税收收入的分配规则也必然应当从行政主导走向法治主导。京津冀协同发展在表面看来是一场合作和追求共赢的国家战略，而在这背后其实隐含着三地之间的竞争。在产业转移过程中，税收竞争的一个突出表现是税收收入的归属。因此，《分享办法》可以看作是这一竞争的结果。但是其中所包含的公平性问题值得深思。税收竞争可能产生的负面影响需要通过税收协调政策来消除，但目前对于税收协调的技术性界定还缺乏各方认可的共识。[②] 尽管如此，我们还是可以从法治的层面对税收竞争本身及其结果进行评价。以财政分权和政府绩效管理为主要因素的政府间的税收竞争在京津冀协同发展的背景下表现更为复杂。然而，无论在何种情况下，政府间税收关系都需要通过法律予以规制，以实现政府间财税关系的法治化。[③] 在这个过程中，尤其需要充分发挥立法（包括政策制定）、执法和司法的综合作用，有效协调各方利益，并为可能产生的纠纷提供合理有序的解决途径。通过法治化的方式建立健全保障国家区域发展总体战略有效实施的制度、机制与政策系统，为实施国家区域发展战略营造法治环境。[④]

---

① 参见徐阳光：《财政转移支付制度的法学解析》，北京大学出版社 2009 年版，第 134 页。

② 参见马恩涛：《国外税收竞争理论的最新发展：一个文献综述》，载《山东经济》2011 年第 4 期。

③ 参见徐孟洲、叶姗：《地方政府间税收不正当竞争的法律规制》，载《政治与法律》2006 年第 6 期。

④ 参见公丕祥：《法治中国进程中的区域法治发展》，载《法学》2015 年第 1 期。

三、地方政府财税权力的法治化：以河北省“法治型财政”的实践为例

2011年，河北省提出建设“法治型财政”的政策目标，其着眼点是财政制度规范化和财政行为法治化。[①] 这一政策的理论动因是基于对改革、法治与财政制度之间关系及其所围绕的国家治理的深刻认知。在市场经济逐步完善的背景下，我国逐渐转型为“税收国家”，税收成为国家汲取财政资源的主要和基本手段。经由税收而形成财政资金具有公共财产的属性，需要通过法治方式来实现其收入、支出和管理。在财产权的保护上，法律历来区分公私领域。现代民商法制度是对私人财产的横向保护；而私人财产的纵向保护（即防止来自公权力的侵犯）以及公共财产权的保护则需要财税法律制度来承担。从这个意义上说，财政法治实质上是公共财产权的法律保护。[②] 公共财产权是公共财政在法律上的表现，公共财政的本质是政府以管理人的角色管理公众之财。因此，强调依法理财，加强公共财政的法治约束，必须从立法的民主性与科学性、执法严格性、程序规范性、责任明确性以及监督有效性等五个方面提升财政的合法性。[③] 法治型财政强调依法理财与促进社会法治建设相统一。[④] 河北省地方财政体

① 2011年底，河北省财政工作会议首次明确提出建设“四型财政”，即发展型财政、和谐型财政、法治型财政、效能型财政，统称“四型财政”。从理论上看，上述四个方面分别从经济、社会、法律以及管理的角度对财政深入透视，完整揭示了财政在现代国家治理中的不同面相，既是具有河北地方特色理财方略，对全国的公共财政建设也具有创新和示范的作用。参见李杰刚、成军：《河北特色的“四型财政”基本框架与实现路径》，载《经济研究参考》2012年第39期。

② 关于公共财产权与法治的关系，参见刘剑文、王桦宇：《公共财产权的概念及其法治逻辑》，载《中国社会科学》2014年第8期。

③ 参见李杰刚、成军：《河北特色的“四型财政”基本框架与实现路径》，载《经济研究参考》2012年第39期。

④ 参见李杰刚、李志勇：《“四型财政”基本理论及解析》，载《经济研究参考》2012年第39期。

制改革一致走在全国前列，作为地方政府率先提出财政法治的理念并付诸实施，是地方政府理财思想和体系的创新。在全面推进依法治国和建设“法治河北”的新形势下，通过理论和实践两个层面来观察“河北法治型财政”，对于完善地方财政法治以及地方治理具有重要意义。

（一）国家治理的财政维度：财政法治的政策逻辑与理论脉络

国家治理是一个具有综合性的概念，可以从不同的视角予以观察和解读。党的十八届三中全会以来的诸多政策清晰地表达出了改革、法治与财政制度之间的逻辑关系。这个逻辑就是科学的财税体制和现代财政制度是推进国家治理体系和治理能力现代化的制度基础。依法治国在国家治理的语境中具有当然地位，而财政是国家治理的经济基础，那么财政法治就必然成为国家治理无可回避的选择。上述判断不仅与我国的改革实践契合，而且已经逐渐形成了较为清晰的理论脉络。

1. 政策逻辑：两个“总目标”相互关联

党的十八届三中、四中全会分别提出了两个“总目标”，即全面深化改革的总目标是完善和发展中国特色社会主义制度，推进国家治理体系和治理能力现代化。全面推进依法治国，总目标是建设治国特色社会主义法治体系，建设社会主义法治国家。习近平总书记在中央全面深化改革领导小组第六次会议上强调，党的十八届四中全会通过了全面推进依法治国的决定，与党的十八届三中全会通过的全面深化改革的决定形成了姊妹篇。从形式上看，两个“总目标”是分别阐述的，但是二者之间在实质上有着密切的联系。依法治国是实现国家治理体系和治理能力现代化的必然要求。这阐明了全面深化改革与依法治国之间的逻辑联系，改革与法治具有统一性，并相互促进与制约。法治是对改革的保障，而改革则必须贯彻法治精神，做到重大改革与法有据。十八届三中全会同时指出，“财政是国家治理的基础和重要支柱”、“建立现代财政制度，发挥中央和地方两个积极性”以及“建立事权和指出责任相适应的制度”；四中全会则以“推进各级政府事权规范化、法律化，完善不同层级政府特别是中央和地方政府事权法律制度”作为呼应。把财政制度嵌入改革与法治的结构，完整揭示了全面深化改革、国家治理与财政法治之间的深刻关系。

2014年6月30日中共中央政治局审议通过了《深化财税体制改革总体方案》确立了预算制度、税收体制以及中央与地方财政关系等三个方面为财税体制改革的重点，其中首要特征应当是法治。具体表现为两个方面：一是规范化，即现代财政制度在形式上表现为法律规范以及在规范博弈基础上形成的中央和地方事权与支出责任相适应的制度；二是法律化，包括权责对等、有效制衡、运行高效、可问责等一系列制度安排。

由此我们可以发现改革、法治与现代财政制度三者之间的基本逻辑关系，即国家治理是全面深化改革的核心要素，而法治体现国家治理的形式理性，财政法治既是实现依法治国的突破口，也是全面深化改革的切入点。在把握两个“总目标”的关系中可以得出一个启示，财政法治是国家治理和依法治国的重要枢纽。

2. 理论脉络：超越经济意义的财政法治

财政法治在国家治理中的地位和作用是随着财政、税收以及预算被纳入法治视野而逐渐本发现的。在传统上，人们更加倾向于认为财税制度主要是国家的经济制度，它所关涉的仅仅是国家财政收入是否充足以及对经济发展有何种作用。因此财税法被认为是宏观调控法律制度的组成部分。现代财税法学的研究表明，尽管财税制度具有宏观调控的功能，但是从法治化的角度来看，首先需要解决的是国家财政行为的正当性问题，这也是推进国家治理体系和治理能力现代化过程中必须面对的课题。在财税体制改革的引导下，首先要在观念上澄清的是，我们所欲建立的“科学的财税体制”和“现代财政制度”，其意义绝不局限于经济层面，而是牵涉到整个社会的方方面面。这就必须从整个社会共同体的角度出发来考量。财政制度，取其广义而言，包含了税收制度与财政制度，而财政制度则既可以从广义上包含税收制度，也可以取狭义而仅指税收制度之外的内容。无论单纯的财政制度还是还是完整意义上的财税制度，直接指向的的确是经济意义上的社会系统。“制度”一词在英文中对应的词语是 system，其含义十分广泛，既可能是经济制度、政治制度，也可能是文化制度、社会制度以及法律制度。换言之，法律只是制度的一种形态，在静态上表现为国家制定或认可并以强制力保证实施社会系统，而动态的法治则是秩序化的社会实践。在社会领域的各个方面，成其为“制度”的，未必形成“法律制度”，而称其为“法律制度”的，未必有实践上的法治效果。因此，对财政制度的理解，需要拓展视角，从法律或法治的视角来认识财政制度，具有超越经济意义的远见和智慧。

（二）地方治理的视角深入：地方财政法治化

与欧美等国实行的联邦制不同，[①] 在中国单一制的政权组织形式下，地方治理是国家治理的基本单元和实体承载。如何实现中央与地方财政关系法治化是一个必须直面的问题。在现行宪法及政策文件中，“发挥中央和地方两个积极性”始终是处理央地关系的基本原则，并且具有规范意义。从财政角度来看，自分税制改革以来，中央财力持续增长，而地方税权则一致处于薄弱状态，财力难以满足其本应承担的提供本区域公共产品和服务的职能。在“强中央弱地方”的形势下，不仅难以发挥地方治理的积极性，而且看似中央加强了对地方的控制力，实际上地方治理中隐藏着诸多无序和混乱的隐患。地方政府为了获得必要的财力，一方面扩大了非税收入的规模、过分依赖土地出让金取得收入以及难以抑制的发债冲动而带来地方债务风险，都形成了潜在

① 在联邦制国家，联邦与州在财政上的关系实行“财政联邦主义”，各州拥有较大的自主权。参见张守文：《财税法疏议》，北京大学出版社 2009 年版，第 283 页。

的地方性财政危机，进而可能演变为一种法律上的危机。①

1. 地方治理与地方财政制度的关联

与财政在国家治理中的作用相同，地方财政在地方治理中亦处于基础和支柱性地位。尽管国家治理与地方治理在宏观定位和具体事项上存在诸多差异，但是二者在治理目标、治理方式及其与财政制度之间的关系等方面则有相通之处。国家治理与地方治理是整体与局部的关系。因此，地方治理是国家治理概念的自然延伸。在财政与治理的关系上，可以从相似性和特异性两个不同的方面来分析。

首先，财政制度在地方治理与国家治理发挥的作用具有相似性。地方财政制度的运行涉及当地经济与社会生活的各个领域。可以说，地方财政制度绝不仅是当地经济制度组成部分，而且也构成了整个国家治理体系。地方治理与国家治理无论在能力还是效果上都呈现正相关。此外，地方财政制度建设与整个国家的财税体制改革应当是同步的。极而言之，在国家层面上的改革、法治与财政制度的基本逻辑同样可以适用于地方治理。

其次，从特异性的方面来看，地方治理与国家治理在宏观定位和具体事项上也不是完全同一。从宏观定位来看，国家治理具有全局性和整体性，一方面需要地方治理的配合，同时也依赖中央层面上的顶层设计与统筹；地方治理则更多体现在中观和微观层面，包括基层治理、县域治理、乡村治理、生态治理等多个领域。当然，地方治理的效果如何，也需要中央的资源支持。从具体事项来看，由于事权差异，中央与地方分别面临不同的支出责任。中央主要承担国防、外交、国家安全和关系全国统一市场规则和管理等方面所需要的财政支出；地方主要承担基础教育、医疗、社会保障等区域性公共服务的财政支出；部分社会保障、跨区域重大项目建设维护等由中央和地方共同承担财政支出责任。

---

① 参见刘剑文：《地方财源制度建设的财税法审思》，载《法学评论》2014 年第 2 期。

2. 财政法治语境下“地方积极性”的涵义

在中央与地方关系上，无论是现行宪法还是党的政策报告中，都确认“发挥两个积极性”的原则。通过超越文本的实践分析，我们可以发现当前最需要解决的问题是如何发挥地方治理的积极性。当然这不意味着中央的统一领导在实践中不再重要，而是如何平衡两种层次治理需求的问题。从地方主体地位出发，地方治理的积极性最主要的来源之一是地方在财政上的积极性。这种积极性不能被简单地理解为一种态度，而应当尽可能地从规范的角度交易阐释。在法治语境下，积极性是一种自我发展的权利诉求，同时也包含自我约束的责任能力。在财政法治的视野内，“地方积极性”则意味着一定的地方财政自主权。地方财政自主权的核心是地方具有相对独立税收立法权、发债权以及相应的收益权，并且这种权力和权利能够收到来自宪法的制度性保障。[①] 宪法对地方财政自主权的制度性保障可以从两个基本的层面展开。第一，中央与地方之间能够在公开透明的财政分配程序中充分博弈，而非一方对另一方的单向压制。在二元权力结构之下，地方财政自主权的受侵犯之虞一般只能来自中央，尽管地方应当服从中央的统一领导，但是也需要地方在维护财政自主权上能够与中央进行规范博弈，体现出一种“维权上的积极性”。第二，地方财政自主权应当受到法治框架的约束，规范“事实上的财政自主权”且防止其过度滥用。[②] “地方积极性”不等于地方政府可以恣意而为，任何权利都有法定的边界。地方治理要发挥积极性，必须懂得自我约束，这既需要强化中央的监管职责，同时也应当解决地方权力过于集中而使得监督机制失效的问题。

---

① 参见葛克昌：《制度性保障与地方税》，载刘剑文主编：《财税法学前沿问题研究——地方财税法制的改革与发展》，法律出版社 2014 年版，第 111 ~ 115 页。

② 所谓“事实上的财政自主权”是指地方政府超越现行法律并获得中央默许而获得的“权力”。实际上，这是一种存在极大法律风险的地方财政筹资模式。参见徐键：《分税制改革背景下的地方财政自主权》，载《法学研究》2012 年第 3 期。

综合而言，所谓“发挥两个积极性”实际上是中央与地方财税关系法治化的另一种表述，而“发挥地方积极性”在财政法治领域的涵义则可以理解为建设具有地方特色的法治型财政。

3. 基于财政法治化的地方治理

财政在国家治理中具有渗透作用，财政法治化不仅是要在财政领域实现法治化，更是带动整个国家和社会在整体上建成法治。在法治中国的“三位一体”建设的规划之下，[①] 法治政府是首要目标，而法治政府最关键和集中的体现便是政府依法理财。因为财政转型是国家转型的关键，有效的财政改革可以实质性地推动国家治理转型。[②] 之所以如此强调财政法治在地方治理中的重要性，还是因为以下两个原因：

首先，在推进地方治理的各项改革方案中，财政法治是一条优选路径。它更具可行性，容易凝聚共识、形成合力、减少阻碍。因为“它是低调的，不会过分提高人们的期望值；它是具体的，比抽象谈论政治民主更容易操作；它是务实的，可以在不太长的时间里产生看得见的变化”。[③] 例如，在治理官员贪腐的问题上，依法处理当然是必要的，且能够形成震慑效应，但与此同时也给党和国家带来不可挽回的损失；改革官员选拔机制则可能涉及更为深层和复杂的组织人事制度改革，成本也比较高；对官员进行廉政教育的效果也不够明显。在上述方法都存在各种局限性的情况下，如果从财政法治入手，控制地方政府及各部门的财权，建立公开透明的预算和财政监督程序，实施“阳光财

---

① “三位一体”即指法治国家、法治政府、法治社会一体建设。不过这种表述在顺序上似乎应当有所调整。因为法治政府是法治建设的先导，首先应当有一个守法的政府，才可能有法治社会和法治国家。特别是在财政法治的视野下，本书格外强调法治政府的首要性。

② 参见马骏：《治国与理财：公共预算与国家建设》，三联书店 2011 年版，第 2 页。

③ 参见王绍光：《美国进步时代的启示》，载《中国财经报》2001 年 8 月 18 日。

政”，使得官员不敢腐、不能腐。

其次，财政法治是整个地方治理的关键环节，具有“牵一发而动全身”的效果。通过财政法治的地方治理，有利于缓解地方治理中的各类矛盾。如果能够把财税关系理顺，那么地方治理中的许多问题也可迎刃而解。例如，为了解决司法地方化问题，之前的很多方法都难以奏效。十八届三中全会“决定”指出，“改革司法管理体制，推动省以下地方法院、检察院人财物统一管理，探索建立与行政区划适当分离的司法管辖制度，保证国家法律统一正确实施”。可见，在对人、财、事的治理结构中，如果抓住了“财”这个关键因素，管好地方政府的“钱袋子”，那么也就牵住了地方治理的“牛鼻子”。

（三）地方财政法治的实践创新：法治型财政的地方治理

从河北省“法治型财政”与“法治河北”的实践来看，地方财政法治化的确在地方治理中发挥着主动而明显的作用。自2011年提出将法治型财政作为“四型财政”的基础和保障以来，河北省财政领域开展了一系列具体行动推行财政法治化。具体包括：第一，开展了河北财政法制工作史上首次对现有规范性文件的拉网式大清理，突出合法性审查，重点清理与社会公众切身利益紧密相关的税收等规范性文件，并形成定期清理和实施后评估制度；第二，制定《财政规范性文件制定管理办法》，明确规范性文件的起草主体、制发程序、规范内容，并提前向社会公开制定程序；[①] 第三，制定行政裁量基准，规范财政领域的行政裁量行为，同时梳理行政许可、非行政许可审批和行政监管事项；第五，对财政部门错案和执法过错进行责任追究，约束财政行政行为；第六，强化财政监察，在预算编制、执行、调整和监督环节建立全覆盖、无缝隙的监督体系。

应当看到，河北省法治型财政的实践不仅是顺应国家以及地

① 2011年出台的《河北省政府非税收入管理规定》就是此次公开立法的一大成果，受到社会各界的好评。

方治理的形势和潮流，契合全面推进依法治国和“法治河北”建设，值得注意的是，河北的法治型财政是作为一项基础性制度存在的，充分体现了财政法治在地方治理中的引领作用。同时也应当看到，法治型财政的实践仍然有广阔的空间，完全可以不局限于财政支出和预算领域，整合财政、税收、审计等多个相关领域的体制，构建财税一体化的制度体系。①

当前，河北正处于经济和社会转型期，在地理区位上拥有环渤海和环京津的明显优势，② 又适逢京津冀协同发展国家战略的重要时期。与经济建设领域立法相比，河北省在财政体制领域的立法显得相对薄弱。这当然与整个国家财税立法的缺失和不足有关。但是，我省作为一直引领地方财政管理体制改革之风气的先锋，应当借助当下加强重点领域立法和地方立法权的有利形势，将法治型财政实践推向纵深，积累经验，努力形成一套体现河北特色的地方性财政法律制度体系，在财政法治化的引领下推进河北省地方治理体系和治理能力现代化。

---

① 关于“财税一体化”论述，参见李大庆：《“财税一体化”的法律逻辑与制度决定》，载《中国财税法学研究会 2014 年论文集》。

② 参见河北省人民政府法制研究中心课题组：《创新社会管理与地方立法完善》，载《河北法学》2015 年第 1 期。

第六章　税务司法的理论与制度研究

一、税务公益诉讼与纳税人权利救济

（一）公益诉讼的制度原理

公益诉讼是指任何组织和个人都可以根据法律的授权，对违反法律侵犯国家利益、社会公共利益的行为，向法院诉讼，由法院追究违法者法律责任的活动。公益诉讼起源于罗马法，是与私益诉讼相对而言的，其产生的原因在于维护公共利益力量和渠道的缺失。[①] 在现代社会中，由市场经济引发的私人逐利行为日益多元化，而私法的发达使得法律制度更为重视私人利益的保护。相对而言，社会公共利益则有被忽视之虞。其中，尤其以环境污染、消费者受害以及纳税人权利被侵夺最为典型。为解决上述公共领域的利益保护之疏失，公益诉讼制度日益引发人们的关注。

2006 年曾发生湖南农民蒋石林起诉常宁市财政局违法购车案，此案被媒体称为“纳税人诉讼第一案”。尽管有学者认为此案其实系“经济公益诉讼”而非纳税人公益诉讼，[②] 但实际上其具有维护纳税人财产权利的意义。这一判断的法律逻辑在于，税收作为最主要的财政收入与财政支出之间具有关联关系，不正当的财政支出将减损税收收入的正当性。因此，原告蒋石林作为公

---

① 参见韩志红：《公益诉讼制度：公民参加国家事务管理的新途径》，载《中国律师》1999 年第 10 期。

② 参见徐阳光：《纳税人诉讼的另类视角——简评蒋石林诉常宁市财政局违法购车案》，载《涉外税务》2006 年第 8 期。

民和纳税人对于财政局超出预算违法使用财政资金的行为提起的诉讼具有纳税人公益诉讼的性质。尽管未能最终进入审判程序，但是将此案作为纳税人公益诉讼的案例来观察是具有特定意义和价值的。

从公共利益的界定来看，政府是最恰当的保护公益的主体。而现实中，公权若越位、缺位和错位，带来的问题不止是公权的不当利用，同时还有对公益保护的缺失。公益诉讼制度实际上是超越了行政权在公益保护上作用，激活司法权来实现对公益的保护。在现代社会中，公共性的领域不断扩大。全体社会成员的利益是通过公共财政资金的使用来实现的。税收所形成的财政资金是维护纳税人权益的成本，自由必须依赖于税收。[1] 因此，财税权力当然具有公权的属性。公权所具有的一切不足也可能滋生于财税领域，监督的必要性由此而产生出来。纳税人公益诉讼之目的便在于监督财税领域的公权滥用，督促其消除各类不足，妥善征收和利用税款，满足全体社会成员的公共需要。

（二）纳税人权利之公共性

首先，纳税人可以从个体和整体两种不同的范围出发进行解释。个体意义上的纳税人主要出现在税收征管的行政程序中，而整体意义上的纳税人则直接具有了社会公共主体的属性。在实践中，纳税人更多的是以个体出现的。因为只有在履行申报或者缴纳税款义务的时候，纳税人的身份才被凸显和认知。而在一般的观念中，纳税人容易被“人民”等政治性的宏大概念所湮灭。因此，需要看到整体性的纳税人概念，才能发掘出纳税人权利的公共属性。其次，纳税人权利不仅是消极权利，同时也包含积极权利。在民主政治的立场下，纳税人享有参与管理国家事务的权力。这种纳税人的积极权利需要作为整体的纳税人去行使，而个体意义上的纳税人缺少此种激励。只有纳税人的积极权利得到保

---

① 参见［美］霍尔姆斯、桑斯坦：《权利的成本——为什么自由依赖于税》，毕竞悦译，北京大学出版社2011年版。

障，国家才算维护了纳税人权益。否则，纳税人权利保护就是不完整的。最后，整体性的纳税人权利不是抽象的概念，而是可以在实践中具体化权利形式。这种权利所包含的利益就表现为公共利益。

从整体意义上的纳税人概念内涵来看，纳税人权利既不同于税收征管中的程序性权利，也不完全是宪法上的政治性权利，而是关系大全体纳税人所构成的社会公共利益。那么这种公共利益的具体内容是什么呢？这需要从税收的本质出发来寻找。伴随着摆脱传统行政法的束缚，税法逐步具有了独立的研究范式。我们首先发现的是税法可以在国家和纳税人之间构建一种平等性的法律关系。[①] 再进一步，我们又认识到税收主要不是国家用以实施宏观调控的工具，而首先是对私有财产权的保护。通过征税而形成的巨额财富也不再被简单地视为国家的财富或者政府的资金，而是具有公共性的财产利益。换言之，经由征税而形成的财产利益在主体上可以明确为全体社会成员，也就是全体纳税人。

基于国家征税而形成的公共财产利益显然属于社会公共利益的范畴。这种公共财产利益的最大威胁其实是来自政府对财政资金的不当使用。因此，为了保护全体纳税人的公共财产利益，就需要在现有监督制度的基础上开放司法救济。这也是纳税人权利救济主要依赖行政公益诉讼的理由。需要特别指出的是，政府原本是保护公共财产利益最为适格的主体，但是对于经由税收而形成的公共财产利益而言，政府本身是该项财产的利用者，与公共财产利益的保护者之间存在着角色冲突。从权力分立与平衡的角度看，应当设置更具独立性的主体来实施保护。公益诉讼是通过司法机构行使审判权的方式来达到保护公共财产利益的目的。它是为弥补行政权对公共财产利益保护不足而产生，其作出的司法判决保护了公共财产利益。

---

① 这是现代税法学的第一次转型，即从“权力关系说”转向“债务关系说”。参见刘剑文、熊伟：《税法基础理论》，北京大学出版社 2004 年版。

（三）纳税人权利救济的程序

“无救济则无权利”，纳税人权利中所包含的财产性公共利益同样需要法律上的救济。在传统观念中，财产性公共利益的保护一直未能得到法律上的有效落实。对于巨额的财政收入所形成的货币性资产，现行《预算法》也只是将其纳入行政化的管理程序，缺少司法保护。因此，对作为纳税人权利内容的公共财产利益需要厘清其法律上的主体关系，进而构建必要的司法保护机制。

在财税法的视野中，存在三种基本法律关系，即国家和纳税人的关系、司法和行政的关系以及中央与地方的关系。其中，国家与纳税人的关系是最为基础的。私人财产权是国家征税权的逻辑起点，只有承认私人财产权，才可能有国家征税权。国家通过征税而形成的财政收入构成全社会的公共财产，该项财产属于全体社会成员。因此，并非国家或者政府享有对公共财产的绝对支配权，其只是代为管理公共财产，并将其用于公共性目的。有学者将这种关系理解为委托——代理关系。从法律的角度来看，这是最为典型的契约关系。国家的通过行使征税权而形成的财产上的权力并非仅具有专属于国家公权的性质，同时，从公共财产的受益性来看，全社会不特定的成员是也是其主体。因此，公共财产权从国家的角度看是公权，主要是管理和支配权；而从纳税人的角度看则是财产受益权。

有学者将财政支出作为宏观调控行为来研究其可诉性的问题。[①]其实，财政行为更为本质的属性是公共财产的利用。尽管基于宏观调控行为可诉性的研究仍然可以在理论上证成财税行为的可诉性，[②] 不过，从公共财产利益的角度的论证显然更为有力。公共

---

① 参见叶姗：《购买性财政支出行为之可诉性援证》，载《中国法学会财税法学研究会2007年会暨第五届全国财税法学学术研讨会论文集》，2007年10月。

② 参见陈承堂：《宏观调控行为的可诉性研究》，北京大学出版社2014年版，第136页。

财产权的行使方式和实现程度关乎公共利益，政府限于角色冲突无法妥善实施监督和权力制衡，故而透过司法控制来实现上述公共利益则成为最佳选择。从诉讼技术上说，政府财税行为的可诉性主要在于公共财产权力（利）行使的非正当性，包括征税、管税和用税的基本环节。公益诉讼需要判断原告的诉讼利益是否基于公益，从税种划分的角度来看，所有直接税的纳税人都具有法律上的纳税人身份。因此只要有缴纳直接税的纳税人身份，便能够与政府财政行为建立法律上的利害关系。非正当的财税行为当然构成对全体纳税人共同体权益的侵犯，符合公共利益的要件。

纳税人公益诉讼判决的既判力在客观范围上应当及于原告起诉所涉及的公共利益。在财税领域中，这具体表现为政府财政行为的合法性与正当性。纳税人诉讼系公益诉讼，原告不得因诉讼而获得私人利益，因此纠正不正当的财税行为是此类型诉讼的目的所在，判决的既判力也应当符合上述目的。

（四）纳税人诉讼制度之比较借鉴

作为公共财产利益的纳税人权利救济诉求与公益诉讼制度相结合就必然催生出纳税人诉讼制度。在法治发达国家，公益诉讼产生过程中逐渐形成了纳税人诉讼的类型，其中有些制度设计和实践做法值得效仿。

1. 美国

英美法上的公益诉讼，包括三类诉讼：其一，相关人诉讼；其二，市民提起的职务履行令请求诉讼；其三，纳税人提起的禁止令请求诉讼。相关人诉讼，指在私人不具有当事人资格的法域，原则上允许私人以相关人名义起诉。例如，1901 年纽约州曾有一判决，允许私人以相关人的身份起诉，对于批准在道路上经营报亭的行政行为给予处分。市民提起的职务履行令请求诉讼，指在公务员未履行其职务的情形下，允许私人以市民的身份向法院提起请求发布职务履行令的诉讼。纳税人提起的禁止令请求诉讼，指私人可以纳税人的身份提起禁止公共资金违法支出的诉讼。因为公共资金的违法支出，意味着纳税人本可以不被课以相应部分的税金，纳税人有诉之利益。① 这种赋予纳税人诉权以起诉地方政府违法支出的一种公益诉讼制度，在地方政府财政行为法治化的进程中起到了不可忽视的作用。研究这样一种独特的公益诉讼制度，对构建我国纳税人诉讼制度有重要启发价值。②

2. 日本

日本法上有所谓民众诉讼，如日本 1948 年的地方自治法规定了居民诉讼，1962 年的行政案件诉讼法规定了民众诉讼，指为纠正国家或公共团体的违法行为，以选举人资格提起的诉讼，属于行政案件的一种。20 世纪 40 年代，日本在修订《地方自治法》时，根据战后驻日美军司令部的指示，建立了住民诉讼制度，并先后进行了多次修正。所谓住民诉讼是指地方公共团体居民为请求改正地方公共团体执行机关或者职员的违法财务会计行为或怠惰事实而依法提起的诉讼。该制度有效地将地方公共团体财务会计运营纳入司法审查的视野，成为住民参与地方自治管理，监督地方公共团体财政活动，维护公共利益的重要手段之一。③

3. 法国

法国行政诉讼中的越权之诉着眼于公共利益，主要目的在于保证行政行为的合法性，是对事不对人的客观诉讼。但根据“无利益则无诉讼”原则，原告必须对被诉事项享有个人利益，即原告必须能够证明被诉的行政决定对他的利益构成了损害。当纳税人对政府的财政支出提出挑战时，利益的认定是个困难的问

---

① 参见《国外公益诉讼实践》，载《人民法院报》2001 年 6 月 15 日第 B02 版。

② 参见章海珠：《美国纳税人诉讼制度及其启示》，载《人民论坛》2014 年第 5 期。

③ 参见陈晴：《纳税人诉讼制度域外考察及其借鉴》，载《法学评论》2009 年第 2 期。

题。最高行政法院承认地方纳税人在挑战当地政府财政措施时具有反射利益，市镇纳税人或省的纳税人可以对市镇议会或省议会通过的影响市镇、省财政或财产的违法决定，提起越权之诉。[①]法国最高法院认为，法律中排除一切申诉的条款，不能剥夺当事人提起越权之诉的权利。只有在法律中明确规定不许提起越权之诉时，当事人的申请权才受到限制。[②] 法国行政诉讼程序中关于原告资格的制度确立了原告自由向法院提起诉讼的权利。即便存在所谓的排除所有救济形式的法律，法官还是应该受理向其提出的越权之诉。行政相对人不应当被剥夺向行政法官提起越权之诉的可能。[③]

（五）纳税人诉讼制度之构建

我国的公益诉讼制度尚处于起步阶段。在公益诉讼制度层面，在 2015 年 1 月 1 日生效的《环境保护法》第 58 条规定："对污染环境、破坏生态，损害社会公共利益的行为，符合下列条件的社会组织可以向人民法院提起诉讼：（一）依法在设区的市级以上人民政府民政部门登记；（二）专门从事环境保护公益活动连续五年以上且无违法记录。符合前款规定的社会组织向人民法院提起诉讼，人民法院应当依法受理。提起诉讼的社会组织不得通过诉讼牟取经济利益。"《消费者权益保护法》第 47 条规定："对侵害众多消费者合法权益的行为，中国消费者协会以及在省、自治区、直辖市设立的消费者协会，可以向人民法院提起诉讼。"实践中，也有环境保护和消费者权益保护的公益诉讼提起。然而，在财税领域，法律制度并未规定纳税人公益诉讼制

① 参见陈晴：《纳税人诉讼制度域外考察及其借鉴》，载《法学评论》2009 年第 2 期。

② 参见王名扬：《法国行政法》，中国政法大学出版社 1988 年版，第 672 页。

③ 较为典型的案例是 1950 年"农业部诉拉莫特女士案"，参见特里·奥尔森：《法国行政诉讼中的原告》，张莉译，载《行政法学研究》2009 年第 3 期。

度，实践中的案例也较为少见。[①] 这需要首先从制度设计上考虑构建纳税人诉讼，为实践开辟道路。

第一，纳税人公益诉讼与现行的税务行政诉讼的区别。后者是法律上由直接利害关系的主体提起的私益诉讼。纳税人公益诉讼在性质上更加贴近行政公益诉讼，目的在于制约财税机关的征税权和用税权，确保其将公共财产用于符合公共利益的目的。因此，纳税人诉讼的性质属于行政公益诉讼。

第二，关于公益诉讼的原告。从现有的环境保护和消费者权益保护公益诉讼制度来看，能够提起公益诉讼的主体一般为社会组织，目前尚不允许个人作为原告提起公益诉讼。从统一公益诉讼模式的角度出发，纳税人诉讼在未来的制度设计上也应当由相关组织提起。不过我国当前有关维护纳税人权益的社会组织并不多见。如果这样的话，那么首先应当推动建立纳税人权益保护的组织。[②]

第三，关于公益诉讼的受案范围。目前我国理论界对纳税人公益诉讼的受案范围有不同的看法，笔者认为，在纳税人公益诉讼实施初期，受案范围不宜过大，建议先将下列行为列为纳税人公益诉讼的受案范围：违反宪法、法律，制定侵犯公共利益的税收法律的行为；税务机关违反税法的不合理征税行为；不合法或者不合理使用公共资金的行为。以后随着纳税人诉讼经验的累积，逐渐扩大受案范围。

第四，举证责任的分配。纳税人公益诉讼是行政公益诉讼的一种形式，举证责任的分配应当与行政诉讼中举证责任分配的原则相一致，即应加重被告的举证责任，以矫正当事人双方力量的失衡。

从中国大陆改革的经验来看，纳税人公益诉讼制度的建立是

---

① 2006 年发生在湖南的农民蒋石林起诉常宁市财政局违法购车是较为典型的一起纳税人诉讼，但是最终未能进入司法程序。

② 参见丁一：《纳税人权利研究》，中国社会科学出版社 2013 年版，第 308 页。

一个渐进的过程，法律制度的生长也要符合自然演进和人为建构相结合的规律。因此，纳税人公益诉讼制度需要以落实税收法定原则、税收征管制度改革以及纳税人权利保护等有关制度从多个方面共同协力方有希望实现。

二、税务司法专门化的路径取向

税务司法专门化并不是一种全新的司法现象。因为，司法专门化作为法律应对现代性危机的一种最直接途径很早就出现在各国的法律体系之中。例如，国外的商事法院、税务法院、劳动法院、保险法院以及我国的森林法院、水上运输法院、铁路运输法院、海事法院等专门法院的建立，都是广义上的司法专门化的产物。自 1994 年税制改革以来，围绕是否设立以及设立何种形式的专门税务司法机关，学界展开了激烈讨论，众说纷纭，一直并存着肯定说和否定说两大派系。否定说的学者认为我国没有必要设立专门的税务司法机关，充分利用现有的资源和制度，改善相关规定即可，尤其是从司法改革的方向、税务案件大量化的前提预设角度进行反思。[①] 而肯定说的学者认为我国建立专门的税务司法机关势在必行，但大家的观点并不一致，有人提议设立税务法院[②]，有学者建议效仿德国建立财政法院，还有的学者持设置税务法庭的观点[③]。这几种观点都各有其合理性成分，需要综合进行考察。

对这一问题的论证进路依循两条主线。其一，从人文社会科学方法论的视角来讨论这一问题，我们无疑可以遵循如下思路：首先应当解决的就是必要性的问题，其次是进行可行性论证，最

---

① 李妍：《对我国设立税务法院的考量》，载《辽宁师范大学学报（社会科学版）》2009 年第 4 期。

② 参见朱大旗、何瑕祥：《论我国税务法院的设立》，载《当代法学》2007 年第 3 期。

③ 翟继光：《试论税务法庭在我国的设立》，载《黑龙江省政法管理干部学院学报》2003 年第 4 期。

后才作决策。这是科学的决策方法，而探讨我国的税务司法需不需要走专门化的道路，实际上也就是讨论中国税务司法专门化的必要性和现实可能性问题，这两个问题弄清楚了以后，答案也自然清晰可见了。其二，从认识论的角度出发，首先是讨论税务司法专门化问题，在肯认其必要性、可行性的基础上，进而追索欲达致此目的所应依循的路径。

（一）我国税务司法专门化的必要性分析

诚然，“税务司法专门化”的提法很容易让人理解为直接设立税务法院来从事专门的审判工作，这是由于我国现阶段存在森林法院、海事法院等司法专门化机构给我们思维带来的“路径依赖”。但是实质上，在税务司法专门化项下，税务法院并不是唯一的路径。就目力所及，至少有三种路径可供我们选择，即法院系统培养专门的税务法官、设置税务法庭和建构独立的税务法院，对于具体路径取舍在后文将作论述。如果暂时搁置“是否需要建立专门的税务法院”这一易诱发理论争论的问题不论，从宏观上言之，我国确实需要走上税务司法专门化之路。

1. 税务司法专门化是现代司法发展的必然趋势

司法是一种独特的历史现象，其随着法律的诞生而诞生，有了法律便也就有了司法。另外，司法也是法律在社会生活中得以实效运行的重要保障。司法和法律的这种关系，决定了司法是一个动态的过程，它随着法律的发展变化而变化。因此，每当新的立法出现或是社会生活对于法律的实施有着新的需求的时候，司法都会做出自己的回应。我国先后出现的森林法院、海事法院、知识产权审判庭等就是这一客观规律的产物。而在不久的将来可能相继出现的税务法庭、环境法庭等也是这一必然趋势的反映。当前，税务案件由人民法院的行政庭裁决，行政庭主要审判的是一般行政案件，这类案件往往有其共性，对其进行审判自然也有共通性的思维进路，比如审查具体行政行为的合法性，而在判决时也有类型化的几种模式，如一审的维持判决、驳回诉讼请求判决、确认判决、撤销判决、变更判决、履行判决和情况判决等。[①] 税务案件在符合一般行政案件共通性逻辑思路的同时，具有更多独特因素，比如税率、减免税优惠等事项，专业性很强，而且也远远超出传统行政案件所涵摄的范围。可想而知，当惯于处理一般性行政案件的法官，面对专业性极强的税务案件时，其一定会感到深深的“不适感”、抑或“无力感”。与其如此，不如“让专业的人做专业的事”，将税务司法专门化。

2. 税务司法专门化是税务纠纷得到有效解决的基本保障

税法从传统行政法中脱胎出来已逾百年，一战以前的德国传统行政法理论主张税收法律关系是依靠行政权力而产生的关系，由此，即使满足了法律规定的课税要件，如果没有行政机关的课税决定，纳税人也不产生纳税义务。[②] 该种理论所主张的税法建构，无疑是和一般行政法律制度无异的。但是，以 1919 年《帝国税收通则》的制定为开端，其在公法学界的地位早已被强调税法特殊性的债权债务关系说取代。[③] 这其中的原因固有许多，但是与更强调“作为目的的知识本身”的自然科学不同，社会科学采更积极的“入世”姿态，社会实践中税务纠纷与一般行政纠纷显著的异质性，是推动前述理论变迁的主要因素。

税务案件的相对特殊性，决定了税务案件审理的复杂性，同时也对案件的审理提出了特殊的要求，即要求审理税务案件的法官应当具备专业的必要的专门性财政税收学知识，参照国外经验，有时甚至要求案件的审理具备某些特殊的程序，例如专家小组的调解等。而这些是我国目前法院内部审判机构组织设置以及法官的一般知识储备所不能满足的。如果需要满足，必须改革传

① 参见姜明安主编：《行政法与行政诉讼法》（第五版），北京大学出版社、高等教育出版社 2011 年版，第 520～529 页。

② ［日］金子宏：《日本税法》，战宪斌、郑林根等译，法律出版社 2004 年版，第 19 页。

③ 刘剑文、熊伟：《税法基础理论》，北京大学出版社 2004 年版，第 63 页。

统的法院内部审判机构的设置模式，对于审判资源进行合理的科学的配置，其中重要路径之一就是税务司法的专门化。

3. 税务司法专门化是解决日益增多的税务案件的客观需求

目前我国经济持续增长，公民与企业涉税争议呈线性增长趋势，而与此对应的，恰恰就是涉税案件的增加对于各级法院造成的极大压力，审判资源匮乏。换言之，许多法院因为缺乏具有审理此类案件能力的法官而被动或者尴尬。前已述及，在现行司法体制下，主要由法院内设的行政庭负责涉税案件的审理，而在现实生活中，普通行政案件的数量已经非常多，再让其承担大量税务纠纷的裁决，实在是力有不逮。于是，在司法审判实践中出现了三种异常情况：其一，借某个理由对于税务案件不予受理；其二，对于某些已经受理的税务案件不能及时审结；其三，对较为重大的税务案件久审不决。这些现象背后的深层原因还是法院应对日益增多的税务案件的能力不足。而助力法院从“力不从心”向“游刃有余”转变的根本办法也就是税务司法专门化。

4. 税务司法专门化有利于保障纳税人的基本权益

从传统税法中脱胎出来的现代税法学，从理论和实践两个维度都格外强调对纳税人权利的保障，为达到这个目的，法治的阳光逐渐照耀税法领域，“纳税人权利保障”也成为现代税法学和税收立法公认的基本原则。饶是如此，法治的理想必须落实到具体的制度和技术层面。没有具体的制度和技术的保障，任何伟大的理想不仅不能实现，而且可能出现重大失误。[①] 基本原则的实践更是如此，“原则不是研究的出发点，而是它的最终结论”。[②] 在税收司法领域，近年来大量涉税案件的出现，使得法院在审理的人力、物力方面捉襟见肘，尤其是税务案件的专业化特征，使

① 苏力：《送法下乡——中国基层司法制度研究》，北京大学出版社 2011 年版，第 1 ~ 2 页。

② ［德］恩格斯：《反杜林论》，载《马克思恩格斯选集》卷 3，人民出版社 1994 年版，第 374 页。

得审理法官不得不受制于税务机关的“咨询意见”，法院的审判权无形中转移给税务行政机关。[1] 事实上，在大量税务案件中，税务机关与特定纳税人正是对抗之两造，如此“审判权隐性转移”，显然于纳税人不利。而在税务司法专门化的背景下，可保障涉税案件在司法审判环节形式和实质上的双重独立，纳税人权利保障，更易得到司法保障。

5. 税务司法专门化是新时期深化改革的重要抓手

备受瞩目的十八届三中全会公报中，改革、财税体制和法治成为三大亮点。公报强调要完善税收制度，建立“科学的财税体制”。何谓“科学”？一是要遵循财税制度的一般规律，二是要符合税制发达国家的普遍趋势，三是要结合我国的实际情况。改革进入“深水区”，财税领域也不例外，符合“帕累托改进”效应的领域已经基本改革完毕，新时期的财税改革，可能会触及到不少既得利益。诚然，司法并非推行公共政策的合适场域，但其正因为其公正、无偏私，而成为社会公正的最后一道防线。如前文所述，现行模式下，税务领域的司法活动受制于各种内、外部因素，偏重税务机关利益，保障纳税人权利的意味难得彰显；长此以往，无法从外部推动税务机关转变观念、改进工作，也容易在税务领域激化双方的对立情绪。税务司法专门化，即通过外界环境对税务机关工作的更有力督促，成为财税改革的司法保障。

（二）我国税务司法专门化的可行性论证

必要性更多的是从理论层面进行的演绎，然而，理论上好的，在现实生活中未必就能发挥出预设的制度功效。一个为法律人所津津乐道、同时也让不少“民主提倡者”羞于提及的，便是苏格拉底正是被雅典人“民主决定”处以死刑的。因此，在

① 张秋华、吕楠楠：《关于我国设立税务法庭的探讨》，载《长春师范学院学报（人文社会科学版）》2011 年第 2 期。

讨论了税务司法专门化的必要性之后，还需要从法律基础、智识积累和人才培养三方面探讨其在我国现阶段加以实践的现实可行性。需事先言明者，这其中的智识积累，当然包括很多方面，比如理论储备，本书限于篇幅，着重在该部分论述比较法经验能给我们带来的镜鉴，毕竟，在地球都成为一个“村落”的时代，“邻家”的好东西，没有不被我们借鉴的道理；符合国际一般经验，正是财税体制“科学”的一个表征。

1. 法律基础：税务法庭的设立于法有据

设立专门的税务法院或者税务法庭，首先要解决的是法律依据的问题。诚然，我国现行法律中并没有关于税务法院或者税务法庭方面的直接规定，但是这并不意味着没有法律依据。

《宪法》第124条规定：中华人民共和国设立最高人民法院、地方各级人民法院和军事法院等专门人民法院。最高人民法院院长每届任期同全国人民代表大会每届任期相同，连续任职不得超过两届。人民法院的组织由法律规定。《人民法院组织法》第2条规定中华人民共和国的审判权由下列人民法院行使：（1）地方各级人民法院；（2）军事法院等专门人民法院；（3）最高人民法院。地方各级人民法院分为：基层人民法院、中级人民法院、高级人民法院。

上述两条法律的规定，即我国关于专门税务法院的设立的法律依据。只不过此处的专门法院例如税务法院被一个“等”字概括了，此乃立法技巧的问题。随着社会经济生活的不断发展，新的法律现象或者说法律需求将会不断出现。任何一部法律，如果完全将其需要规定的事项采取意义列举的办法加以规定，实际上是很难做到的。一是社会生活在不断地发展、变化；二是立法者需要具备极强的预见能力；因此，立法上采取概括的文字化处理方式将未来时空的可能性浓缩于兜底字样“等”之中。前述两个条款不仅仅为税务法院（法庭）的设立预留了空间，也为将来的能源法庭、环境法庭的产生埋下了伏笔。

如果说前述两条法律提供了宏观上在我国法院系统内部设立

税务法庭的可能性依据，那么《人民法院组织法》中更有细致的为中级以上人民法院设立专门的税务法庭提供依据的条款。《人民法院组织法》第23条规定：中级人民法院由院长一人，副院长、庭长、副庭长和审判员若干人组成。中级人民法院设刑事审判庭、民事审判庭、经济审判庭，根据需要可以设其他审判庭。《人民法院组织法》第26条规定：高级人民法院由院长一人，副院长、庭长、副庭长和审判员若干人组成。高级人民法院设刑事审判庭、民事审判庭、经济审判庭，根据需要可以设其他审判庭。《人民法院组织法》第30条规定最高人民法院由院长一人，副院长、庭长、副庭长和审判员若干人组成。最高人民法院设刑事审判庭、民事审判庭、经济审判庭和其他需要设的审判庭。故而，“其他需要设的审判庭”这一概括性表达使得在我国中级以上人民法院设立专门的税务法庭并无组织细则上的障碍。

有种观点认为，虽然《人民法院组织法》中为税务法院的设立，预留了运作空间；但是，待设之税务法院和现有的海事法院、铁路法院一样，后者均是地区性、而非全国性的，是为了配合某些地区案件比较集中而设立的，而税收是全国性的，渗透到基层，因此，如何设置税务法院还需进一步研究。[①] 其实，无论是仅在部分地区设置，还是在全国普遍设置，从法院组织的层面看，本质上是没有区别的，都是脱离于现行普通法院系统的专业法院。但是，从现实可行性的角度出发，这种观点也确有其合理性，也即认识到设置税务法院的做法在现阶段对整个法院体系可能会影响太大，而且如何设置的问题也要继续研究。

2. 智识基础：比较法经验的考察

如果我们将视野投注到其他法域，我们就会发现，世界各国的税务司法在长期的历史发展中基本上形成了三种特色各异，但是在各自的税务争议处理实践中分别发挥了有效作用的司法组织

---

① 涂龙力、王鸿貌主编：《税收基本法研究》，东北财经大学出版社1998年版，第221页。

模式：设立专门的税务法院；在普通法院中设立税务法庭；在审判庭中保留专门的税务法官。[①] 对这三种模式，可分别略加考察，以作为我国税务司法专门化制度建构时的智识基础。

第一，设立专门的税务法院。比较法的视野中，税收法治较为发达的国家往往存在着专门的税务法院，以解决与公民法人涉税相关的争议。例如德国、美国和加拿大。

在德国，税务争议不是由普通法院审理的，而是转向司法系统的另一个分支。税务法院有两级，包括（下级）税务法院（由州设立）和（作为最高上诉法院的）联邦税务法院。（下级）税务法院既负责调查案件的相关事实，也负责正确地解释和适用法律。联邦税务法院则只解决法律问题。[②]

在加拿大，纳税人对于国家税务部长所确定的应纳税额、税率或者处罚不服提起争议的，必须首先针对他们的征税决定提出异议。该通知启动了 CRA 内部的申诉程序。如果征税决定被维持了，则纳税人可以向法院提起诉讼。除非某些大公司，争议的税款在争议最终被解决之前不必先行缴纳。所有的税务诉讼，在第一审时，由加拿大税务法院的一名法官审理，或采用普通诉讼程序，或采用非正式程序。[③]

在此方面做的比较成熟的是美国的税务法院。作为一审法院的税务法院仅仅审理税法问题，并且只有在纳税人拒绝美国国税局的要求支付税款的情况下，才享有管辖权。此外，纳税人在支付税款之后，既可以在由普通管辖权的美国地区法院起诉，也可以在美国联邦索赔法院（仅仅审理政府为被告的案件）起诉，要求返还缴纳的税款。在联邦和州的两层体系中，自有独立的司法结构。在联邦方面，包括固有管辖权的地方区域法庭（US

① ［美］维克多·瑟仁伊：《比较税法》，丁一译，北京大学出版社 2006 年版，第 221 页。

② ［加］布赖恩·阿诺德、［美］休·奥尔特等：《比较所得税法：结构性分析》，丁一、崔威译，北京大学出版社 2013 年版，第 79 页。

③ 刘剑文主编：《财税法学研究述评》，高等教育出版社 2004 年版，第 487 页。

District Court）及美国税务法庭（US Tax Court）、上诉法庭包括巡回法庭（Circuit Court of Appeal）及专门受理专利及国际贸易的联邦上诉法庭，最高一级是联邦最高法庭（Supreme Court）。而州的方面，包括地方法庭，州上诉法庭（State Court of Appeal）以及州最高法庭（State Supreme Court）。

美国的税务法院是联邦法庭，税务法院的权利包括处理税务纠纷，包括通知税款缴纳不足，通知纳税人责任，某些宣告性判决，合伙条款责任调整，行政支出，审查国税局的税务征收行为等。税务法院由19个总统任命的成员组成。审判工作或者其他工作由这些高级特殊审判法官进行。所有这些法官在税法上都有研究并且保证纳税人能需要缴纳他们所欠的税款，而无须缴纳额外的费用。尽管这些税务法院坐落在华盛顿，但是这些法官遍布全国各城市并且在指定的城市进行税务审判。将案件交给税务法院的第一步就是提出申请。申请时间必须及时并且在允许的时间内。税务法院不会在法令规定的时间外受理税务诉讼。向税务法院提出诉讼需要缴纳申请费，一旦申请提交，纳税人具体要缴纳多少税额需要等到案子做到最终判决。为了方便小额案件的处理，税务法院还设有一个小申诉法庭（Small Claims Court）。总的看来，纳税人选择税务法院有两个好处。第一个好处是，纳税人可以不必先缴纳税款。这就是税务游击队经常被称为是“穷人的法院”的原因。第二个好处是，可以让案件由精通税收事务的法官进行判决。税务法院一般做出两类判决：常规的判决和备忘录的判决。税务法院常规判决（Tax Court Regular Decisions）是对那些可以确信是有价值、可以作为以后援引的案例，或是以前未曾被考虑过核心案例的判决。其他所有的判决是税务法院备忘录判决（Tax Court Memorandum Decision）。通常，常规判决被认为比备忘录判决更有法律效力。尽管这种区别近些年被淡化了，但国税局仍然只是对常规判决才会表示默认或不默认。同时，我们还要加以着重注意的是，尽管在美国税制之中，存在着大量的立法性文件，但是在税法规则的发展过程中，法院仍然负担着重要的作用。在一些情况下，判例法原则被后续的制定法吸收。而在另一些情况下，判例法仍旧作为主要的法律渊源。例如，在判断所得应当归属于哪一个纳税人的时候，几乎完全依据的是判例法。[①]

第二，在普通法院中设立税务法庭。采取此种模式的国家有日本。在日本，在向法院起诉之前，纳税人必须先就税务机关（地方税务机关）做出的有关纳税数额的决定向国家税务法庭起诉。尽管该法庭是 NTA 的一个部门，但是它独立对争议做出裁决。建立这个体系是为了有效地利用税务官员拥有的精深的税收法律法规知识。税务法庭独立于 NTA，表现为 NTA 不能指示该法庭就税务争议作出何种裁决，通常，日本法院没有专门的税务法官，根据其职业制度，日本法官经常会被调往全国不同的法院，这使得法官很难是某一特殊的法律领域的专家，比如税法领域。在这种大背景下，税务法庭的设立应运而生，这种模式的审判组织能够在一个地区或者一个法院内部组成相对集中的税务审判力量，从而提高了解决税务纠纷的整体效率。笔者认为，这种模式比较适合我国目前的司法的发展趋势。但是，这种模式的前提是有一批高素质的税务审判人才，这一点我国法院系统还存在着一定程度的欠缺。

第三，在审判庭中保留专业的税务法官。在更微观的层面上，若干国家的法律体系中保留着独立的税务法官作为税务案件的专任审判员。这种模式下的税务法官往往隶属于民事法庭或者行政法庭之中，例如法国、瑞典和澳大利亚。

法国没有专业税务法院，但是传统上法国法律体系的一个独特之处在税收争议中体现了出来，也即存在两个平行的法院系统。一般来讲，行政法院受理行政机关和行政相对人之间的诉讼，通常是解决税收争议的法庭。民事法院通常审理私人或者法人主体之间的诉讼，根据法律规定对于产生于注册、死亡、赠与

① 参见熊晓青：《美国联邦税务法院简介》，载《中国税务》2000 年第 3 期。

和财富税以及印花税或消费税的诉讼享有管辖权。这种双规制法院系统尽管经常受到质疑，但是一直存续了下来，这是因为民事法院法官被认为比行政法官在审理产生此种税收的民事法律问题上更有能力。①

在瑞典，税务机关做出的决定可能由它自己审查，用以确定是否需要修改。如果问题依旧没有解决，纳税人可以起诉至县行政法院，并且上诉至上诉行政法院。如果一个案件对于法律解释来说至关重要，那么最高行政法院可以授予上诉许可，并且审理该案。②

澳大利亚并没有设立专门的税务法院，不过由精通税务的行政法庭审理税务案件已经有很长的历史了。法院和法庭除了在宪法上有很大的差异外，现实中的主要差异在于法庭是行政部门的一部分，因此在裁决时通常站在行政官员的立场；因此，他们可以使行政官员拥有的裁量权再次行使。如果是向法院诉讼，行政机关的裁量权仅仅能根据行政法上的理由受到质疑，例如裁决越权。③

3. 人才基础：税法教育的欣欣向荣

随着税收法治建设的不断发展，税法教育在我国呈现出欣欣向荣的态势，这给税务司法专门化的进程提供了充足的人才储备。整体上看，税务司法，要求的是兼具税收学和税法学两方面智识背景的人才，这当中后者的重要性尤应得到彰显。过去相当长一段时间内，我国的税法教育比较薄弱，一个后果就是税务工作人员中极端匮乏甚至几乎没有法律背景的人才。而近年来，这种状况得到根本性地好转。财税法学作为一门新兴的综合性法学学科，在全国范围内兴起，学者队伍不断壮大，深刻地影响相关

① ［加］布赖恩·阿诺德、［美］休·奥尔特等：《比较所得税法：结构性分析》，丁一、崔威译，北京大学出版社2013年版，第54页。

② 刘剑文主编：《财税法学研究述评》，高等教育出版社2004年版，第486页。

③ ［加］布赖恩·阿诺德、［美］休·奥尔特等：《比较所得税法：结构性分析》，丁一、崔威译，北京大学出版社2013年版，第13页。

财税立法，而且在这个过程中形成了属于财税法学人的学术共同体——中国财税法学研究会。此外，各高校纷纷建立财税法的专门研究机构，比如北京大学财经法研究中心、中国人民大学财税法研究所、武汉大学财税法研究中心等。财税法专业人才的培养也得到重视，许多高校在法律硕士、法学硕士甚至法学博士中设置独立的财税法方向，培养出大批优秀人才。这些都使得我国的税务司法专门化进程，在人才储备上，具备了可行性基础。

（三）我国税务司法专门化的实现路径考量

税务司法专门化，对于税法研习者和税法从业者而言，当然是一个福音。但即便如此，在制度建构的过程中，还是应当坚持审慎的立场，循序渐进，不宜操之过急；同时，对现有制度资源的充分挖掘，也是很有益的。

1. 采取税务法官优先、税务法庭跟进的思路

在我国目前的法院组织体制下，设立税务法院可能会极大触动现行制度框架，而且在人事、财力、管理等方面都需要相应的制度保障，显然非一日之功。就此而论，该种思路虽然也许有着理论上的诸多优点，但至少在现阶段似乎是不那么现实的。当然，在解决或者说应对社会提出的税务司法专门化的路径不应仅仅定位于法庭而应定位于活生生的审判人员。“冰冻三尺，非一日之寒。”中国司法制度的现代化不是靠几项改革手段就能一蹴而就。但是，解决制度问题的关键是解决人的问题。因此，本书认为，现阶段我国税收司法缺乏的不是税务法院，而是税务法官。退一步讲，即使税务法庭建立后，没有素质过硬、能力过强的法官，税务法庭也发挥不了其应有的作用和功效。因而，与其花费大量的时间和精力来构想税务法院的受案范围、运行操作等，不如切合实际，在现行的法院体系内认真培养税务法官。毫无疑问，税务法官既要掌握财政会计、企业管理方面的知识，也要具备法律思维、公正意识和运用法律的能力。目前而言，在税务机关，应加强对税务干部法律素质的修养；在司法系统，应加

强对法官税务知识的普及。现阶段可以培养税务法官，在条件相对成熟的时候可以考虑在若干试点地区设立税务法庭，且将税务法庭置于现行法院系统内部。这个过程也是税务审判人员的经验、知识不断积累的过程，切不可操之过急。

2. 在上海自贸区先行试点

2013 年 8 月 16 日召开的国务院常务会议开启了中国（上海）自由贸易试验区的建设过程，这被视为“第三轮改革”的标志性事件。上海自贸区的改革采用了近年来屡试不爽的“试点”模式，就是意图在将改革的效应最大化的同时，将可能带来的风险最小化、至少是限缩在可控范围。据了解，试验区建设将涉及十几项国家法律法规的修改。自贸区作为我国的新的“制度试验田”，涉及方方面面的税收制度。自贸区这种形式，在关税问题上实行“境内关外”，同时，上海自贸区内也有若干具体税收优惠问题。公布的自贸区总体方案没有提到之前媒体盛传的 15% 的企业所得税优惠，而是规定“注册在试验区内的企业或个人股东，因非货币性资产对外投资等资产重组行为而产生的资产评估增值部分，可在不超过 5 年期限内，分期缴纳所得税”。个人所得税则适用中关村等地区试点的股权激励个人所得税分期纳税政策。自贸区的税收政策优惠程度低于预期。不过方案表示，在符合税制改革方向和国际惯例，以及不导致利润转移和税基侵蚀的前提下，将积极研究完善适应境外股权投资和离岸业务发展的税收政策。

中国（上海）自由贸易试验区，仅从名字便可看出其与国际上传统的自由贸易区的区别，传统自由贸易区是多个国家一起玩，游戏规则由多国共同制定；而中国模式是一国在自己的地盘玩，自己地盘自己做主，游戏规则由本国制定。这就表现出突出的“先行先试”特色，换言之，上海自贸区的建设，不是为了通过获取金融支持、财税优惠而成为政策“洼地”；而是为了为全国大范围的改革开放，先行试点。这种定位便决定了：很多理论上具有可行性，但在全国大范围铺开存在难度的制度，可以在上海自贸区进行尝试。税务司法专门化，便属于这个范畴，随着上海自贸区开放程度的加深，税务争议数量激增是可以预期的，就此而论，在该区域将税务司法专门化的进度稍稍加快，是有必要的。具言之，前述的着力培养税务法官的思路，当可在自贸区内加速铺开，更进一步，可以考虑在自贸区内设立税务法庭作为更加先导性的实验。无论是"证成"还是"试错"，于此均可见分晓。如果制度实践的效果好，则可在下阶段考虑徐徐向全国其他地区推广。

3. 税务司法专门化过程中应注意穷尽现有制度与资源

法律人，保守与进取兼容的气质，往往是与生俱来的。在寻求制度优化时，"喜新不厌旧"可能是较为可采的立场。税务司法专门化过程中，现有制度资源，具体说就是税务行政复议制度，在更好地加以完善之后，其实也可以为我们提供更为多元化的选择，这是我们不应忽视的。实务界、学界乃至整个社会对于税务司法专门化的需求我们固然可以理解，但是客观上说，相比涉税行政诉讼，税收行政复议具有程序便捷、易于纠错、范围广泛和经济有效等特点，因而规定税收复议前置，不无道理，"这种行政裁决程序作为正式诉讼的前置程序，可以使社会法院免于处理不必要的诉讼，具有一种过滤作用"。[①] 世界各国中的许多涉税争议都是在行政系统内部通过复议、协调解决的，如加拿大，这一比例高达80%。如果行政复议能有效发挥作用，不仅可以有效改正税务机关的错误，而且可大大降低涉税诉讼的起诉率，减轻法院的负担，也减少纳税人的成本。我国司法系统不发达、司法制度不完善，更要充分发挥行政复议的作用。当然，在现实中，复议机构缺乏独立性，各级税务机关有着千丝万缕的关联，难以做到独立、公正，为此，纳税人对复议决定也不尽相信。可以说，并没有发挥好"防波堤"的功能。因而，在今后

① 程延园：《劳动关系学》，中国劳动社会保障出版社2004年版，第44页。

的工作中，加强行政复议机构的中立性、组成人员的公正性、复议决议的有效性是关键。除了广泛吸收税务干部外，可借鉴仲裁、陪审员制度，吸收学者专家、税务师、会计师等相关专业的人员，提高组成人员的民主多样性来确保审理的公正。[①] 完善、健全、先进的税务行政复议制度，虽然不能取代税务司法专门化的改革取向，但至少可以作为有益的补充。

三、我国税务司法制度改革的契机与展望

中国的税务司法落后于税收立法和执法，是整个税收法治体系中的一个薄弱环节。税务司法制度改革应当注重财税体制与司法体制协同创新，以探索设立跨行政区划的人民法院为契机，坚持税务司法专门化的理念，逐步设立专门的税务法院来保障纳税人获得充分和便利的司法救济。

（一）以司法为中心的现代法治体系：税务司法制度改革之必要性

在中国的法治建设进程中，税收法治被认为是重要的一环，有学者指出，税收法治成为构建法治社会的突破口。[②] 就法治的一般原理而言，包含着立法、执法和司法三个彼此独立又紧密关联的基本环节。其中，立法是创造法律产品的过程，它所提供的是静态意义上的制度文本；执法是对法律产品的动态应用；司法则是判断所有涉法行为（包括立法和执法）正当性的终局过程。可见，司法不仅是权利救济的途径，而且是“社会正义的最后一道屏障”。从西方国家的经验来看，法治体系是以司法为中心构建起来的。司法在法治上的重要性同样融贯于税收领域。在美国的司法历史上，征税权是一个屡次被提起的议题。从马歇尔大

---

① 参见荔城法院：《设立税务法庭的谨慎思考》，载福建法院网，http://fjfy.chinacourt.org/public/detail.php?id=10050，2013年11月11日访问。

② 参见刘剑文：《税收法治：构建法治社会的突破口》，载《法学杂志》2003年第3期。

法官“征税的权力是事关毁灭的权力”到霍姆斯大法官“税收是文明的代价”，无不反映出征税权所带来的难题：“除非予以某种形式的制约，否则这一权力能够被用来实现公众控制的惊人之举。”[①] 美国联邦最高法院正是在多个税案裁判过程中确立了对征税权的合理控制。[②]

就我国当前情况而言，税收法治建设正在进入快车道，主要表现之一是税收立法取得阶段性成果2012年党的十八届三中全会提出“落实税收法定原则”，表达了推进税收法治的坚定决心；2014年中共中央政治局审议通过了《深化财税体制改革总体方案》，其中明确提到“法治规范”；2015年全国人大修改《立法法》，将税收事项单列，并且规定税种的设立、税率的确定和税收征收管理等税收基本制度“只能制定法律”，同时党中央审议通过《贯彻落实税收法定原则的实施意见》，明确提出力争在2020年前完成落实税收法定原则的改革任务，将税收暂行条例废止或上升为法律，并由全国人大收回税收立法权。与此同时，《税收征管法》的修改也在积极推进，税务执法权将受到进一步的约束和规范。特别值得指出的是，《税收征收管理法修订草案（征求意见稿）》第126条规定，“纳税人、扣缴义务人、纳税担保人同税务机关在纳税上和直接涉及税款的行政处罚上发生争议时，可以依法申请行政复议；对行政复议决定不服的，应当先依照复议机关的纳税决定缴纳、解缴税款或者提供相应的担保，然后可以依法向人民法院起诉”。这表明现行的“先缴税后复议”的不合理规定将可能改变，将会带来纳税人权利救济的成本降低。可见，在税收立法和税务执法环节上，我国已经取得初步的成就，与之形成鲜明反差的是税务司法制度的滞后。从系

---

① 参见［美］罗伯特·麦克罗斯基：《美国最高法院》，任东来等译校，中国政法大学出版社2005年版，第111页。

② 美国联邦最高法院审理的税案包括“1819年马卡洛诉马里兰州案”、“1904年麦克雷诉美国案”以及“1922年童工课税案”等。参见任东来等：《美国宪政历程：影响美国的25个司法大案》，中国法制出版社2004年版，第58页。

统论的观点出发，一个运行良好的法治系统需要立法、执法和司法的相互配合，任何一个要素的滞后都可能影响整个法治的功能以及总体的效果。

我国当前进一步完善税务司法制度的依据可以从税收立法的阶段性成果、税务行政执法的规范性以及纳税人权利救济的迫切性三个方面来论证。首先，从税收立法的角度来看，落实税收法定原则的目标明确而切近，说明税收立法已经取得初步成果，需要与此相协调的是税务司法制度的积极跟进。毕竟，税收立法所带来的成果还仅仅局限于静态的法制，如何将之“活化”为动态的法治则必须依赖司法制度的配合。换言之，如果一项制度不能够进入司法领域或者不具有可裁判性，那么该项制度的实效将大打折扣。其次，从税务行政执法的角度来看，执法权规范行使的保障恰恰在于司法审查行政行为的可能性。如果税务司法制度不健全或者不能有效发挥作用，税务行政执法就会因缺乏必要的制约而可能丧失规范性。最后，从纳税人权利救济的角度来看，税务司法是纳税人权利救济的最后一道防线。据统计，近年来我国的税务行政诉讼案件总数每年不到500件。[①] 这一方面是由于我国现行《税收征管法》对纳税人权利救济设置了不合理的条件，导致纳税人难以通过诉讼来维护自身权益；另一方面也与我国税务司法制度较为滞后有关，法官对税案的审理在专业上还不能完全胜任，因此税务纠纷的解决只能依赖行政程序。以上分析表明，我国税务司法制度的滞后已经对整个税收法治的发展构成明显的制约，亟须通过改革税务司法制度来进一步提升税收法治的空间，这不仅关系到税收法定原则是否能够真正落实，而且有利于促进纳税人权利保护的实现。

① 自2008年以来，我国一审税务行政案件结案数量基本维持在300～400件（数据来源于《中国统计年鉴》2009—2014）。

（二）财税体制与司法体制协同创新：跨行政区域税务法院可行性

完整的税务司法制度包括税务案件的调查、审判以及检察（法律监督）等基本制度，其中，设立税务法院，完善税务案件审判制度是税务司法制度改革的核心。20世纪90年代中后期，我国学者曾提出设立税务法院、税务检察院以及税务警察的全面税务司法制度的构想，[①] 1997年定稿的《中华人民共和国税收基本法（草案）》，也提到建立独立的税务法院，受国家税务总局和最高人民法院双重领导。[②] 当时所针对的是我国现实中存在严重的税收流失。为了维护国家税收利益，打击偷逃抗骗等税收违法行为，故而提出强化税务司法制度。而且当时的观念也比较落后，税法还仅仅被认为是保障国家税收利益的"征税之法"，缺乏纳税人权利保护的理念。此外，当时的社会条件也很难接受建立一整套专门的税务司法制度。不过，这种设想仍然是由价值的。它至少在理论上让我们认识到一个完整的税收法治体系中不能缺少税务司法制度，必须开始考虑并着手设计我国的税务司法体系。

经过近二十年的市场经济与法治的启蒙，人民群众的思想意识以及整个社会环境都发生了较大变化。税法在理论上摆脱了法律工具主义的束缚，从"征税之法"逐渐转向"纳税人权利保护之法"，国家征税必须以保护纳税人私有财产为前提。税收的意义也超越一般的经济制度而成为国家治理基础的重要方面。我国《宪法》第13条明确提出"公民的合法的私有财产不受侵犯。国家依照法律规定保护公民的私有财产权和继承权"。《物权法》第64、65、66和67条都规定了私有财产权的保护。十八

① 参见郭勇平：《关于我国税收基本法中税收司法体系的立法思考》，载《扬州大学税务学院学报》1998年第1期。

② 参见熊伟：《中国大陆有必要设立税务法院吗?》，载《月旦财经法杂志》2006年第5期。

届三中全会将推进国家治理体系和治理能力现代化作为全面深化改革的总目标，认识到财政是国家治理的基础和重要支柱，进而在十八届四中全会中提出依法治国是实现国家治理体系和治理能力现代化的必然要求。在人们的思想意识方面，从房产税立法试点争议到《税收征管法》修改征求意见，从关注成品油和卷烟消费税税率提高到立法法修改中对税收法定原则条款的表述争议，无不体现出全社会税法意识尤其是纳税人权利意识的空前高涨。税务司法制度改革应当顺势而为，抓住机遇完成自身的制度塑造和实践转型，努力让每一个纳税人在税务案件中感受到公平正义。

十八届四中全会提出，优化司法职权配置，探索设立跨行政区划的人民法院和人民检察院，为设立跨区域税务法院提供了契机和思路。首先，设立跨行政区域人民法院的一个主要目的在于避免司法地方化，确保司法权的统一性。这一点恰好对应税务案件的性质，因为税案审理最容易发生司法地方化问题。从实践来看，跨行政区划人民法院受理的案件也非普通案件，而是具有一定的特殊性。我国首家跨行政区划人民法院——上海市第三中级人民法院主要探索审理跨地区行政诉讼案件、重大民商事案件、重大环境资源保护案件、重大食品药品安全案件等。其次，跨行政区划人民法院在审判组织上一般实行专业化，这也符合税务案件审理的要求。当前我国税案审理面临的一个难题就是专业性和技术化门槛，法官无法胜任税案的审判工作。总体上来看，探索设立跨行政区划人民法院的改革方向与完善税务司法制度的诉求能够相契合，或许可以成为财税体制改革与司法体制改革共同选择的切入点。

（三）制度基础与国际借鉴：对专业性的税务法院（庭）的考察

1. 制度基础

税务司法制度改革需要坚持的一个原则是确保纳税人在税务

行政程序之外能够获得来自司法程序的救济。因此，税务司法制度改革从根本上更加依赖司法体制的完善。在我国目前的司法体制下，无论是税务法院还是税务法庭的设立并不存在制度上的障碍。我国《宪法》第124条和《人民法院组织法》第2条包含的“军事法院等专门人民法院”表述是立法技术的体现。上述规定是在我国设立税务法院的基本法律依据，即税务法院可以与军事法院、海事法院、森林法院等相并列的专门人民法院的形式存在。

需要强调的是，我国目前的专门人民法院虽然是基于一定的专业化考虑，但是也体现出较为明显的地域性。[①] 我们可以将《人民法院组织法》作为设立税务法院的依据，但是在指导思想上要超越地域性，以跨区域性和专业性作为建设税务法院的目标。

2. 国际借鉴

任何国家的司法制度改革都应当建立在本国历史传统、社会条件等客观因素的基础上的，我国税务司法制度改革也必须融入中国特色社会主义法治体系的建设，要避免将国外的法治经验和制度（包括西方法治发达国家）作为我国司法制度改革的依据和理由。西方的法治经验和制度所具有的是一种参考价值，供我们在改革过程中甄别、吸收和借鉴。

在税务法院制度上，综合各国的做法可以归纳出三条基本经验。第一，税务法院在机构上的独立性。这里的独立性主要体现为法院独立于行政区划，其地域管辖范围是全国。美国税务法院、加拿大税务法院、德国联邦财政法院是跨行政区划的全国性

---

① 我国的海事法院、油田法院、林业法院、农垦法院、矿区法院等都是设立在特定省区的，并且在审级上都归属于所在省高级人民法院，具有明显低于属性。参见杨帆、吕偲偲：《专门法院向何处去——建立与行政区划适当分立的司法管辖制度的探索载》，载贺荣：《全国法院第二十六届学术讨论会论文集：司法体制改革与民商事法律适用问题研究》，人民法院出版社2015年版，第76~78页。

专门法院，这种制度设计的优势在于避免税案审理受到来自地方行政力量的干预，有利于切实维护纳税人利益。第二，税务法官在素质上的专业性。美国税务法院的法官在专业化程度方面要求很高，需要具备法律、税收以及会计等方面的专业知识；意大利的税务法院（税务委员会）的成员由作为自治机构的税收司法主席理事会管理，可以担任税务法官的人员包括拥有10年以上工作经验的在册会计师和贸易专家，法学、经济学或者会计学教师，实施专业10年以上的在册工程师、建筑师、测量师、估价师等；[①] 第三，税案诉讼程序和类型的特殊性。国外的税务法院在税务诉讼上一般都采取较为复杂与特殊的程序，与普通法院审理案件有较大不同。例如，美国税务法院在审理税务案件过程中设置的诉答程序、证据开示程序、事实协商程序以及小额诉讼程序等。

（四）我国税务司法制度改革的理念与路径

司法专门化作为法律应对现代性危机的一种最直接途径成为各国司法制度改革和发展的一个基本方向，我国税务司法制度改革目标以及贯彻的理念是税务司法专门化。申言之，只有通过专业化的税务司法才能为纳税人权利救济提供为便利可靠的制度保障。可以看出，税务司法专门化作为一种理念并不单纯是司法分工深化的结果。其中所包含的更为重要的价值在于，专业化的税务司法能够摆脱目前普通法院法官由于缺乏相关专业素质而过分依赖专业性较强的税务行政机构，避免纳税人权利救济在实质上被架空。无论是税收立法、税务行政执法还是税务司法，从根本上说都是围绕纳税人权利保护而展开的，这是现代税法无可回避的主题。

税务法院是税务司法专门化的核心目标，设立税务法院自然

---

① 参见翁武耀：《税务委员会：意大利法律体制中的税务法院》，载《第九届中国财税法前沿问题高端论坛——“司法改革背景下跨行政区域税务法院的设立”专家研讨会论文集》。

就成为我国税务司法制度改革的一个重要组成部分。不过，这并不意味着我国当下即刻需要建立税务法院或者专门的税务法庭。我国税务司法制度改革还是需要按照循序渐进的原则来设计方案和实施步骤。有学者建议，我国跨行政区域税务法院的设立可以通过"三步走"的战略来逐步落实：首先，将税务司法管辖权在制度上划分至各跨行政区域法院，设立税务案件合议庭，明确税务案件作为一类案件处理；其次，在各跨行政区域法院内部设立专门的税务法庭来行使税务司法管辖权；待税务法庭的体系成熟后，再进一步推进跨行政区域税务法院的设立。[①] 从我国目前税收领域的状况来看，在专门化的税务法院或者税务法庭的设立之前还需要一些制度的配合。第一，应当修改《税收征管法》第 88 条的规定，降低税务诉讼的门槛。否则，即使设立了税务法院或者税务法庭，纳税人的诉权在受到较大限制的情况下，依然难以通过税务司法制度获得便利的救济，这可能使得税务法院的设立失去意义。第二，设立跨行政区划人民法院后应当明确其受理案件的类型和范围，尤其是需要将具有特殊性和专业性的税务案件作为审理对象，在此基础上形成相对稳定与合理的税务诉讼格局。第三，跨行政区划人民法院应当注意积累审理税务案件的经验，逐步培养具有专业素质的税务法官，在条件相对成熟的时候可以考虑在若干试点地区设立税务法庭。第四，当税务法庭成为比较稳定的税务案件审判载体时，方可考虑试点设立税务法院，进而推广形成税务法院体系。

---

① 这是北京大学财经法中心刘剑文教授在第九届中国财税法前沿问题高端论坛——"司法改革背景下跨行政区域税务法院的设立"专家研讨会上发言的观点，参见万静：《尽快成立跨行政区域税务法院》，载《法制日报》2015 年 6 月 26 日第 6 版。

后 记

本书是我近五年来学习和研究财税法的一个小结。自本科时在扬州大学税务学院法学系开始学习税法，至今整整二十年。虽然中途曾一度游离于税法之外，但当年王鸿貌、李登喜和袁森庚等老师给我们讲财税和法律课程的情景还历历在目。2010 年我有幸进入北京大学法学院在刘剑文老师的指导下潜心研究财税法，重新回到自己最初的和熟悉的领域，倍感亲切。作为中国财税法学界的领军人物，刘老师宽广的学术视野和敏锐的学术嗅觉令我获益良多。尤其是将财税法从宏观调控法的单一化维度中解放出来，使我认识到财税法上系国运兴衰，下关民众福祉。如果仔细观察和思考就会发现，财税法的影响渗透到国家和社会的方方面面，可以说无所不包。也正因如此，对财税法的观察必须站在全局性和整体性的高远立场上。“税收债法”理论让税法摆脱了行政法的束缚；“公共财产法”和“理财治国观”让财税法的内涵更加深刻；“领域法学”让财税法学科的性质和定位更加精准。这些学术上的努力渐渐勾勒出财税法学科发展、理论创新和制度构建的理想图景。本书正是以整体化的视角和方法将财税法领域中的问题进行归集与整理，尽管这种整体性结构还不够紧凑，但是至少代表了财税法理论和制度的发展方向。在财税法学术研究的“象牙塔”和政策法律的“庙堂”之外，不能忽视一个朴素的观念：“国之血脉，民脂民膏”，国家繁荣昌盛离不开纳税人的贡献；“取之于民，用之于民”，财税必须在法治的轨道上运行方能实现其促进经济发展、规范政府行为和保障社会公平的功能，才能确保纳税人基本权利的实现效果。这也是我在写作过程中的真切感受。

本书是中国法学会2015年部级法学研究课题的成果（编号：2015CLSC17），同时也获得了河北省高校百名优秀创新人才支持计划（Ⅲ）（编号：SLRC2017009）和河北经贸大学学术著作出版基金的资助，在此一并致谢。感谢中国检察出版社安斌副总编、王欢编辑为本书出版提供的热心帮助；感谢河北经贸大学副校长柴振国教授、法学院党委书记郭广辉教授、法学院院长王利军教授等领导的支持，也特别感谢武建敏老师的帮助。

李大庆

2017年10月10日于谊安里